216

BERTZ + FISCHER

PROKLA. Zeitschrift für kritische Sozialwissenschaft
Heft 216 | 54. Jahrgang | Nr. 3 | September 2024

Impressum

Die PROKLA wird herausgegeben von der »**Vereinigung zur Kritik der politischen Ökonomie e.V.**«, die jährlich in ihrer Vollversammlung die Redaktion der Zeitschrift wählt.

Die kommenden Hefte:
PROKLA 217: Mythos der Maschine? Künstliche Intelligenz und Gesellschaftskritik
PROKLA 218: Surplus Society – Überflüssige im Gegenwartskapitalismus

In der PROKLA werden seit 1971 Themen aus den Bereichen der Politischen Ökonomie, der Politik, Sozialgeschichte und Soziologie bearbeitet. Im Zentrum stehen dabei gesellschaftliche Machtverhältnisse, Polarisierungen im internationalen System und das gesellschaftliche Naturverhältnis. Die Hefte werden jeweils nach thematischen Schwerpunkten zusammengestellt.

Die PROKLA erscheint viermal im Jahr mit einem Gesamtumfang von rund 640 Seiten. Das Einzelheft kostet 15,- €. Das reguläre Jahres-Abonnement kostet im Inland 49,- €, im Ausland 59,- € jeweils inkl. Versand. Alle Preise im Überblick finden Sie unter www.bertz-fischer.de/PROKLA-abopreise. Abonnieren können Sie unter www.bertz-fischer.de/prokla-abo oder per Mail an prokla-abo@bertz-fischer.de.

Druck und Bindung: UAB Standart Impressa, www.standart.lt, Vilnius, Litauen

PROKLA-Redaktion
c/o Bertz + Fischer Verlag
Franz-Mehring-Platz 1 | 10243 Berlin
redaktion@prokla.de
www.prokla.de

ISSN 0342-8176 | eISSN 2700-0311

Verlag
Bertz + Fischer GbR
Dieter Bertz + Katrin Fischer
Franz-Mehring-Platz 1
10243 Berlin
prokla@bertz-fischer.de
www.bertz-fischer.de

ISBN 978-3-86505-916-1

PROKLA 216
Widersprüche »grüner« industrieller Transformation

Einsprüche

Jenseits des Schwerpunkts

PROKLA 216 | 54. Jahrgang | Nr. 3 | September 2024 | S. 360-367
https://doi.org/10.32387/prokla.v54i216.2138

Tobias Haas • Tobias Kalt • Patrick Klösel • Stefan Schoppengerd • Jenny Simon • Markus Wissen*

Editorial: Widersprüche »grüner« industrieller Transformation

Nachdem in den letzten Dekaden vor allem marktbasierte Ansätze die Klimapolitik dominierten, beeinflusst in den letzten Jahren die Klimakrise zunehmend industriepolitische Transformationsstrategien – ausgehend von den USA und als Effekt des Handelskonflikts mit China. Unternehmen und staatliche Politik haben in jüngerer Zeit ihre Anstrengungen verstärkt, um Produktionsprozesse energetisch und stofflich zu dekarbonisieren. Statt mit fossilen Energieträgern soll in Zukunft auf der Grundlage von grünem Wasserstoff und Strom aus erneuerbaren Energien produziert werden. Dort, wo bei Produktionsprozessen weiterhin Kohlendioxid anfällt, soll im Rahmen von Net-Zero-Strategien insbesondere Kohlendioxid aufgefangen und unterirdisch gespeichert werden, um zu verhindern, dass es in die Atmosphäre gelangt (CCS, *Carbon Capture and Storage*; siehe den Beitrag von *Tobias Haas, Alina Brad* und *Etienne Schneider*). Mit dem Ziel der Klimaneutralität (in der EU bis 2050, in Deutschland bereits bis 2045) steht nun auch die industrielle Produktion, die lange Zeit unter dem Radar der Klimapolitik agierte, vor Umbrüchen. Dies

* **Tobias Haas** arbeitet am Forschungsinstitut für Nachhaltigkeit – Helmholtz Zentrum Potsdam (RIFS) zu CO_2-Entnahme im Rahmen des BMBF-geförderten Projekts CDR-SynTra (Förderkennzeichen: 01LS2101E). Er ist Mitglied der Redaktion der PROKLA. | **Tobias Kalt** ist wissenschaftlicher Mitarbeiter an der Europa-Universität Flensburg und forscht zum Nord-Süd-Verhältnis in der globalen Energiewende und Fragen globaler sozial-ökologischer Transformation. | **Patrick Klösel** promoviert in Berlin und Potsdam zu Methoden der Klimafolgenforschung und ist Koautor von *Kapitalismusanalysen. Klassische und neue Konzeptionen der Politischen Ökonomie.* | **Stefan Schoppengerd** ist wissenschaftlicher Mitarbeiter an der Hochschule für Wirtschaft und Recht Berlin (HWR) und Koordinator des Graduiertenkollegs »Krise und sozial-ökologische Transformation« (HWR Berlin/Rosa-Luxemburg-Stiftung). | **Jenny Simon** ist wissenschaftliche Mitarbeiterin an der Europa-Universität Flensburg und PROKLA-Redaktionsmitglied. Sie forscht zu Fragen der internationalen politischen Ökonomie mit besonderem Interesse für Transformationsdynamiken der Weltwirtschaft und Möglichkeiten ihrer sozial und ökologisch gerechten Gestaltung. | **Markus Wissen** ist Redakteur der PROKLA und Mitglied im wissenschaftlichen Beirat der Rosa-Luxemburg-Stiftung. Er lehrt und forscht an der Hochschule für Wirtschaft und Recht Berlin.

wirkt sich aus auf die Beschäftigungsverhältnisse, das Verhältnis zwischen Finanz- und Industriekapital, die Formen der Konkurrenz im industriellen Bereich, die Rolle des Staates und die Nord-Süd-Beziehungen.

Auf Seiten der Industriepolitik lässt sich schon seit längerem ein Paradigmenwechsel beobachten. Lange Zeit dominierten breit angelegte horizontale Ansätze, mit denen gemäß der neoliberalen Logik die allgemeinen Wettbewerbsbedingungen verbessert, »Marktversagen« korrigiert, Monopolbildung verhindert und Infrastrukturen bereitgestellt werden sollten, die allen Wirtschaftszweigen zugutekommen. Gezielte sektorale Eingriffe zugunsten von Schlüsselindustrien bergen in dieser Sichtweise die Gefahr, den Markt zu verzerren, das Überleben nicht-wettbewerbsfähiger Branchen künstlich zu verlängern und eine Fehlallokation knapper Ressourcen zu begünstigen (Abels/Bieling 2022). Faktisch wurden die neoliberalen Dogmen jedoch vielfach ignoriert. Das galt vor allem in der europäischen Regionalpolitik (Tömmel 1994). Mittlerweile werden sie aber auch konzeptionell zunehmend infrage gestellt: Angesichts der klimapolitischen Herausforderungen und der ökonomischen Erfolge von staatskapitalistischen Ökonomien wie der Chinas (siehe dazu PROKLA 208) hat sich der industriepolitische Diskurs der EU in Richtung einer »strategischen Autonomie« verschoben, die sich ohne eine intensivere und gezieltere staatliche Intervention kaum erreichen lässt (Sablowski u.a. 2022). Wissenschaftlich kann sich die programmatische Verschiebung auf Befunde aus der Innovationsforschung stützen. Diese betonen die Rolle des »Unternehmerstaats« (Mazzucato 2014), der Innovationsprozesse initiiert und dynamisiert sowie die Märkte für die daraus hervorgehenden Produkte schafft.

Der Paradigmenwechsel manifestiert sich in einer staatsinterventionistischen Wende zugunsten einer vertikalen Industriepolitik, die sich gezielt gerade auch an solche Branchen oder Unternehmen richtet, die für die Dekarbonisierung in einem Kontext verschärfter internationaler Konkurrenz als strategisch wichtig erachtet werden. Eine entsprechende Maßnahme ist der *Net Zero Industry Act* (NZIA), der im März 2023 von der Europäischen Kommission veröffentlicht wurde. Er definiert grüne Schlüsseltechnologien – sogenannte »Netto-Null-Technologien« wie Photovoltaik, Wärmepumpen, Elektrolyseure oder CO_2-Speicherung –, in denen die EU einen größeren Anteil an der Wertschöpfung innerhalb Europas generieren möchte, auch um ihre internationale Technologieführerschaft und Konkurrenzposition zu stärken und die Abhängigkeit von China zu reduzieren. Im Rahmen des Investitionsförderungsprogramms *InvestEU* sichert der Staat die Investitionsrisiken ab, die private Unternehmen bei der Entwicklung der grünen Schlüsseltechnologien eingehen (sogenanntes *Derisking*; siehe den Beitrag von *Lorena Herzog*). Diese Instrumente sind auch als europäische Antwort auf den US-amerikanischen *Inflation Reduc-*

tion Act (IRA) zu verstehen, der im August 2022 in Kraft getreten ist. Der IRA zielt darauf ab, unter anderem durch gezielte Subventionen sowohl die Entwicklung als auch die industrielle Produktion von grünen Technologien in den USA anzukurbeln. In Deutschland soll der Klima- und Transformationsfonds (KTF) den grünen Industrieumbau voranbringen.

Allerdings ist der industriepolitische Paradigmenwechsel umkämpft und mit Hindernissen konfrontiert, die sich in der EU nicht zuletzt aus der primärrechtlichen Verankerung der Austeritätspolitik ergeben. In Deutschland wurde dies durch das Urteil des Bundesverfassungsgerichts vom November 2023 unterstrichen: Demzufolge verstößt die Verschiebung nicht abgerufener Gelder aus dem Corona-Sondervermögen in den KTF gegen die Schuldenbremse und ist folglich verfassungswidrig. Das Urteil zeigt das Spannungsverhältnis von industriellem Umbau und Austeritätspolitik auf.

Das wirft zugleich ein Schlaglicht auf die Frage nach der Finanzierung der industriellen Transformation. So wird etwa im *European Green Deal* (EGD) der öffentliche Finanzierungsbedarf innerhalb von zehn Jahren auf eine Billion Euro beziffert. Hinzu kommen erhebliche Privatinvestitionen. Um diese entsprechend zu kanalisieren, wurde auf EU-Ebene unter anderem eine grüne Taxonomie verabschiedet, die nach starken Auseinandersetzungen unter gewissen Voraussetzungen auch Atomkraft und Investitionen in Gasinfrastrukturen als grün klassifiziert (Plehwe u.a. 2024). Darin offenbart sich ein zweites Problem des anvisierten Übergangs in eine post-fossile industrielle Produktion: die Beharrungskräfte von Kapitalfraktionen, denen an einer Fortführung des fossilen und atomaren Entwicklungspfads gelegen ist, deren Interessen in den staatlichen Apparaten nach wie vor stark verankert sind und die in jüngerer Zeit wieder Aufwind haben (Zeller 2023).

Darüber hinaus stellt sich die Frage nach den klassenpolitischen Implikationen der industriellen Transformationsprozesse. Im Gegensatz zum Kohleausstieg, der zu einer Abwicklung eines bestehenden Industriezweigs führt, stehen etwa die Stahl- oder die Chemieindustrie vor der Frage, welche Technologien künftig eingesetzt werden und wie es gelingen könnte, Wertschöpfung und Beschäftigung zu erhalten (siehe den Beitrag von *Stefan Schoppengerd*). Das erleichtert es auch den Beschäftigten und ihren Gewerkschaften, Strategien für eine ökologische Transformation zu entwerfen, die sich nicht in erster Linie als bedrohlich darstellen. Dennoch stellt sich auch hier die Frage, welchen Neubewertungen das Arbeitsvermögen und die Kreativität der Beschäftigten im Zuge der Transformation unterliegen, wie sich betriebliche Kräfteverhältnisse in der Reorganisation von Arbeitsprozessen entwickeln, welche strategischen Ansatzpunkte es gibt, um den industriellen Wandel mit progressiver Gewerkschaftspolitik zu verbinden, und welchen Beitrag das »verkörperte Umweltwissen« der Arbeiter*innen (Schaupp in diesem Heft) zu einer sozial-ökologischen Transformation zu leisten vermag.

Der industriepolitische Paradigmenwechsel zugunsten einer Dekarbonisierung hat wichtige internationale Implikationen. So ist es denkbar, dass Teile der energieintensiven Grundstoffindustrie in solche Regionen verlagert werden, die aufgrund ihres Sonnen- und Windreichtums mit niedrigeren Produktionskosten und großen Potenzialen für die Erzeugung grünen Wasserstoffs locken (der sogenannte *renewables pull*). Mit Ländern wie Namibia, Südafrika oder Indien hat die deutsche Bundesregierung bereits »Wasserstoffpartnerschaften« abgeschlossen. Nicht auszuschließen ist, dass dort künftig auch die wasserstoffbasierten Vorprodukte grünen Stahls hergestellt werden, die mit geringerem Aufwand als Wasserstoff über große Distanzen transportiert werden können. Für die sonnen- und windreichen Länder resultieren daraus unter Umständen neue Chancen, ihren Wettbewerbsvorteil zu nutzen, den Aufbau grüner Industrien voranzutreiben und industrielle Wertschöpfung sowie Beschäftigung anzuziehen.

Vorstellbar wäre jedoch auch ein grüner Extraktivismus, der die Länder des Globalen Südens und der europäischen Peripherie auf die Rolle von Lieferanten von Wasserstoff und kritischen Rohstoffen für den grünen Industrieumbau im Globalen Norden festschreibt. In jedem Fall hat die Dekarbonisierung Folgen für die Wertschöpfungsketten, die den Globalen Süden und den Globalen Norden miteinander verbinden. Die bereits in der PROKLA 198 thematisierte Reorganisation der globalen Stoffströme und der internationalen Arbeitsteilung dürfte durch die Bemühungen um einen postfossilen Kapitalismus einen weiteren Schub erhalten (siehe den Beitrag von *Jenny Simon*, *Anne Tittor* und *Tobias Kalt*).

Ein blinder Fleck des industriepolitischen Paradigmenwechsels und der verfolgten oder sich abzeichnenden Dekarbonisierungsstrategien sind die Fragen in der Produktion: »Wie viel?« und »Zu welchem Zweck?«. Die Dekarbonisierung ist wesentlich eine *Konsistenz*-Strategie. Es geht um eine Veränderung der stofflichen und energetischen Grundlage der Produktion. Nicht thematisiert wird dagegen die *Suffizienz*-Problematik. Die Volumina der Produktion und des Energieverbrauchs gelten als gesetzt beziehungsweise als Resultat von Marktbewegungen, die öffentlich und demokratisch weder beeinflusst werden können noch sollen.

Statt eine Reduktion auf das anzustreben, was gesellschaftlich notwendig und wünschenswert ist, wird von einer weiteren Steigerung ausgegangen. Auch ein post-fossiler Kapitalismus ist expansiv – und als solcher mit einem grundlegenden, in der Degrowth-Debatte aufgeworfenen Problem konfrontiert: dem der absoluten Entkopplung einer wachsenden Ökonomie vom Naturverbrauch. Dass dieses Problem unter grün-kapitalistischen Vorzeichen lösbar ist, erscheint mehr als fraglich

(Hickel/Kallis 2020; siehe die Beiträge von *Lukas Geisler*, *Klaus Meier* und *Lasse Thiele* in diesem Heft). Zu erwarten ist vielmehr, dass Fortschritte im Hinblick auf die Konsistenz (und Effizienz) der Produktion durch das Wirtschaftswachstum überkompensiert werden, sodass der Rohstoffverbrauch weiter steigt und die Emissionen nicht in dem Maße reduziert werden können, wie es für die Erreichung der Ziele aus dem Pariser Klimaabkommen von 2015 nötig wäre.

Die Dekarbonisierung der Industrie wirft also viele Fragen auf: im Hinblick auf die Dynamiken internationaler Konkurrenz, die Nord-Süd-Beziehungen, die Industriepolitik, die fossilen Beharrungskräfte, die gewerkschaftlichen Strategien und nicht zuletzt im Hinblick auf die Möglichkeit einer viel weiter gehenden, post-*kapitalistischen* statt nur post-*fossilen* Transformation. Offen ist, ob und inwieweit Dekarbonisierungsstrategien sich durchsetzen; inwieweit wir uns also überhaupt auf dem Weg in einen »post-fossilen Kapitalismus« befinden, wie dieser sich gestaltet, wie sich die Interessen »grüner« mit denen fossiler Kapitalfraktionen verbinden und inwiefern sich an den Widersprüchen eines post-fossilen Kapitalismus Konflikte entzünden, in denen weitergehende transformative Potenziale sichtbar werden. Dies entscheidet sich in aktuellen und künftigen Transformationskonflikten (siehe dazu PROKLA 210), in denen verschiedene Hegemonieprojekte um ihre Verallgemeinerung kämpfen (Sander 2023). In den Beiträgen zum vorliegenden Schwerpunkt werden die einschlägigen Kräfteverhältnisse, Tendenzen und Gegentendenzen beleuchtet sowie die institutionellen und strukturellen Bedingungen, unter denen sie sich entfalten.

Jenny Simon, Anne Tittor und *Tobias Kalt* untersuchen durch die Linse des postfossilen Extraktivismus, wie sich die globale Wasserstoffwirtschaft herausbildet. Sie betrachten die deutschen (und europäischen) Strategien sowie Dynamiken, die sich in den anvisierten Exportländern Südafrika, Namibia, Argentinien und Chile zeigen. Im Beitrag zeigen sie den umkämpften und widersprüchlichen Charakter der Wasserstofftransformation auf und argumentieren, dass die Entwicklung der Wasserstoffökonomie im Kontext einer Krise der fossilen Formation zwar Dekarbonisierungsziele verfolgt, der Sektor aber erheblich durch fossile Interessen und Strukturen gekennzeichnet ist, die sich zuletzt verfestigt haben. Zudem verfestigt die Ausrichtung der globalen Wasserstoffökonomie extraktivistische Muster, die in den künftigen Exportländern im Globalen Süden eine eigenständige grüne Industriepolitik erschweren und sozial-ökologische Risiken und Konflikte verursachen.

Lasse Thiele untersucht die Auswirkungen jüngster globaler Krisenentwicklungen auf das Kräfteverhältnis zwischen den Hegemonieprojekten eines »grünen« und eines fossilen Kapitalismus. Dafür analysiert er, wie eine Phase neuer Industriepolitik und geopolitischer Spannungen die Durchsetzungsperspektiven eines grünen Hegemonieprojekts beeinflusst. Er kommt zu dem Schluss, dass die Auswirkungen auf das Kräfteverhältnis ambivalent sind: Zwar verbessern sich die infrastrukturellen Voraussetzungen für ein grünes Hegemonieprojekt, während allerdings gleichzeitig die Beharrungskräfte des fossilen Hegemonieprojekts stärker werden.

Lorena Herzog betrachtet das Investitionsprogramm InvestEU, einen Pfeiler des EGD. Mit dem Programm zielt die Europäische Kommission darauf ab, über einen Derisking-Ansatz private Investitionen in den ökologischen Umbau der europäischen Industrie zu lenken. In einer detaillierten Analyse des Programms zeigt sie, dass der durch InvestEU verfolgte Derisking-Ansatz in der Tradition der europäischen Sparpolitik steht und die Steuerungsfähigkeit der EU beschränkt. Er dient nicht nur vorrangig dem privaten Finanzsektor, sondern ist auch ungeeignet, um klimapolitische Ziele zu erreichen und zu einer sozial und ökologisch gerechten Transformation der europäischen Industrie beizutragen. Statt »grünem« Wachstum fördert die Strategie vor allem den Erhalt der bestehenden Verhältnisse.

Tobias Haas, Alina Brad und *Etienne Schneider* analysieren die Auseinandersetzungen um CCS in Deutschland. Sie rekonstruieren das Scheitern des ersten Versuchs, die Technologie in den 2000er-Jahren zu implementieren, und arbeiten heraus, dass sich das Spektrum der Befürworter*innen von CCS in der Zwischenzeit deutlich vergrößert hat. Dies gilt sowohl im Bereich der Industrie als auch auf zivilgesellschaftlichem und staatlichem Terrain. Das hängt damit zusammen, wie sich die Klimakrise zuspitzt und politisiert, aber auch damit, dass CO_2-Abscheidung mittlerweile in einem breiteren Anwendungskontext diskutiert wird, nämlich Kohlenstoff als Rohstoff (CCU; *Carbon Capture and Utilization*) oder als Baustein zur Entnahme von CO_2 aus der Atmosphäre mittels negativer Emissionstechnologien zu nutzen. Trotz der Renaissance von CCS sind damit erhebliche Unsicherheiten und Risiken verbunden.

Stefan Schoppengerd betrachtet die Bestrebungen zur Dekarbonisierung der Stahlproduktion als »sozialpartnerschaftliche Stoffwechselpolitik« und analysiert die Rolle der Gewerkschaft in den laufenden Auseinandersetzungen. Im Rahmen der korporatistischen Tradition der Montanmitbestimmung arbeitet er den gewerkschaftlichen Anteil daran heraus, wie ein Dekarbonisierungs-Konsens hergestellt wird, dessen Stabilität zugleich bedingt ist durch den Ausgang von Konflikten über die konkrete geografische Gestalt der Wertschöpfungskette. Größter Pferdefuß der Visionen vollständig CO_2-freier Stahlproduktion sind allerdings die noch uneingelösten Versprechen der grünen Wasserstoffwirtschaft; daraus ergeben sich Probleme für die Transformationsperspektive, die schwerlich im sozialpartnerschaftlichen Branchenrahmen lösbar sind.

Simon Schaupp entwickelt in seinem Beitrag eine Ökologie der Arbeit, in deren Zentrum der Begriff der »Nutzbarmachung« steht. Im Unterschied zum gebräuchlicheren Begriff der »Aneignung«, der die Privatisierung von Natur bezeichnet, ohne dabei ein Verständnis von deren stofflicher Transformation zu ermöglichen, geht es bei der Nutzbarmachung um die menschliche Arbeit, durch die Natur erst zum Teil des Produktionsprozesses wird. Die kapitalistische Nutzbarmachung ist ein widersprüchlicher und konflikthafter Prozess, der einerseits stets die Gefahr der »Vernutzung« von Arbeit und Natur beinhaltet, sich andererseits aber auch an deren Eigensinn brechen kann. Wie Schaupp am Beispiel der Bauindustrie zeigt, bilden die oft leidvollen Erfahrungen der Arbeiter*innen sowie deren praktisches Wissen um den Zusammenhang zwischen der Erschöpfung von menschlicher und nicht-menschlicher Natur einen wichtigen Ausgangspunkt für eine Kritik an der zerstörerischen kapitalistischen Wachstumsdynamik.

In seinem Einspruch setzt sich *Klaus Meier* mit den Klimaneutralitätsszenarien der Chemie-, Stahl- und der Zementindustrie auseinander. Er argumentiert, dass die Dekarbonisierung technisch möglich wäre, dass eine wachsende Industrieproduktion jedoch nicht annährend mit den in Deutschland produzierbaren Mengen an erneuerbaren Energien und grünem Wasserstoff betrieben werden kann. Die Möglichkeiten für Importe von grünem Strom und Wasserstoff sind begrenzt. Vor diesem Hintergrund sollte, so Meier, eine Degrowth-Perspektive entwickelt werden, die auf die Erhaltung eines ökologisch transformierten industriellen Kerns abzielt.

Ebenfalls in einem Einspruch plädiert *Lukas Geisler* für eine Weitung des vielfach angemahnten *labour turn* in der Klimabewegung. Anhand der Auseinandersetzung um die Dondorf-Druckerei in Frankfurt am Main und anderer aktivistischer Interventionen diskutiert er die Reichweite unterschiedlicher Bewegungsstrategien im Konflikt mit der CO_2-intensiven Bauwirtschaft. Ansätze von Effizienz und Suffizienz müssen, so Geisler, nicht zuletzt die Bewahrung vergegenständlichter »grauer Energie« integrieren, um den Bedarf an Sand und Energie im erforderlichen Maß zu reduzieren.

Jenseits des Schwerpunkts widmen sich *Nora Horn* und *Christoph Scherrer* der politischen Ökonomie der Inflation. Sie unterscheiden die Inflation von Vermögens- und Verbraucherpreisen und zeigen, dass diesen wirtschaftspolitisch sehr unterschiedliche Reaktionen folgen: Während steigende Aktienkurse meist begrüßt werden, werden steigende Preise für Konsumartikel häufig mit einschneidenden geld- und fiskalpolitischen Maßnahmen beantwortet. Die unterschiedlichen Folgen von und Reaktionen auf verschiedenen Typen von Inflation erklären sie aus einer klassenpolitischen Perspektive, wobei sie Klasse entlang des Eigentums an Produktionsmitteln und Vermögenswerten bestimmen. Der Vergleich der Reaktionen und Maßnahmen zwischen Deutschland und den USA verdeutlicht auch die wesentliche Rolle der Zentralbanken, die mit Blick auf die Klassenverhältnisse wenig überraschend einseitig agiert und die Vermögensinflation begünstigt, wodurch ökonomische Ungleichheiten verstärkt werden.

***

Die PROKLA-Redaktion dankt Tobias Kalt, Patrick Klösel und Stefan Schoppengerd für ihre wertvollen Ideen und ihr Engagement als Gastredakteure bei der Planung und Erstellung dieser Ausgabe.

***

Am 25. Mai 2024 fand die jährliche Mitgliederversammlung der Vereinigung zur Kritik der politischen Ökonomie e.V. statt, die die PROKLA herausgibt und den Wissenschaftlichen Beirat und die Redaktion wählt. Redaktion und Beirat wurden in neuer Zusammensetzung gewählt: Wir freuen uns, dass Anne Engelhardt zukünftig die Redaktion verstärkt. Martin Beckmann verlässt die Redaktion und Margit Mayer, Urs Müller-Plantenberg und Gudrun Trautwein-Kalms beenden ihre Tätigkeit für den Beirat. Wir bedanken uns sehr herzlich für ihr langjähriges Engagement und die wichtigen Impulse, mit denen sie die PROKLA mitgestaltet haben, und hoffen, dass sie uns auch zukünftig mit ihren Ideen unterstützen.

Literatur

Abels, Joscha / Bieling, Hans-Jürgen (2022): Jenseits des Marktliberalismus? Europäische Industrie- und Infrastrukturpolitik im Zeichen neuer globaler Rivalitäten. In: PROKLA 208 52(3): 429-449. DOI: https://doi.org/10.32387/prokla.v52i208.2004.

Hickel, Jason / Kallis, Giorgos (2020): Is green growth possible? In: New Political Economy 25(4): 469-486. DOI: https://doi.org/10.1080/13563467.2019.1598964.

Mazzucato, Mariana (2014): Das Kapital des Staates. Eine andere Geschichte von Innovation und Wachstum. München.

Plehwe, Dieter u.a. (2024): Climate Obstruction in the European Union: Business Coalitions and the Technocracy of Delay. In: Brulle, Robert J. u.a. (Hg.): Climate Obstruction across Europe. Oxford: 230-346. DOI: https://doi.org/10.1093/oso/9780197762042.003.0013.

Sablowski, Thomas u.a. (2022): Krise und Regulation des Kapitalismus in der Europäischen Union. In: PROKLA 207 52(2): 231-252. DOI: https://doi.org/10.32387/prokla.v52i207.1991.

Sander, Hendrik (2023): Zum Potenzial eines grünen Kapitalismus. Sozial-ökologische Hegemonieprojekte in der Vielfachkrise. In: PROKLA 213 53(4): 745-764. DOI: https://doi.org/10.32387/prokla.v53i213.2079.

Tömmel, Ingeborg (1994): Staatliche Regulierung und europäische Integration. Die Regionalpolitik der EG und ihre Implementation in Italien. Baden-Baden.

Zeller, Christian (2023): Fossile Gegenoffensive – Grüner Kapitalismus ist nicht in Sicht. In: Emanzipation. Zeitschrift für ökosozialistische Strategie 7(2): 221-252.

Der PROKLA-Förderverein

Die PROKLA erscheint seit 1971 und bietet politisch engagierte sozialwissenschaftliche und ökonomische Analysen. Allein von den Verkaufserlösen kann sich die PROKLA nicht finanzieren, und in die Abhängigkeit von Parteien oder großen Verlagen wollte sie sich nie begeben. Deshalb wird die PROKLA von einem Förderverein herausgegeben, der »Vereinigung zur Kritik der politischen Ökonomie e.V.«, die jährlich in ihrer Vollversammlung die Redaktion der Zeitschrift wählt und die nächsten Themenschwerpunkte diskutiert.

Kritische Sozialwissenschaft kann nicht dem Markt überlassen werden. Ohne solidarische Strukturen und finanzielle Unterstützung sind Zeitschriften wie die PROKLA kaum möglich. Die finanziellen Beiträge der Vereinsmitglieder ermöglichen das Erscheinen der PROKLA, sie schaffen die Voraussetzungen für Kontinuität und Planbarkeit, wie sie für die Redaktionsarbeit unabdingbar sind. Wir freuen uns über weitere Mitglieder, regelmäßige Spenden oder einmalige Zuwendungen. Weitere Informationen teilen wir gerne per E-Mail mit (redaktion@prokla.de).

Vereinigung zur Kritik der politischen Ökonomie e.V. | Postbank Berlin | IBAN: DE17 1001 0010 0538 1351 00 | BIC: PBNKDEFF

PROKLA 216 | 54. Jahrgang | Nr. 3 | September 2024 | S. 371-390
https://doi.org/10.32387/prokla.v54i216.2139

Jenny Simon • Anne Tittor • Tobias Kalt*

Postfossile Transformation?

Umkämpfte Dekarbonisierung, fossile Kontinuitäten und fortgesetzter Extraktivismus in der globalen Wasserstoffökonomie

Zusammenfassung: Wie grün ist Wasserstoff? Im Beitrag analysieren wir die Herausbildung einer globalen, vorgeblich klimaneutralen Wasserstoffwirtschaft. Mit Rückgriff auf das Konzept des postfossilen Extraktivismus heben wir drei Punkte hervor: Erstens ist die Wasserstofftransformation umkämpft. Zweitens zeigen sich auch in der Wasserstoffökonomie erhebliche fossile Kontinuitäten. Drittens werden extraktivistische Muster fortgesetzt, die in den Exportländern im Globalen Süden eine eigenständige grüne Industriepolitik erschweren und sozial-ökologische Risiken und Konflikte verursachen. Der Beitrag veranschaulicht diese Dynamiken mit Blick auf Deutschland und Europa sowie den anvisierten Exportländern Südafrika, Namibia, Argentinien und Chile.

Schlagwörter: Extraktivismus, fossile Kontinuitäten, grüne Industriepolitik, postfossile Formation, Wasserstoff

Post-Fossil Transformation?

Contested Decarbonisation, Fossil Continuities and Continued Extractivism in the Global Hydrogen Economy

Abstract: How green is hydrogen? The article analyses the emergence of a global, allegedly climate-neutral hydrogen economy. In drawing on the concept of postfos-

* **Jenny Simon** ist wissenschaftliche Mitarbeiterin an der Europa-Universität Flensburg und PROKLA-Redaktionsmitglied. Sie forscht zu Fragen der internationalen politischen Ökonomie mit besonderem Interesse für Transformationsdynamiken der Weltwirtschaft und Möglichkeiten ihrer sozial und ökologisch gerechten Gestaltung. | **Anne Tittor** ist Co-Leiterin eines Junior Research Teams am SFB Strukturwandel des Eigentums am Institut für Soziologie der Friedrich-Schiller-Universität Jena. Sie forscht zur Politischen Ökologie der Dekarbonisierung und sozial-ökologischen Konflikten in Lateinamerika. | **Tobias Kalt** ist wissenschaftlicher Mitarbeiter an der Europa-Universität Flensburg und forscht zum Nord-Süd-Verhältnis in der globalen Energiewende und Fragen globaler sozial-ökologischer Transformation.

sil extractivism, we emphasise three points: Firstly, the hydrogen transformation is contested. Secondly, the hydrogen economy shows considerable fossil continuities. Thirdly, extractivist patterns are being continued. These hamper self-determined strategies of green industrial policy in the exporting countries in the Global South and cause socio-ecological risks and conflicts. The article illustrates these dynamics with a view to Germany and Europe as well as future export countries of South Africa, Namibia, Argentina and Chile.

Keywords: Extractivism, Fossil Continuities, Green Industrial Policy, Hydrogen, Post-fossil Formation

Grüner Wasserstoff gilt als zentraler Baustein der Dekarbonisierung. Insbesondere für Bereiche, die einen hohen CO_2-Ausstoß verursachen und schwer zu elektrifizieren sind, wie die Stahlindustrie oder der Schwertransport, gilt Wasserstoff als unverzichtbar. Doch es geht auch um andere Ziele, etwa die Diversifizierung der Energieversorgung und internationale Technologieführerschaft im Wasserstoffsektor. Fossile Unternehmen mischen im Wasserstoffsektor mit und versuchen, ihre Geschäftsstrategien aufrechtzuerhalten. Auch setzt sich zunehmend eine Akzeptanz der Nutzung von aus Erdgas gewonnenem, sogenanntem blauen Wasserstoff durch.

Wir begreifen diese Entwicklungen als Teil einer *postfossilen* Transformationsdynamik. Dabei wird erstens deutlich, dass eine Verschiebung der stofflichen Grundlage vieler Produktionsprozesse und des Energiesektors eingeleitet wird. Zweitens finden Auseinandersetzungen um die Fortschreibung *fossiler* Strukturen statt in Bezug auf die stoffliche Grundlage des Wasserstoffs, aber auch die Aufrechterhaltung von Infrastrukturen sowie rohstoffintensiven und nicht-nachhaltigen Produktionsmustern. Drittens beobachten wir ein Ringen um die *extraktivistische* Ausrichtung der globalen Wasserstoffökonomie, das heißt um die Frage, inwiefern Länder des Globalen Südens erneut die Rolle der Energielieferanten einnehmen und mit damit einhergehenden Landnahmen, Energiearmut und sozialökologischen Problemen konfrontiert sind oder ihre Hoffnungen auf grüne Industrialisierung durch Wasserstoff aufgehen. Um die umkämpften und widersprüchlichen Entwicklungen in der Wasserstoffwirtschaft zu analysieren, nutzen wir das Konzept des *postfossilen Extraktivismus.*

Im Folgenden nehmen wir die bisherigen Weichenstellungen in der globalen Wasserstoffwirtschaft anhand der deutschen und europäischen sowie der südafrikanischen, namibischen, argentinischen und chilenischen Wasserstoffstrategien in den Blick. Methodisch basiert der Text auf einer qualitativen Dokumentenanalyse dieser Strategien sowie Studien und Beobachtungen politischer Auseinandersetzungen um ihre Ausrichtung, die wir uns über wissenschaftliche Literatur, Presseberichterstattung und Webinare sowie teilweise über Expert*inneninterviews (für Deutschland, Südafrika und Namibia) und teilnehmende Beobachtungen[1] erschlossen haben. Wir verfolgen dabei einen prozessanalytischen Ansatz und analysieren Tendenzen in den jeweiligen Ländern, um allgemeine Trends herauszuarbeiten.

Postfossiler Extraktivismus als Zeitdiagnose und Analysekonzept

Während das Konzept des postfossilen Extraktivismus (Tittor 2023) bislang vor allem im Kontext der Extraktivismusdebatte verortet wurde, wird im Folgenden stärker das postfossile Moment akzentuiert. »Postfossil« verweist dabei nicht einfach auf ein zeitliches »nach dem Fossilismus«, sondern betont – wie auch Konzepte des Postkolonialismus und Postfordismus – die Kontinuitäten zu vorangegangenen Gesellschaftsformationen.[2] Im Anschluss an Stuart Hall (1997: 239) prägen die »Posts« eine »Vorstellung des Wandels oder Übergangs, der eher als Rekonfiguration eines Feldes verstanden wird, denn als Bewegung linearer Transzendenz zwischen zwei sich gegenseitig ausschließenden Zuständen«. »Post« beschreibt immer auch ein Ringen mit dem Alten. Das Neue definiert sich dabei noch über die Abgrenzung zum Alten, ohne dass bereits klar ist, worin das Neue konkret besteht.

Das Konzept des Postfossilismus beschreibt damit eine Verschiebung der stofflichen Grundlagen weg von fossilen Ressourcen, wobei gleichzeitig umkämpft und offen ist, wie genau eine postfossile Formation konturiert ist beziehungsweise sein wird. Die aktuelle Situation ist durch politische und ökonomische Konflikte geprägt, in denen um unterschiedliche strategische Optionen gerungen wird (Kalt 2024a). Dabei ist die Tiefe von Umwälzungsprozessen noch offen und fossile Interessengruppen wie auch fossile Produktions- und Konsummuster bestehen durch polit-ökonomische Kräfteverhältnisse und Pfadabhängigkeiten fort. Es zeichnet sich ab, dass fossile Strukturen

1 Tobias Kalt und Jenny Simon haben Expert*inneninterviews und teilnehmende Beobachtungen in Deutschland, Südafrika und Namibia im Rahmen des Projektes H2POLITICS durchgeführt.

2 Als Formation wird in Anlehnung an die Regulationstheorie eine räumlich und zeitlich spezifische Ausprägung des Kapitalismus bezeichnet. Während klassischerweise Fordismus und Postfordismus als Formationen bezeichnet werden, wird das Konzept hier für die Analyse einer fossilen/postfossilen Formation verwendet. Für Situationen, in denen es wir für noch nicht entschieden halten, ob sich eine postfossile Formation herausbildet, sprechen wir von einer Konfiguration.

bislang lediglich graduell transformiert und teils perpetuiert werden sowie dass bestehende extraktivistische Grundmuster sich vertiefen.

Umkämpfte Formation mit fossilen Beharrungskräften

Der Kapitalismus ist wesentlich durch fossile Strukturen geprägt. Die dominanten Energieträger beeinflussen nicht nur die Produktions- und Konsumtionsnormen, sondern auch gesellschaftliche Strukturen, wie die historischen Zusammenhänge zwischen fossilen Energien und Kapitalismus (Malm 2016) sowie Demokratie (Mitchell 2013) zeigen. Gesellschaftliche Strukturveränderungen durch einen Ausstieg aus fossilen Brennstoffen könnten daher sehr tiefgreifend sein. Im Kontrast zu Dekaden weitgehend unhinterfragter fossiler Basis der kapitalistischen Wirtschaftsweise, findet die grundlegende Notwendigkeit von CO_2-Reduktionen in Europa – zumindest auf einer abstrakten Ebene – weitgehend Zustimmung. Ökologische Krisen, mit ihnen verbundene soziale Spannungen und politische Bewegungen rund um den Globus beeinflussen staatliches Transformationshandeln. Vertreter*innen verschiedener Branchen diskutieren über die Geschwindigkeit, Tiefe und Form einer ökologischen Transformation der Industrie und lancieren den Ausbau erneuerbarer Energien, den Aufbau neuer grüner Geschäftsfelder oder ganzer Industrien, wie dem Wasserstoffsektor. Global wird um Technologieführerschaft in diesen neuen Sektoren gerungen, es bilden sich neue Kapitalgruppen und Konkurrenzbeziehungen mit entsprechenden geo-ökonomischen Konfliktpotenzialen heraus. Im nationalen Rahmen werden hohe Investitionsanreize, Förderprogramme und Steuervergünstigungen für klimapolitische Maßnahmen aufgelegt. Dies leistet auch Diskussionen um eine veränderte industriepolitische Rolle von Staaten Vorschub (Alami/Dixon 2023). Zugleich werden Umwelt-NGOs und Unternehmen beziehungsweise Verbände aus dem Bereich der erneuerbaren Energien zu wichtigeren Stakeholdern in diesen Prozessen. Gerungen wird dabei um nicht weniger als eine Transformation des fossilen Kapitalismus hin zu einer postfossilen Konfiguration. Umkämpft ist allerdings, welche Reichweite die Transformationsdynamik haben soll. Nach wie vor geht es meist nur um den Austausch der Ausgangs- und Antriebsstoffe, damit Produktionsstrukturen, Alltagspraxen und Konsumgewohnheiten beibehalten werden können (Altvater 2016: 46).

Auf der anderen Seite formieren sich die Gegenkräfte zum fossilen Ausstieg. Fossile Kapitale verfolgen das Interesse an einer Fortsetzung ihrer Akkumulationsstrategien und der Verhinderung der Entwertung ihrer Infrastrukturen. Auch hat sich ein relevantes Milieu gefestigt, das sich einer sozial-ökologischen Transformation vehement entgegenstellt. Fossile Denkmuster,

Lebensweisen und Alltagspraxen prägen nach wie vor in hohem Maße die Gesellschaften des Globalen Nordens und expandieren räumlich (Brand/Wissen 2024). Der Ukraine-Krieg und die veränderte geopolitische Lage haben die Tendenz eines fossilen Rollbacks gestärkt, wie sich etwa in neuen LNG-Infrastrukturen und zugehörigen Importdeals zeigt.

Dies schlägt sich in den klimapolitischen Trends nieder. Nach zähen Verhandlungen bei der UN-Klimakonferenz in Dubai (COP28) haben sich die UN-Mitgliedsstaaten darauf geeinigt, eine »Transition weg von fossilen Energien« anzustreben; ein definitives Ende ist aber nur für Kohle, die nicht mit der Abscheidung von Kohlenstoff kombiniert ist, festgesetzt (sogenannte *Unabated coal*; vgl. UNFCCC 2023: 5). Neben dem Ausbau der Erneuerbaren und grüner Technologien nimmt fossiles Gas als »transition fuel« eine wichtige Rolle ein. Technologien zur Kohlenstoffabscheidung- und Speicherung (CCS) beziehungsweise Nutzung (CCU)[3] sollen den Weiterbetrieb der Öl- und Gasförderung sichern. Zusätzlich werden noch immer täglich fossile Abbauprojekte begonnen. Das Ringen um eine Neuausrichtung beziehungsweise Persistenz fossiler Strukturen zeigt sich auch mit Blick auf Infrastrukturen – nicht nur die *flows*, sondern auch die *stocks* fossilen Wirtschaftens sind entscheidend. Diese prägen nicht nur Produktion und Handel, Mobilität, Wärmeversorgung und Energienutzung, sondern ihre Instandhaltung erfordert auch weitere Baumaßnahmen. Infrastrukturen wie transnationale Gaspipelines oder Überseehäfen schaffen zudem nicht nur technologische Pfadabhängigkeiten, sondern sind auch eng mit ökonomischen und geopolitischen Interessen ihrer Weiternutzung verbunden.

Wir gehen davon aus, dass die fossile Formation zunehmend infrage gestellt wird, und wir können Auseinandersetzungen um eine postfossile Formation beobachten, in der um eine Verschiebung der stofflichen Grundlagen gerungen wird. Gleichzeitig wird jedoch sichtbar, dass fossile Strukturen bislang höchstens graduell transformiert werden.

Die extraktivistischen Züge der fossilen und postfossilen Formation

Für sozial-ökologische Transformationsdynamiken in Ländern der (Semi-) Peripherie ist eine zentrale Frage, ob und inwieweit die Auseinandersetzungen um eine postfossile Formation auch extraktivistische Verhältnisse modifizieren. Die fossile Wirtschaftsweise der kapitalistischen Zentren basiert

3 Hierbei werden CO_2-Emissionen abgeschieden und unterirdisch gespeichert beziehungsweise weiter genutzt. Während diese Technologien in verschieden Roadmaps zur Klimaneutralität eingeschrieben sind, ist der zukünftige Umfang ihrer Nutzung unklar (Haas u.a. in diesem Heft).

wesentlich auf dem Abbau und Import von fossilen, metallischen und mineralischen Rohstoffen. Anderen Regionen wurde daher die Rolle von Rohstofflieferanten zugewiesen. Dort kommt es zur massiven Umgestaltung von Landschaften, der Zerstörung von *Livelihood*-Strategien[4] und Ökosystemen und zu immer stärkerem Druck auf Naturressourcen (Svampa 2020: 12). Bereits die Herausbildung der kapitalistischen Metropolen und Kolonialgebiete sowie ihrer Sozial- und Wirtschaftsstrukturen wurde durch solch eine transnationale Arbeitsteilung konstituiert (Machado Aráoz 2013: 135). Wir verstehen dieses transnationale Verhältnis als Teil von Extraktivismus, selbst wenn die Zerstörung von Ökosystemen auch ohne Exportorientierung erfolgt. Zudem begreifen wir Aktivitäten als extraktivistisch, bei denen große Mengen von Rohstoffen abgebaut werden, die mehrheitlich in kaum weiterverarbeiteter Form exportiert und in den Industrien der Zentren genutzt werden, um dort eine industrielle Weiterentwicklung voranzutreiben. Stark asymmetrische Positionen zwischen Ökonomien in globalen Produktionsnetzwerken (GPN) sind ein wichtiges Merkmal des Extraktivismus, bei dem die wissens-, kapital- und technologieintensiven Verarbeitungsschritte in abgeschotteten Enklaven oder in den Zentren stattfinden, denen auch der Großteil der Wertschöpfung zugutekommt. Konflikte um Extraktivismus drehen sich daher nicht nur um den Abbau von Ressourcen und die gravierenden sozial-ökologischen Folgen vor Ort, sondern auch um die räumliche Organisation von GPNs und die Verteilung der Wertschöpfung (Dorn 2024). Extraktivismus ist nicht nur eine ökonomische Strategie rohstoffexportierender (semi-)peripherer Gesellschaften, sondern eine von den Zentren wesentlich mitgestaltete strukturelle Komponente der Nord-Süd-Beziehungen.

Eine stärker an Klimazielen orientierte Wirtschaftspolitik in den Zentren hat diese Dynamik verstärkt. Die Debatte um grünem Extraktivismus (Dorn u.a. 2022; Voskoboynik/Andreucci 2021) zeigt, dass durch erneuerbare Energien und weniger kohlenstoffintensive Technologien in den Zentren hohe Mengen an Lithium, Seltenen Erden, Kupfer und Kobalt für die E-Mobilität, Speichertechnologien, Solarzellen und Windanlagen benötigt werden. Zugleich brauchen Solar- und Windparks große Flächen Land, Biodiversität wird zerstört, oftmals werden Menschen vertrieben oder ihre bisherigen *Livelihood*-Strategien eingeschränkt (Scott/Smith 2017). Gleichzeitig werden neben der Naturzerstörung auch die ökonomischen Risiken und sozialen Konflikte externalisiert, die mit den extraktiven Praktiken verbunden sind.

4 Der Begriff der *livelihood strategies* fasst eine Nutzung von Land, Wasser und anderen natürlichen Ressourcen, die Haushalte, oft in Kombination von Subsistenz-, Lohn-, und Saisonarbeit, zur Reproduktion einsetzen.

Im Folgenden nehmen wir den Aufbau der globalen Wasserstoffwirtschaft als Auseinandersetzungen um eine postfossile Transformation in der EU und Deutschland sowie Südafrika, Namibia, Chile und Argentinien in den Blick. Wir folgen dabei einer Heuristik, die sich an der theoretischen Rahmung des Konzepts des postfossilen Extraktivismus orientiert. Erstens fragen wir, inwiefern es sich bei den Strategien um postfossile Ansätze handelt. Reflektieren Strategien Momente einer Krise des Fossilismus? Finden Verschiebungen weg von fossilen Ressourcen statt? Und inwiefern sind diese Verschiebungen umkämpft? Zweitens fragen wir, ob und wo sich fossile Kontinuitäten zeigen. Welche fossilen Akteure behalten Einfluss und welche fossilen Strukturen werden fortgeschrieben? Drittens gehen wir der Frage nach, inwiefern die Strategien extraktivistische Züge tragen. Wie exportorientiert sind die jeweiligen Wasserstoffsektoren und welche transnationale Arbeitsteilung schreibt sich ein? An wessen Interessen wird der Wasserstoffsektor ausgerichtet und wie werden sozial-ökologische Kosten und Risiken verteilt?

Same same but different? Der Aufbau einer Wasserstoffwirtschaft in Deutschland und Europa

Seit einigen Jahren entwickelt sich ein regelrechter Wasserstoff-Hype in Deutschland und Europa. Milliarden öffentlicher Fördergelder werden in Technologieentwicklung, Machbarkeitsstudien und Projektentwicklung großer Unternehmen investiert und neue Infrastrukturen aufgebaut. Dabei ist die Hinwendung zu Wasserstoff und zu den auf ihm aufbauenden Industrien eine Verschiebung gegenüber dem fossilen Paradigma.

Umkämpfte Neuerungen und fossile Kontinuitäten

Wasserstoffbasierte Strategien werden in Deutschland und der EU als Antwort auf unterschiedliche Krisendynamiken präsentiert. Die Klimakrise erhöht den Transformationsdruck. Mit dem Ziel der Klimaneutralität rücken neuerdings zunehmend auch schwer zu elektrifizierende Sektoren in den Blick, wie die Stahlindustrie, die Bauwirtschaft oder der Schwertransport. Zudem lassen schwächelndes Wirtschaftswachstum und internationaler Wettbewerbsdruck die Erschließung neuer »grüner« Akkumulationsfelder attraktiv werden, was auch die Entstehung neuer »grüner« Kapitalgruppen begünstigt (Haas u.a. 2022: 248ff.). Die wirtschaftlichen Folgen der Pandemie verstärkten zusätzlich die Bereitschaft, »grüne« Wachstumsstrategien zu fördern. Zuletzt erhöhten geopolitische Konflikte das Interesse an einer Diversifizierung der Bezugsquellen für günstige Energie und beschleunigten den Wettlauf um Wasserstoff (Thiele in diesem Heft). Diese Dynamiken spiegeln nicht nur sich zuspitzende Widersprüche in der fossilen Formation, sie leisten auch Verschiebungen in Richtung Postfossilismus und der Etablierung einer »grünen« Wasserstoffwirtschaft Vorschub.

Allerdings sind die postfossilen Transformationsdynamiken in Europa ebenso umkämpft wie die Ausrichtung der Wasserstoffökonomie. Die Ausarbeitungen der Wasserstoffstrategien waren von Beginn an von massiven Lobbytätigkeiten der Gasindustrie begleitet. Entgegen seinem Image ist der Wasserstoffsektor bislang ein fossiler Sektor, ca. 99 Prozent werden weitgehend aus fossilen Brennstoffen, vor allem Erdgas, gewonnen und als »grauer« Wasserstoff bezeichnet (IEA 2022: 71). Die Gasindustrie setzte sich für eine Akzeptanz von blauem Wasserstoff ein, der auf grauem Wasserstoff mit CO_2-Abscheidung basiert (Corporate Europe Observatory 2020).

In der 2020 verabschiedeten deutschen »Nationalen Wasserstoffstrategie« (NWS) konnte sie sich jedoch nicht vollständig durchsetzen. Vorrangig wurde die Förderung von »grünem«, auf erneuerbaren Energien basierendem Wasserstoff betont, wobei die Nutzung von blauem Wasserstoff übergangsweise akzeptiert wurde (BMWi 2020: 3; Deutsche Umwelthilfe 2020). Mit Blick auf die EU-Ebene war das Lobbying erfolgreicher. In der Wasserstoffstrategie der Europäischen Kommission wird – auch aufgrund der unterschiedlichen Interessen der EU-Mitgliedstaaten – von einer Nutzung von »sauberem« oder »kohlenstoffarmen« Wasserstoff gesprochen, womit die stoffliche Basis der Wasserstoffproduktion offener bleibt (Europäische Kommission 2020). Dennoch stellte die Dekarbonisierung der Energieversorgung und schwer zu elektrifizierender Industrien eine zentrale Zielsetzung der Wasserstoffstrategien dar. Die Entwicklung von Wasserstofftechnologien und eines umfassenden Wasserstoff-Produktionsnetzwerkes soll zudem ein neuer Wachstumsmarkt für deutsche und europäische Unternehmen werden. Insbesondere die Bundesregierung will Deutschland zu einem technologischen »Leitanbieter« entwickeln (BMWK 2023: 4). Zusätzlich soll die Energiesicherheit durch die Reduktion der Abhängigkeit von Öl- und Gasexporten gesteigert werden. Gleichzeitig werden sowohl in der EU als auch in Deutschland Wasserstoffanwendungen insbesondere im industriellen Bereich, wie der Stahl- und Ammoniakproduktion, sowie in schwer zu elektrifizierenden Bereichen des Transportsektors gefördert (BMWi 2020; Europäische Kommission 2020).

Allerdings wurde diese »grüne« Ausrichtung sukzessive aufgeweicht. Mit der Überarbeitung der NWS 2023 nach längeren regierungsinternen Auseinandersetzungen (BMWK 2023; Polansky 2023) sowie mit dem im Kontext des Ukraine-Kriegs verabschiedeten REPowerEU-Programm der EU (Europäische Kommission 2022) wurde nicht nur die Marktentwicklung beschleunigt und eine Erhöhung der inländischen beziehungsweise europäischen Fördermengen angestrebt. Auch die geplanten Anwendungen wurden für einen breiteren Diffusionspfad geöffnet. Wasserstoff soll auch verstärkt für die private Automobilität, bei der Stromerzeugung und im Wärmesektor eingesetzt werden (BMWK 2023: 21ff.), obwohl dies sowohl ökonomisch als auch ökologisch umstritten ist (Liebreich 2023).

Die Ausweitung der Anwendungsfelder stärkte wiederum Interessen, die Fokussierung auf grünen Wasserstoff aufzugeben. Da so auch der prognostizierte Wasserstoffbedarf deutlich stiege, so das Argument, und nun die Versorgungskapazitäten durch grünen Wasserstoff überträfe, sollte zunächst »technologieoffen« agiert und auch blauer Wasserstoff akzeptiert werden (BMWK 2023: 4). Während in der frühen NWS noch stark vom Import von grünem Wasserstoff und »ambitionierten Standards für die Zertifizierung und die Nachhaltigkeit« (BMWi 2020: 12) die Rede war, bleibt deren Fortschreibung in Bezug auf grüne oder blaue Wasserstoffimporte vage (BMWK 2023: 9). Auch wenn grüner Wasserstoff in der Förderung bevorzugt werden soll, kommt – auch mit explizitem Verweis auf die Carbon Management Strategie der Bundesregierung (vgl. Haas u.a. in diesem Heft) und Wasserstoffimporten aus Norwegen (BMWK 2023: 9, 14) – blauem Wasserstoff hier eine größere Bedeutung zu. Wegen der Speicherung von CO_2 wird blauer Wasserstoff als »kohlenstoffarm« eingeordnet (BMWK 2024: 4). Dies ist allerdings irreführend, denn die Klimabilanz von blauem Wasserstoff ist schlechter als die der direkten Verbrennung von Erdgas und Kohle (Howarth/Jacobson 2021: 9).[5] Außerdem wird durch den Aufbau eines europaweiten Pipeline-Netzwerks, dem »Hydrogen Backbone«, und von Importterminals für Wasserstoff der Ausbau von Gasinfrastrukturen vorangetrieben. Geplant wird dabei eine Weiternutzung beziehungsweise Umwidmung der bestehenden Transportinfrastrukturen für fossiles Gas (BMWi 2020: 7). Bei dem derzeitigen technologischen Stand ist für den Wasserstofftransport über diese Pipelines allerdings eine Beimischung von Erdgas, das sogenannte *Blending*, nötig (Eberhardt 2023).

Im Verlauf der letzten Jahre zeigt sich also eine deutliche Verschiebung der Wasserstoffstrategien zugunsten fossiler Momente. Im Ringen um die Ausrichtung einer postfossilen Konfiguration schreiben sich verstärkt Kräfte ein, die eine geringe Veränderungstiefe mit Blick auf Energieträger, Infrastrukturen und Produktions- und Konsumtionsnormen anstreben. Die Policy-Veränderungen reflektieren dabei das Interesse einer Marktführer-

5 Bemerkenswert ist, dass auch ein relevanter Anteil der derzeit geplanten »grünen« Wasserstoffprojekte (21 bis 85 Prozent) die EU-Kriterien für die CO_2-Intensität von grünem Wasserstoff überschreitet, vor allem wenn der Transport mit eingerechnet wird (de Kleijne u.a. 2024).

schaft der heimischen Industrien in »grünen« Akkumulationsfeldern und den starken politischen Einfluss fossiler Kapitale. Gleichzeitig ist auch die Nutzung von grünem Wasserstoff mit einer gewissen Kontinuität fossiler Strukturen verbunden.

Same old story: extraktivistische Orientierung im Wasserstoffsektor

Gegenüber diesen Verschiebungen stellt die Importorientierung der EU und stärker noch Deutschlands eine Kontinuität in den Wasserstoffstrategien dar. Da hierzulande Produktionskapazitäten von Wasserstoff begrenzt sind, sollen perspektivisch bis zu 70 Prozent des benötigten Wasserstoffs importiert werden (BMWK 2024: 10; siehe auch den Beitrag von Klaus Meier in diesem Heft). Die deutsche Ökonomie würde damit der größte Wasserstoffimporteur Europas werden. Deutsche Unternehmen werden durch die NWS sowie die im Juli 2024 verabschiedete Importstrategie der Bundesregierung darin unterstützt, eine international führende Rolle bei Wasserstofftechnologien einzunehmen (BMWK 2023: 7f.; BMWK 2024). Der Aufbau von exportorientierten Produktionsstandorten im Globalen Süden wird durch vielfältige Policy-Instrumente und Initiativen unterstützt, etwa der Vermessung des afrikanischen Kontinents entsprechend der potenziellen Profitabilität in der Wasserstoffproduktion im Rahmen des H2-Atlas, des Auktionsmechanismus H2-Global zum Kauf von Wasserstoff oder der Etablierung neuer Wasserstoffpartnerschaften. Unterstützt werden diese Aktivitäten durch Akteure der »Entwicklungszusammenarbeit«, wie der Gesellschaft für internationale Zusammenarbeit (GIZ), sowie durch beträchtliche öffentliche Mittel (BMWi 2020: 3). Ein Investment für privatwirtschaftliche Akteure ist bislang kaum profitabel und höchst riskant. Insgesamt begünstigen die importorientierten Strategien über finanzielle Anreize und *Governance*-Mechanismen im Kontext globaler ökonomischer Abhängigkeiten die Entwicklung stark exportorientierter Wasserstoffsektoren in Ökonomien des Globalen Südens.

Obwohl von Partnerschaft »auf Augenhöhe« (BMWK 2023: 11) die Rede ist, wird so die Versorgung der deutschen Wirtschaft mit Energie und auch das Engagement von deutschen Unternehmen vor Ort abgesichert. Die zur Herstellung von Wasserstoff benötigten Ressourcen werden im Globalen Süden verbraucht und in den Verwertungskreislauf von europäischen Unternehmen einbezogen. Damit werden auch ökologische Risiken und sozial-ökologische Konflikte, etwa um Naturzerstörung und Landaneignung, externalisiert. In der politischen Debatte sind diese Dynamiken in der Wasserstoffstrategie durchaus präsent (BMWK 2023: 13). Die Diskussionen um die Einführung von Nachhaltigkeits- und Zertifizierungsstandards stellen den extraktivistischen Charakter der Wasserstoffstrategien jedoch nicht grundsätzlich infrage.

Der Aufbau exportorientierter Wasserstoffsektoren in Afrika und Lateinamerika

Die Entwicklung der importorientierten europäischen Wasserstoffökonomie hat Auswirkungen auf den Aufbau von Wasserstoffsektoren im Globalen Süden. Diese werden direkt oder indirekt durch die deutsche Regierung und Organisationen wie die GIZ initiiert oder eng begleitet. Die Auseinandersetzungen um die Ausrichtung der lokalen Wasserstoffsektoren verdeutlichen das Spannungsverhältnis zwischen Überwindung und Kontinuitäten fossiler Abhängigkeiten und zeigen den extraktivistischen Charakter der importorientierten Strategien Europas. Die konkrete Gestaltung der Wasserstoffsektoren und ihr extraktivistischer Charakter variieren je nach ökonomischen Voraussetzungen und gesellschaftlichen Kräfteverhältnissen.

Zwischen Krisenmomenten, postfossilen Weichenstellungen und fossilen Kontinuitäten

In den künftigen Wasserstoff-Exportstandorten im Globalen Süden bildet eine vielfältige Krisenkonstellation den Kontext dafür, wie um die Ausrichtung der Wasserstoffsektoren gerungen wird, in denen das Verhältnis zwischen ökologischer Transformation und fossilen Kontinuitäten (unterschiedlich) bestimmt wird.

In Chile etwa spielten Wasserknappheit, Umweltverschmutzung und Klimaschutz in den Massenprotesten des Krisenjahrs 2019 eine wichtige Rolle. Chile beginnt nun große fossile Wärmekraftwerke zu besteuern und plant Kohlekraftwerke abzuschalten (Lehmann/Irigoyen Rios 2024); bis 2030 sollen 80 Prozent der Stromerzeugung aus Erneuerbaren stammen. Parallel setzt die Regierung auf die Produktion von grünem Wasserstoff. Allerdings soll Wasserstoff unter anderem für die Produktion von synthetischen Kraftstoffen (E-Fuels) genutzt werden. Der Automobilkonzern Porsche probt zusammen mit Siemens Energy deren Produktion für den europäischen Markt. Damit drohen E-Fuels die Antriebswende in Europa zu verzögern.

Während sich die postfossile Konfiguration in Chile durch einen deutlichen ökologischen Modernisierungsschub auszeichnet, treten die fossilen Kontinuitäten in Argentinien offensichtlicher hervor. Die verschiedenen ökologischen Krisendynamiken – wie Dürren, Überschwemmungen und Bodenerosion – spielten angesichts der 2018 erneut ausgebrochenen Wirtschaftskrise und des Rechtsrucks unter Präsident Milei (Boris/Eser 2024) für politische Entscheidungen kaum eine Rolle. Die globale Klimakrise wird lediglich als Chance gesehen, Biomasse, Lithium oder Wasserstoff zu exportieren und die Intensivierung extraktivistischer Strategien zu legitimieren (Dorn u.a. 2022).

Im Wasserstoffsektor ringen die Kräfte, die vor allem grünen Wasserstoff produzieren wollen, mit solchen, die auch Wasserstoff auf Basis von fossilem Gas, Biomasse und Atomenergie herstellen möchten (Dorn 2024). Für blauen Wasserstoff soll die seit Jahren in der Kritik stehende Erdöl- und Erdgasförderung in Vaca Muerta[6] weitergeführt werden. Vorbehalten gegen grauen und blauen (und damit fossilen) Wasserstoff wurde in den politischen Auseinandersetzungen mit dem Argument begegnet, dass dieser kostengünstiger sei und fossile Infrastrukturen weitergenutzt werden könnten. Fossile Energiekonzerne wie der argentinische Staatskonzern YPF und Automobilkonzerne wie Toyota haben Wasserstoffprojekte initiiert (Kazimierski 2021: 111). Toyota setzt dementsprechend auf Vaca Muerta als Bezugsquelle für den Export von E-Fuels (Sanguinetti 2020).

Die postfossile Konfiguration in Namibia zeichnet sich durch eine Fokussierung auf grünen Wasserstoff aus. Das Megaprojekt Hyphen unter Federführung des deutschen Energieunternehmens Enertrag soll große Mengen grünen Wasserstoffs für den Export nach Europa herstellen. Während es in Namibia keine Diskussion um blauen Wasserstoff gibt, sollen fossile Brennstoffe dennoch eine zentrale Rolle in der postfossilen Konfiguration spielen. Die Regierung überlegt, neue Öl- und Gasvorkommen zu erschließen, um mit den Deviseneinnahmen die staatliche Beteiligung am Hyphen-Projekt zu finanzieren (Beobachtungen Wasserstoffgipfel in Kapstadt, 17.10.2023.).

In Südafrika dominiert seit der Apartheid mit dem sogenannten *Minerals-Energy Complex* ein staatlich geförderter fossiler Kapitalismus (Fine/Rustomjee 1996). Das kohlebasierte Energiesystem mit dem staatlichen Stromversorger Eskom und dem Petrochemie-Giganten Sasol deckte lange Zeit mit niedrigen Preisen den Energiebedarf von Bergbau und Industrie. Die fossile Konfiguration befindet sich jedoch in einer Krise. Unzuverlässige Stromversorgung, steigende Preise und Energiearmut sowie Südafrikas Rolle als großer CO_2-Verursacher erhöhen den Transformationsdruck. Die Regierung plant, den Kohleanteil am Strommix bis 2030 von aktuell circa 91 auf 59 Prozent zu senken und bis 2050 Klimaneutralität zu erreichen (DMRE 2019). Gleichzeitig entstehen Konturen eines grünkapitalistischen Projekts durch den marktgesteuerten Zubau von erneuerbaren Energien und Pläne zur Dekarbonisierung von Exportgütern vor dem Hintergrund von Klima-Zöllen in der

6 Vaca Muerta ist ein Erdgas- und Erdölfeld im Süden Argentiniens. An dem im großen Stil betriebenen Fracking sind eine Reihe europäischer Konzerne wie BP, Total oder Wintershall maßgeblich beteiligt. Die Erschließung von Vaca Muerta, das überwiegend auf von den indigenen Mapuche beanspruchten Land liegt, wurde lange als Schlüssel zur Überwindung der argentinischen Wirtschafts- und Energiekrise diskutiert (vgl. Cabrera Christiansen/Cané 2020).

EU (Müller/Claar 2021). In diesem Kontext wird auch über die Ausrichtung des Wasserstoffsektors gerungen. Obwohl die Debatte auf grünen Wasserstoff fokussiert, spielen grauer und blauer Wasserstoff eine wichtige Rolle. In Teilen der südafrikanischen Wasserstoffstrategie findet sich blauer Wasserstoff als Übergangslösung in der Transformation zu grünem Wasserstoff (Kalt u.a. 2023: 11f.; DSI 2021: 63). Dies wird mit dem Argument niedrigerer Kosten auch von Sasol verfolgt (Sasol 2021: 12). Teile des Staates und der Gewerkschaften unterstützten diesen Ansatz. Beispielsweise weigerte sich im Juni 2023 das Energie- und Bergbauministerium, internationale Verträge zur Produktion von grünem Wasserstoff zu unterzeichnen.

Im Gegensatz zum grünen Entwicklungsversprechen, das mit dem Aufbau einer Wasserstoffwirtschaft verknüpft wird, zeigen sich auch in Ländern des Globalen Südens fossile Kontinuitäten in der Ausrichtung der Wasserstoffsektoren: in der Hinwendung zu blauem Wasserstoff, der Relevanz fossiler Kapitalgruppen, der Nutzung fossiler Infrastrukturen und der Verquickung von grünem Wasserstoff mit fossilen Anwendungsfeldern. Dabei sind zwei Tendenzen erkennbar. Zum einen ist der Wasserstoff nicht immer so grün, wie zunächst geplant. Fossile Kapitalgruppen versuchen, auch blauen Wasserstoff als kohlenstoffarm zu verankern – in Argentinien ist das bereits vollumfänglich gelungen. Zum anderen sollen fossile Infrastrukturen und fossilistische Produktions- und Konsummodelle weiter Bestand haben.

Zwischen Hoffnungen auf grüne Wertschöpfung und Vertiefung extraktivistischer Strukturen

Eine extraktivistische Ausrichtung durchzieht die entstehenden Wasserstoffsektoren in allen vier Ländern, die stark exportorientiert und wesentlich von den importorientierten Wasserstoffstrategien Europas beeinflusst sind. Extraktivismus zeigt sich hier deutlich als globales Verwertungssystem mit einer transnationalen Arbeitsteilung. Dabei haben die Länder des Südens in den GPN häufig die Rolle der Exporteure von un- beziehungsweise kaum verarbeiteten Gütern, in diesem Fall Wasserstoff. Die chilenische Wasserstoffstrategie zielt ab 2035 auf einen Exportanteil von 60 bis 70 Prozent (Ministry of Energy of Chile/McKinsey & Co 2021: 15), die argentinische Strategie sogar auf 80 Prozent (Secretaría de Asuntos Estratégicos 2023: 24, 28). Die abhängige Position in der globalen Ökonomie erschwert es Ländern der (Semi-)Peripherie erheblich, eine binnenmarktzentrierte Industriepolitik zu verfolgen, denn Förderprogramme des Globalen Nordens finanzieren hauptsächlich exportorientierte Strukturen. So ist in Namibia die Entwicklung des Wasserstoff-Megaprojekts Hyphen maßgeblich abhängig von internationalen Krediten und Investitionen. Diese haben nicht nur unmittelbaren Einfluss auf die Entscheidung zwischen Binnenmarkt- und Exportausrichtung, sie vertiefen auch die *financial subordination* der betroffenen Ökonomien (Kvangraven u.a. 2021). Kritiker*innen des Projekts befürchten zudem die Entstehung einer Enklavenwirtschaft mit wenigen dauerhaften Beschäftigungsperspektiven für die lokale Bevölkerung und minimalen wirtschaftlichen *Spillover*-Effekten sowie eine zusätzliche Verschuldung des namibischen Staates (Müller/Tunn 2023).

In den untersuchten Ländern versuchen Teile des Staates, bestimmte Unternehmensgruppen und Gewerkschaften, in ihren Wasserstoffstrategien den extraktivistischen Tendenzen entgegenzuwirken und eigene Industrien und grüne Wertschöpfungsketten aufzubauen. Ob dies gelingt, bleibt abzuwarten. Beispielsweise wird in der argentinischen Wasserstoffstrategie betont, dass Wasserstoff nicht nur zur Emissionsreduktion dienen soll, sondern durch die eigenständige Herstellung von Produktionsanlagen die »Entwicklung von industriellen und technologischen Kapazitäten« (Secretaría de Asuntos Estratégicos 2023: 33f.) ermöglicht werden soll. In der Strategie werden die Wertschöpfungs- und Entwicklungseffekte hervorgehoben und über 80.000 Arbeitsplätze im Wasserstoffsektor bis 2050 versprochen (ebd.: 41). Einzelne Staatsapparate setzen auf eine aktive Industriepolitik, die den Ausbau erneuerbarer Energien und des Wasserstoffsektors begleitet (Aruguete 2024). Solche Vorschläge, die mit einer langfristigen politischen Zielsetzung und Planung einhergehen, sind mit dem Präsidenten Milei jedoch vorerst unwahrscheinlich geworden.

Auch in Südafrika versuchen bestimmte Unternehmensgruppen und Teile der Staatsapparate Wertschöpfung auf Basis der entstehenden Wasserstoffwirtschaft aufzubauen und einen grünen Industrialisierungsschub zu erreichen. Südafrika verabschiedete letztes Jahr eine industriepolitische Wasserstoffstrategie, um Industriecluster und neue industrielle Verflechtungen zu fördern. Dies umfasst *upstream* die Fertigung von Solar- und Windanlagen und Elektrolyseuren sowie *downstream* die Herstellung von Brennstoffzellen, grünen Düngemitteln und grünem Stahl. Sowohl Südafrika als auch Chile zielen darauf ab, Wasserstoff in den jeweiligen heimischen Bergbausektoren einzusetzen. Dies kann wahlweise als Greenwashing eines zutiefst extraktivistischen Wirtschaftsmodells interpretiert werden oder als industriepolitische Maßnahme zur Erreichung eigener Dekarbonisierungs- und Wertschöpfungsziele. Der Aufbau eigener Wertschöpfungsketten gestaltet sich allerdings schwierig, da Interessenkonflikte mit Wasserstoffimporteuren und Technologieexporteuren im Globalen Norden bestehen. Beispielsweise ist in der *Just Energy Transition Partnership* mit Südafrika, mit der G7-Länder Finanzierungsmittel für die südafrikanische Energiewende bereitstellen, vorgesehen, die Hälfte der Gelder für den Aufbau von Exportinfrastrukturen und ein Drittel für die Produktion von Exportgütern wie grünem Wasserstoff und grünem Ammoniak zu verwenden. Jedoch sind kaum Mittel für industrielle Wertschöpfung, etwa durch grünen Stahl oder Brennstoffzellen, sowie für Aus- und Weiterbildungsprogramme eingeplant (Kalt u.a. 2023: 309).

Die Externalisierung sozial-ökologischer Kosten und Konflikte in die Produktionszonen des Wasserstoffs ist in allen vier Ländern eine zentrale Folge des Extraktivismus, bedingt durch den hohen Bedarf von Megaprojekten an Land, Wasser und Energie. In Namibia beispielsweise gefährdet die großflächige Nutzung von Land im Biodiversitätshotspot Tsau-||Khaeb-Nationalpark die lokale Flora und Fauna. Entsalzungsanlagen könnten zudem marine Ökosysteme und die Fischereiwirtschaft beeinträchtigen. Hinzu kommt die fehlende Mitsprache der Zivilgesellschaft und betroffener Gemeinschaften, was zu Unmut und Protesten führt.[7] Ähnliche Kritikpunkte sind auch aus Chile und Argentinien zu hören. In Argentinien protestieren indigene Mapuche beispielsweise gegen die Errichtung eines Wasserstoffprojekts auf ihrem Territorium in der Provinz Rio Negro. Sie berufen sich darauf, dass gemäß ILO-Konvention 169 eine vorherige, freie und informierte Konsultation über das von der australischen Firma Fortescue bereits begonnene Projekt hätte durchgeführt werden müssen (Lastra/Ramos 2022). In Chile befürchten zivilgesellschaftliche Akteure, dass die großen Wasserstoffprojekte, die in der Atacama-Wüste – einer der trockensten Regionen der Welt – entstehen, die bestehende Wasserknappheit verschärfen und gravierende Auswirkungen auf die sensiblen Ökosysteme sowie Menschen vor Ort haben könnten. Darüber hinaus sind viele Wasserstoffprojekte in Gebieten geplant, die schon jetzt als »Opferzonen« gelten, weil sie bereits durch Bergbau und Heizkraftwerke geschädigt sind (Paz Aedo 2023). In der Region Magellanes, wo 2020 der Klima- und Umweltnotstand ausgerufen wurde, fordert eine Bürgerinitiative ein Moratorium für Wasserstoffprojekte. Hauptkritikpunkte sind der hohe Wasser- und Landverbrauch sowie die geplante Nutzung der knappen erneuerbaren Energien für die Produktion von Wasserstoff und E-Fuels (Open Letter 2023).

Insgesamt zeigt sich, dass der Wasserstoffhype zu Megaprojekten führen könnte, die große Landflächen und Wassermengen beanspruchen, knappe Energieressourcen nutzen und Lebensgrundlagen zerstören sowie Vertreibungen hervorrufen. Eine rein auf den Export von grünem Wasserstoff ausgerichtete Strategie wird in Südafrika und Namibia als *neokolonial* kritisiert

---

7 »Civil society demands disclosure amid green hydrogen ›secrecy‹«, https://www.namibian.com.na/ (6.10.2023).

(Kalt 2024b). In Chile und Argentinien wird die Exportorientierung als *extraktivistisch* angesehen. Als Alternative wird ein Energiesystem gefordert, das sich an lokalen Bedürfnissen orientiert (Cabaña Alvear 2023; Open Letter 2023). Allerdings zeigt sich auch für die analysierten Länder des Globalen Südens: Noch wird erstens darum gerungen, wie stark *fossile* Kontinuitäten im Aufbau der postfossilen Wasserstoffwirtschaft bestehen, und zweitens, wie *extraktivistisch* die Gesamtausrichtung ist, beziehungsweise, ob sich eine nennenswerte eigene Wertschöpfung aufbauen lässt.

Fazit

Der Aufbau der globalen Wasserstoffökonomie ist ein widersprüchliches und umkämpftes Feld. Durch die analytische Linse auf den Postfossilismus beziehungsweise den postfossilen Extraktivismus werden dabei drei Dimensionen deutlich. *Erstens* zeigt sich sowohl in Europa als auch in den hier diskutierten Ökonomien des Globalen Südens ein Ringen um eine Verschiebung weg von der fossilen Formation. Diese vollzieht sich im Kontext einer sich verschärfenden Krise des Fossilismus und nimmt grünen Wasserstoff in den Fokus. Über grünen Wasserstoff sollen schwer elektrifizierbare Bereiche wie die Stahlindustrie oder der Lastentransport dekarbonisiert werden. Diese Strategien gehen über den reinen Ausbau erneuerbarer Energien hinaus und verfolgen einen umfassenderen industriepolitischen Ansatz. Dieser ist auch im Kontext eines globalen Wettbewerbs um »grüne« Akkumulationsfelder zu sehen. Allerdings ist die konkrete Ausrichtung der Transformationsstrategien regional unterschiedlich. Während sich in der EU, Deutschland, Chile und Südafrika in einigen Bereichen stärkere Bestrebungen feststellen lassen, die stoffliche Basis der Ökonomie zu transformieren, hat dies vor allem in Argentinien einen überwiegend rhetorischen Charakter.

Auch dort, wo sich weitergehende Transformationsbemühungen zeigen, werden *zweitens* aber die Kontinuitäten von fossilen Akteursgruppen, Verwertungsstrategien und Infrastrukturen sichtbar. Auch diese Dynamik ist räumlich unterschiedlich ausgeprägt. Insgesamt zeigen sich aber zwei fossilistische Reproduktionsmomente. Zum einen soll Wasserstoff auf absehbare Zeit auf der Basis von fossilem Erdgas hergestellt werden. Während dies etwa in Argentinien von vornherein so anvisiert wird, lässt sich in der EU und Deutschland ein Rollback hin zur Akzeptanz von blauem Wasserstoff feststellen. Auch in Südafrika und Argentinien arbeiten fossile Kapitale offensiv an einer Akzeptanz von blauem Wasserstoff. Zum anderen zeigen sich auch bei grünem Wasserstoff erhebliche fossile Momente. Fossile Kapitale treiben nun mit grünem Image den Aufbau der globalen Wasserstoffwirtschaft voran und nehmen in deren Gestaltung eine prominente Rolle ein. Brett Christophers (2022: 153ff.) spricht hier in Erweiterung von Andreas Malm nicht nur von fossilem, sondern von »fossilisiertem« Kapital, denn diese Konzerne werden auf absehbare Zeit aufgrund ihrer eigenen Funktionslogik und Profitorientierung fossile Akteure bleiben, auch wenn sie Investitionen in die Erneuerbaren tätigen. Dies begünstigt die Fortführung von fossilen Infrastrukturen, etwa Gaspipelines, die nicht nur Voraussetzung für den globalen Transport von grünem Wasserstoff sind, sondern auch die bisherigen Infrastrukturbetreiber vor einer Abschreibung von *stranded assets* bewahren.

Schließlich droht der Rückgriff auf grünen Wasserstoff für Bereiche wie den Individualverkehr oder Bergbauprojekte zusätzlich fossile Produktions- und Konsumtionsnormen zu perpetuieren. Dabei wirkt die Wasserstoffwirtschaft als Versprechen, durch technische Lösungen im großen Stil fossile Inputs durch »grüne« Energieträger zu ersetzen, ohne an den in der fossilen Ära gewachsenen Konsummustern, (Infra-)Strukturen und Ausbeutungsmustern etwas ändern zu müssen. In diesem Sinne zielen die Wasserstoffstrategien insgesamt vor allem auf eine Substitution von fossilen Energieträgern statt auf eine umfassendere sozial-ökologische Transformation. Das Ringen um die Tiefe der sozial-ökologischen Transformation einerseits und das Festhalten an Konsummustern, Infrastrukturen und Gewohnheiten anderseits bestimmt, wie viel Fossilismus im postfossilen Zeitalter fortbesteht.

Drittens werden extraktivistische Dynamiken im Bereich der Wasserstoffökonomie in der postfossilen Formation fortgesetzt. Einmal mehr zeigt sich die Strategie wichtiger Interessengruppen der Zentren, Ökonomien des Globalen Südens in die Rolle reiner Rohstoff- beziehungsweise Energielieferanten zu drängen und damit dazu beizutragen, postkoloniale Machtbeziehungen und extraktivistische Ausbeutungsbeziehungen fortzusetzen. Im Gegenzug ringen Akteure an den anvisierten Exportstandorten darum, wie fossilistisch die neuen Wasserstoffökonomie sein wird und versuchen zudem die Ausrichtung auf eine exportorientierte Enklavenökonomie zu verhindern.

Die postfossile Konfiguration auf dem Terrain der Wasserstoffökonomie ist in allen drei Dimensionen umkämpft. Genau diesen Aspekt der Umkämpftheit sichtbar zu machen, hebt den analytischen Mehrwert des Konzepts einer postfossilen Konfiguration hervor. Statt einer eindeutigen Diagnose der Fortsetzung des Fossilismus oder der optimistischen Einschätzung, wir befänden uns bereits in einer Übergangsphase, in der das Fossile der Vergangenheit angehört, macht der Begriff des Postfossilen die Auseinandersetzungen, Widersprüche, Ambivalenzen und graduellen Veränderungen sichtbar – auch über Bereiche wie die Wasserstoffwirtschaft hinaus. Dies verdeutlicht, dass postfossile Transformationsprozesse keiner linearen Logik folgen, und ermöglicht, die gesellschaftlichen Kämpfe und Kräfteverhältnisse in den Blick zu nehmen, die sie prägen.

Politisch-strategisch macht die Linse des Postfossilismus allerdings einen für Kämpfe um sozial-ökologische Transformation ganz zentralen Aspekt deutlich. Die derzeitigen Bestrebungen zur Senkung von CO_2-Emissionen sind eingebettet in und werden strukturiert durch die Logiken und Zwänge von Kapitalakkumulation und globalem Wettbewerb, einem durch koloniale Kontinuitäten geprägten Weltmarkt sowie transnationale Ausbeutungsverhältnisse. Sie schränken Potenziale zur Überwindung des Fossilismus ein und schreiben die Ausbeutung von Mensch und Natur fort. Eine ernstzunehmende Dekarbonisierung ist nur im Kontext einer grundsätzlichen sozial-ökologischen Transformation möglich, die ohne einen tiefgreifenden Systemwechsel nicht zu erreichen ist.

Literatur

Alami, Ilias / Dixon, Adam (2023): Uneven and combined state capitalism. In: Economy and Space 55(1): 72-99. DOI: https://doi.org/10.1177/0308518X211037688.

Altvater, Elmar (2016): Gutes Leben am Rande eines schwarzen Lochs – Entwicklungsextraktivismus, informeller Kleinbergbau und die solidarische Ökonomie. In: Exner, Andreas u.a. (Hg.): Kritische Metalle in der Großen Transformation. Berlin/Heidelberg: 39-51. DOI: https://doi.org/10.1007/978-3-662-44839-7_3.

Aruguete, Natalia (2024): Reportaje a Verónica Robert, ex Subsecretaria de Estrategia para el Desarrollo: »Hay que evitar que la transición energética nos lleve a una estructura productiva más primarizada« (21.4.2024). URL: https://www.pagina12.com.ar/, Zugriff: 4.7.2024.

BMWi (Bundesministerium für Wirtschaft und Energie) 2020: Nationale Wasserstoffstrategie. URL: https://www.bmwk.de/, 5.7.2024

BMWK (Bundesministerium für Wirtschaft und Klimaschutz) (2023): Fortschreibung der Nationalen Wasserstoffstrategie. URL: https://www.bmwk.de/, Zugriff: 4.7.2024.

BMWK (Bundesministerium für Wirtschaft und Klimaschutz) (2024): Importstrategie für Wasserstoff und Wasserstoffderivate. URL: https://www.bmwk.de/, Zugriff: 25.7.2024.

Boris, Dieter / Eser, Patrick (2024): Der rätselhafte Aufstieg des »Messias« Milei. Argentien als Experimentierlabor des libertären Autoritarismus? In: PROKLA 215 54(2): 325-350. DOI: https://doi.org/10.32387/prokla.v54i215.2126.

Brand, Ulrich / Wissen, Markus (2024): Kapitalismus am Limit. Öko-imperiale Spannungen, umkämpfte Krisenpolitik und solidarische Perspektiven. München.

Cabaña Alvear, Gabriela (2022): Las mil promesas del hidrógeno verde. In: Nueva Sociedad (Mai 2022). URL: https://nuso.org/, Zugriff: 21.12.2023.

Cabrera Christiansen, Fernando / Cané, Santiago (2020): Radiografía de Vaca Muerta: megaproyecto de energía fósil y fracking en Argentina (16.4.2020). URL: https://co.boell.org/, Zugriff: 6.6.2024.

Corporate Europe Observatory 2020: The Hydrogen Hype: Gas Industryfairy Tale or Climate Horror Story? The European Commission and its quest to let the gas industry write the book on hydrogen in Europe (Dezember 2020). URL: https://corporateeurope.org/, Zugriff: 4.7.2024.

Christophers, Brett (2022): Fossilised Capital: Price and Profit in the Energy Transition. In: New Political Economy 27(1): 146-159. DOI: https://doi.org/10.1080/13563467.2021.1926957.

De Kleijne, Kiane u.a. (2024): Worldwide greenhouse gas emissions of green hydrogen production and transport. In: Nature Energy. DOI: https://doi.org/10.1038/s41560-024-01563-1.
Deutsche Umwelthilfe 2020: Heiße Liebe. Deutschland und die Gas-Lobby. In: Corporate Europe Observatory / Lobby Control: Die deutsche Ratspräsidentschaft. Industrie in der Hauptrolle? Brüssel/Köln: 19-24.
DMRE (Department of Mineral Resources and Energy, South Africa) (2019): Integrated Resource Plan. URL: https://www.energy.gov.za/, Zugriff: 18.7.2023.
DSI (Department of Science and Innovation) (2021): Hydrogen Society Roadmap for South Africa 2021. URL: https://www.dst.gov.za/, Zugriff: 18.7.2023.
Dorn, Felix Malte / Hafner, Robert / Plank, Christina (2022): Towards a climate change consensus: How mining and agriculture legitimize green extractivism in Argentina. In: The Extractive Industries and Society 11: 101130. DOI: https://doi.org/10.1016/j.exis.2022.101130.
Dorn, Felix Malte (2024): Towards a multi-color hydrogen production network? Competing imaginaries of development in northern Patagonia, Argentina. In: Energy Research & Social Science 110: 103457. DOI: https://doi.org/10.1016/j.erss.2024.103457.
Eberhardt, Pia (2023): Germany's great hydrogen race. The corporate perpetuation of fossil fuels, energy colonialism and climate disaster. Corporate Europe Observatory. Brüssel.
Europäische Kommission (2020): Eine Wasserstoffstrategie für ein klimaneutrales Europa. URL: https://eur-lex.europa.eu/, Zugriff: 4.7.2024.
– (2022): REPowerEU: A plan to rapidly reduce dependence on Russian fossil fuels and fast forward the green transition. URL: https://ec.europa.eu/, Zugriff: 4.7.2024.
Fine, Ben / Rustomjee, Zavareh (1996): The Political Economy of South Africa: From Minerals-energy Complex to Industrialisation. London.
Haas, Tobias/ Syrovatka, Felix / Jürgens, Isabell (2022): The European Green Deal and the limits of ecological modernization. In: Culture, Practice & Europeanization 7(2): 247-261. DOI: http://doi.org/10.5771/2566-7742-2022-2-247.
Hall, Stuart (1997): Wann war ›der Postkolonialismus‹? Denken an der Grenze. In: Bonfen, Elisabeth u.a. (Hg.): Hybride Kulturen. Beiträge zur anglo-amerikanischen Multikulturalismusdebatte. Tübingen: 219-247.
Howarth, Robert / Jacobson, Mark (2021): How green is blue hydrogen? In: Energy Science & Engineering 9(10): 1676-1687. DOI: https://doi.org/10.1002/ese3.956.
IEA (International Energy Agency) (2022): Global Hydrogen Review 2022 (September 2022). URL: https://iea.blob.core.windows.net/, Zugriff: 4.7.2024.
IRENA (International Renewable Energy Agency) (2022): World Energy Transition Outlook, 1,5°C Pathway. URL: https://www.irena.org/, Zugriff: 21.1.24.
Kalt, Tobias (2024a): Transition conflicts: A Gramscian political ecology perspective on the contested nature of sustainability transitions. In: Environmental Innovation and Societal Transitions 50: 1-13. DOI: https://doi.org/10.1016/j.eist.2024.100812.
Kalt, Tobias (2024b): Green hydrogen trade from Africa to Europe is ›the same colonial vision again‹ (25.1.2024). URL: https://mg.co.za/, Zugriff: 4.7.2024.
– / Simon, Jenny / Tunn, Johanna / Hennig, Jesko (2023): Between green extractivism and energy justice: competing strategies in South Africa's hydrogen transition in the context of climate crisis. In: Review of African Political Economy 50(177-178): 302-321. DOI: https://doi.org/10.1080/03056244.2023.2260206.
Kazimierski, Martín (2021): Energías verde dólar. La financiarización de la transición en Argentina. In: Fernández Mora, Nora Estela u.a. (Hg.): Energía y desarrollo sustentable: energias renovables en América del Sur. Buenos Aires: 5-19.
Kvangraven, Ingrid / Koddenbrock, Kai / Sylla, Ndongo Samba (2021): Financial subordination and uneven financialization in 21st century Africa. In: Community Development Journal 56(19): 119-140. DOI: https://doi.org/10.1093/cdj/bsaa047.

Lastra, Julia / Ramos Esteban (2022): Comunidades mapuce tewelce denuncian la entrega de sus territorios para la planta de Hidrógeno Verde (22.4.2022). URL: https://opsur.org.ar/, Zugriff: 6.6.2024.
Lehmann, Rosa, Irigoyen Rios, Alejandra (2024): The future is local? Contextualizing municipal agendas on climate change in Chile. In: npj Climate Action 3(15). DOI: https://doi.org/10.1038/s44168-023-00095-w.
Liebreich, Michael (2023): Clean Hydrogen Ladder. Version 5.0. URL: https://www.liebreich.com/, Zugriff: 11.7.2024.
Machado Aráoz, Horacio (2013): Crisis ecológica, conflictos socioambientales y orden neocolonial: Las paradojas de NuestrAmérica en las fronteras del extractivismo. In: Rebela 3(1): 118-155.
Malm, Andreas (2016): Fossil Capital. The Rise of Steam Power and the Roots of Global Warming. London/New York.
Mitchell, Timothy (2013): Carbon Democracy. Political Power in the Age of Oil. New York/London.
Ministry of Energy of Chile / McKinsey & Co. (2021): Chiles's Green Hydrogen Strategy and investment opportunities. URL: https://energia.gob.cl/, Zugriff: 4.7.2024.
Müller, Franziska / Claar, Simone (2021): Auctioning a ›Just Energy Transition‹? South Africa's Renewable Energy Procurement Programme and its Implications for Transition Strategies. In: Review of African Political Economy 48(169): 333-351. DOI: https://doi.org/10.1080/03056244.2021.1932790.
Müller, Franziska / Tunn, Johanna (2023): Grün ist der Wasserstoff: Namibia fördert die Wasserstoffherstellung trotz Bedenken. In: iz3w 396. URL: https://www.iz3w.org/, Zugriff: 4.7.2024.
Open Letter (2023): Open Letter of the »Panel Ciudadano sobre Hidrógeno en Magallanes« to the governor of Magallanes (21.8.2023). URL: https://panelciudadanoh2magallanes.blogspot.com/, Zugriff: 05.07.2024.
Paz Aedo, María (2023): Hidrógeno verde y nuevos extractivismos. In: Revista Soberanía alimentaria, Biodiversidad y culturas. URL: https://www.soberaniaalimentaria.info/, Zugriff: 18.7.2024.
Polansky, Martin (2023): Nationale Wasserstoffstrategie: Hohe Erwartungen an den Energieträger (26.7.2023). URL: https://www.tagesschau.de/, Zugriff: 4.7.2024.
Sanguinetti, Andrés (2020): A través de una de las filiales de YPF, se creó un consorcio de empresas para convertir al país en productor a gran escala de hidrógeno renovable (27.11.2020). URL: https://ithes-uba.conicet.gov.ar/ Zugriff: 6.6.2024.
Sasol (2021): Climate Change Report. URL: https://www.sasol.com/, Zugriff: 4.7.2024.
Scott, Dayna Nadine / Smith, Adrian A. (2017): »Sacrifice Zones« in the Green Energy Economy: Toward an Environmental Justice Framework. In: McGill Law Journal 62(3): 861. DOI: https://doi.org/10.7202/1042776ar.
Secretaría de Asuntos Estratégicos de la Presidencia Argentina (2023): Estrategia Nacional para el Desarrollo de la Economía del Hidrógeno. URL: https://www.argentina.gob.ar/, Zugriff: 4.7.2024.
Svampa, Maristella (2020): Die Grenzen der Rohstoffausbeutung. Umweltkonflikte und Ökoterritoriale Wende in Lateinamerika. Bielefeld. DOI: https://doi.org/10.1515/9783839453780.
Tittor, Anne (2023): Postfossiler Extraktivismus. Die Vervielfältigung sozial-ökologischer Konflikte im Globalen Süden durch Dekarbonisierung. In: PROKLA 210 53(1): 77-98. DOI: https://doi.org/10.32387/prokla.v53i210.2040.
UNFCCC, United Nations Framework Convention on Climate Change (2023): Conference of the Parties serving as the meeting of the Parties to the Paris Agreement. URL: https://unfccc.int/, Zugriff: 4.7.2024.
Voskoboynik, Daniel Macmillen / Andreucci, Diego (2021): Greening extractivism: Environmental discourses and resource governance in the ›Lithium Triangle‹. In: Environment and Planning E: Nature and Space 5(2): 787-809. DOI: https://doi.org/10.1177/25148486211006345.

PROKLA 216 | 54. Jahrgang | Nr. 3 | September 2024 | S. 391-409
https://doi.org/10.32387/prokla.v54i216.2131

Lasse Thiele*

Zeitenwende für den »grünen« Kapitalismus?

Ein Hegemonieprojekt in einer Ära neuer Industriepolitik und geopolitischer Zuspitzung

Zusammenfassung: In diesem Beitrag werden gegenwärtige Dynamiken des Konflikts zwischen »grünem« und »grauem« Hegemonieprojekt im globalen Kapitalismus vor dem Hintergrund geopolitischer und geoökonomischer Entwicklungen untersucht, die zuletzt einen Paradigmenwechsel hin zu einer aktiveren Industriepolitik in Zentrumsökonomien begünstigt haben. Die Auswirkungen sind ambivalent: Einerseits trägt die auch aus sicherheitspolitischen Gründen erhöhte Staatsaktivität zur Finanzierung neuer Infrastrukturen bei und kann so das »grüne« Produktivkraftniveau steigern. Andererseits stärken Versicherheitlichung und verschärfter Wettbewerb die Beharrungskräfte des fossilen Regimes und blockieren die Realisierung technischer Entkopplungspotenziale.

Schlagwörter: Geoökonomie, grüner Kapitalismus, Hegemonieprojekte, ökologische Modernisierung, Wasserstoff

A Turning Point for »Green« Capitalism?

A Hegemonic Project in an Era of New Industrial Policy and Geopolitical Tensions

Abstract: This article investigates the present dynamics of the conflict between »green« and »grey« hegemonic projects against the backdrop of geopolitical and geoeconomic developments which have recently favoured a paradigm shift towards a more active industrial policy in core economies. The effects are ambivalent: On the one hand, increased state activity – partially motivated by security rationales – contributes to the financing of new infrastructures and can thus raise the level of »green« forces of production. On the other hand, securitization and intensified competition reinforce the persistence of the fossil regime and block the realization of technical decoupling potential.

Keywords: Ecological Modernization, Geoeconomics, Green Capitalism, Hegemony Projects, Hydrogen

* **Lasse Thiele** ist Politikwissenschaftler und arbeitet im Konzeptwerk Neue Ökonomie (Leipzig) zu Klimagerechtigkeit.

Infolge der beschleunigten globalen Krisendynamiken der vergangenen Jahre mit Coronapandemie, geoökonomischen Rivalitäten sowie auch militärisch geführten geopolitischen Konflikten wird vielfach eine industriepolitische Strategiewende hin zu verstärkter staatsinterventionistischer Praxis in liberal-kapitalistischen Zentren diagnostiziert (Abels/Bieling 2022; Gabor 2023; McNamara 2023). Zeitgleich haben sich auch ökologische Transformationskonflikte intensiviert (Sander 2023). Vor diesem Hintergrund werden in diesem Beitrag die Auswirkungen der jüngsten Entwicklungen auf das Hegemonieprojekt eines »grünen« Kapitalismus untersucht.

Zunächst wird dabei eine theoretische Bestimmung des »grünen« Kapitalismus vorgenommen, bei der zwischen einer utopisch-normativen Begriffsfassung und der Betrachtung eines widersprüchlichen Hegemonieprojekts differenziert wird (1). Anschließend steht die industriepolitische Wende mit Schwerpunkt auf die EU im Fokus (2). Diese führt, wie auch in den USA, zu staatlich forcierten Infrastrukturinvestitionen, die teils in Richtung einer ökologischen Modernisierung zielen, allerdings von Widersprüchen durchzogen bleiben. Schließlich werden vorläufige Überlegungen zu den ambivalenten Konsequenzen dieser Entwicklung für die Auseinandersetzung zwischen »grünem« und »grauem« (oder fossilem) Hegemonieprojekt vorgestellt (3).

1. »Grüner« Kapitalismus: Zwischen Utopie- und Hegemonieprojekt

Der Begriff des »grünen«[1] Kapitalismus scheint mittlerweile in kritischen Kontexten allgegenwärtig zu sein.[2] Jedoch findet eine begriffliche Bestimmung häufig eher beiläufig statt. Verstanden wird er mal als unternehmerische Ideologie in weberscher Tradition (»new green spirit of capitalism«; Goldstein 2018: 2), mal als Dispositiv eines entpolitisierten »market environmentalism« (Kenis/Lievens 2015) und mal als ökologisch zweifelhafte »business opportunity« (Berghoff 2017: 27). Die Ansätze unterscheiden sich in theoretischen Grundannahmen und im epistemologischen Bezugsrahmen sowie in den resultierenden Einschätzungen dazu, wie ein »grüner« Kapitalismus grundsätzlich realisierbar wäre, und in der historischen Einordnung der empirischen Entwicklungen.

Im Folgenden wird eine doppelte begriffliche Bestimmung vorgeschlagen, die eine utopisch-normative mit einer hegemonietheoretischen Ausle-

1 Die verwendeten Anführungszeichen sollen darauf hinweisen, dass »grün« hier keine Anerkennung ökologischer Nachhaltigkeit signalisiert, sondern auf ein spezifisch kapitalistisches Verständnis öko-technologischer Modernisierung verweist.

2 In affirmativer Verwendung ist meistens von »grünem Wachstum«, »Green Economy« oder, mit breiterer Spanne an Definitionen, einem »Green New Deal« die Rede.

gung verbindet. Die utopische orientiert sich am normativen Begründungsrahmen »grüner« Kapitalismusmodelle, die ein »Win-win-win«-Potenzial in den drei klassischen »Säulen« der Nachhaltigkeit (Ökonomie, Ökologie, Soziales) versprechen: Fortgesetztes Wirtschaftswachstum, also letztlich ungebrochene Kapitalakkumulation, soll sich mit ambitionierten ökologischen Nachhaltigkeitszielen – im Klimabereich vor dem Pariser Klimaabkommen zumeist die Zwei-Grad-Grenze, seitdem verstärkt die 1,5-Grad-Grenze, und insgesamt die absolute Entkopplung des Wirtschaftswachstums vom Naturverbrauch – und einem zumeist weniger präzise definierten sozialen Inklusions- beziehungsweise Gerechtigkeitsanspruch verbinden.[3] Diese utopische Vision ist für die kritische Forschung als Maßstab einer immanenten Kritik relevant, die Defizite sowohl des grün-kapitalistischen Projekts insgesamt als auch konkreter Umsetzungsvorschläge und Praktiken insbesondere in der ökologischen und der sozialen Dimension aufzeigen kann (vgl. z.B. Victor/Jackson, 2012). So erheben »grüne« Kapitalismusmodelle regelmäßig den expliziten Anspruch, der Externalisierung sozial-ökologischer Kosten mittels Internalisierungsmechanismen wie der CO_2-Bepreisung ein Ende zu setzen. In der Praxis bleibt die Internalisierung oft unvollständig. Dagegen zeitigt der Kostendruck zugleich neue Externalisierungspraktiken, etwa im Fall menschenrechtlich wie klimabilanziell problematischer Waldschutzprojekte für billige CO_2-Ausgleichszertifikate (Ahmed 2014; Bumpus/Liverman 2011; zu neuen Externalisierungen siehe auch den Beitrag von Jenny Simon u.a. in diesem Heft).

Diese durchgängige Privilegierung der ökonomischen Dimension lässt sich mit dem Akkumulationsimperativ und den Schwierigkeiten einer absoluten Entkopplung[4] strukturell begründen. Dabei ist in Rechnung zu stellen, dass die Zuspitzung ökologischer Krisen den Verwertungsprozess vor diverse Probleme stellt, von Katastrophenschäden über steigende Gesundheitskosten und Rohstoffpreise bis zu sinkenden Ernteerträgen. Zwar können auch durch die unmittelbare Bearbeitung dieser Negativeffekte Profite erzielt werden, sei es durch die Behandlung von durch kontaminiertes Wasser ausgelösten Krebskrankheiten oder durch den Wiederaufbau von flutzerstörten Infrastrukturen. Das wird bisweilen auch aus ökomarxistischer Perspektive als Ausweis kapitalistischer Krisenresilienz interpretiert (Foster 2002); hierbei handelt es sich aber zumeist um eine Umverteilung von Mehrwert. Solche

3 Repräsentativ sind die Konzepte von OECD (2011), UNEP (2011) und Weltbank (2012) (vgl. ausführliche Diskussion in Thiele 2020).

4 Zu den strukturellen Hürden für Entkopplung vgl. Parrique u.a. (2019); zur empirischen Lage Vadén u.a. (2020).

unproduktiven Restaurationskosten senken die durchschnittliche Profitrate, beschneiden so auf volkswirtschaftlicher Ebene die Spielräume für Investitionen und verlangsamen damit die Akkumulation.[5]

Die Lücke zwischen dem utopischen Anspruch »grüner« Kapitalismuskonzepte und der empirischen Realität lässt sich durch zwei Faktoren erklären. *Erstens* zeugt die angedeutete biophysische Schwierigkeit der »absoluten« Entkopplung bei ungebrochenem Akkumulationszwang von der strukturellen Widersprüchlichkeit des kapitalistischen Naturverhältnisses. Die Grenzen »grüner« Technologie sind zweifellos historisch variabel, aber nicht endlos dehnbar. Um eine ökonomisch tragfähige Alternative darzustellen, müsste tatsächlich »grüne« systemische Akkumulation Ressourcenproduktivität (im umfassenden Sinne) dramatisch steigern, ohne dabei an Arbeitsproduktivität (die schließlich primärer Wettbewerbsmaßstab bleibt) einzubüßen. Beide geraten jedoch häufig in praktischen Widerspruch zueinander, wenn ressourcen- und energieintensive Maschinen menschliche Arbeit beschleunigen oder ganz ersetzen.

Zweitens wird die Realisierung der auf dem Stand der Produktivkraftentwicklung möglichen technologischen Umstrukturierung durch polit-ökonomische Widerstände noch einmal deutlich eingeschränkt und verlangsamt. Diese Widerstände speisen sich aus den Interessen relevanter Akteure an der Bewahrung bestehender (oft fossiler, Monopolprofite versprechender) Infrastrukturen und Geschäftsmodelle, motiviert durch unmittelbares Eigentum und/oder individuelle Kostenkalküle, also wiederum durch Marktzwänge. Sie übersetzen sich in politisch vermittelte gesellschaftliche Transformationskonflikte, etwa entlang von Kostenverteilungsfragen, die zunehmend auch kulturalisiert geführt werden (siehe den Schwerpunkt in PROKLA 210). Im ersten Schritt geht es also um die Grenzen systemischer »grüner« Akkumulation, im zweiten um die konfligierenden Interessen verschiedener Kapitalfraktionen mit unterschiedlichen Aussichten auf Teilhabe an dieser Akkumulation.[6] Aus dieser Verbindung biophysischer Umstände, struktu-

5 Die Selbstunterhöhlung kapitalistischer Reproduktionsgrundlagen wurde von James O'Connor (1998) als »second contradiction of capitalism« gefasst. In ökosozialistischen Debatten wurde O'Connor fälschlicherweise unterstellt, eine Art automatischer kapitalistischer Selbstregulierung durch Protestbewegungen anzunehmen (vgl. Thiele 2020: 90ff.).

6 Der hier verwendete Begriff *systemischer* Akkumulation unterstellt, dass eine positive durchschnittliche Profitrate beziehungsweise die Existenz positiver Renditemöglichkeiten für das durchschnittliche Kapital zumindest mittelfristig eine absolute funktionale Mindestbedingung kapitalistischer Ökonomien darstellt, die auch den staatlichen Handlungsrahmen determiniert. Letztlich ist auch dieser Akkumulationszwang keine rein abstrakte, strukturell determinierte Erscheinung. Welche Verwertungsbedingungen als akzeptabel angenommen werden und bei welchen Profitraten beispielsweise Kapitalstreiks

reller kapitalistischer Zwänge und daraus resultierender Akteursstrategien ergeben sich die konkreten historischen Grenzen grün-kapitalistischer Entwicklung.

Die aus einer kritischen Perspektive häufig formulierte Position, es könne keinen »grünen« Kapitalismus geben, ist mit Verweis auf diese utopische Begriffsfassung nachvollziehbar. Zugleich braucht es einen analytischen Rahmen, der die gegenwärtigen, widersprüchlichen Tendenzen zu einer ökologischen Modernisierung kapitalistischer Ökonomien wie auch die beschriebenen Widerstände und Transformationskonflikte fassen und einordnen kann. Dazu ist der utopisch-normative Blickwinkel weniger geeignet. Eine komplementäre Perspektive, die maßgeblich von Ulrich Brand und Markus Wissen (2013) entwickelt wurde, fasst den »grünen« Kapitalismus mit Bezug auf die Regulationstheorie, ein gramscianisches Hegemonieverständnis und materialistische Staatstheorie als ein Hegemonieprojekt, das die historische Entwicklungsweise des Kapitalismus über einige Jahrzehnte prägen könnte. Vor diesem Hintergrund werden grün-kapitalistische Ansätze als selektive Krisenbearbeitungsstrategien verständlich, die im Erfolgsfall im Sinne einer »passiven Revolution« neue Kapitalfraktionen zu einer führenden Position verhelfen und eine signifikante technische und energetische Umstrukturierung der globalen Ökonomie erwirken könnten, ohne dabei notwendigerweise normativen sozial-ökologischen Zielsetzungen gerecht zu werden (vgl. auch Wanner 2015). Gegenwartsdiagnosen verorten das Hegemonieprojekt des »grünen« Kapitalismus beziehungsweise der ökologischen Modernisierung (Krüger 2014) üblicherweise als Herausforderer eines dominanten »grauen« oder »fossilistischen« Hegemonieprojekts (Candeias 2023; Sander 2023). Während sich das »grüne« Projekt auf kulturell-ideologischer Ebene durchaus einem hegemonialen Status angenähert hat und das Narrativ einer notwendigen ökologischen Modernisierung insbesondere Elitendiskurse prägt, ist die anhaltende materielle Dominanz des »grauen« Projekts etwa aus dem Umstand ablesbar, dass globale CO_2-Emissionen 2023 einen neuen Rekordstand erreichten.[7]

Im »grünen« Projekt sammeln sich im Kern grüne Parteien, zivilgesellschaftliche Organisationen, internationale Organisationen wie die OECD, Unternehmen aus »grünen« Branchen (z. B. erneuerbare Energien); im »grauen« konservative Parteien, große Wirtschaftsverbände, fossile und energieinten-

einsetzen, hängt schließlich auch von polit-ökonomischen Kräfteverhältnissen und Akteursstrategien ab.

7 »Klimakrise: CO2-Emissionen erreichen neuen Höchstwert«, https://www.tagesschau.de/ (5.12.2023).

sive Industrien. Über diesen Kern hinaus sind die genauen Umrisse dieser Projekte freilich schwierig zu bestimmen. Die Forschungsgruppe *Staatsprojekt Europa* beschreibt Hegemonieprojekte als »Bündel von Strategien«, die im Ringen um gesellschaftliche Vorherrschaft »ähnliche Ziele verfolgen« (Buckel u.a. 2014: 46). Diese »politikfeldübergreifende[n] Kräftekonstellationen« (ebd.: 47) definieren sich also nicht zuerst über eine bestimmte organisatorische Verfasstheit; einzelne Institutionen – hier etwa die Weltbank – können durchaus intern gespalten sein. Ebenfalls bewahren sich relevante Kapitalfraktionen eine erhebliche Flexibilität: etwa das Finanzkapital, das zwar – gerade im Versicherungswesen – mit den Risiken kapitalistischer Selbstunterhöhlung direkt konfrontiert ist, jedoch Investitionsstrategien regelmäßig an kurzfristigen Renditeaussichten ausrichtet. Die Mehrheit der relevanten politischen Akteure lässt sich nicht eindeutig einem Lager zuschlagen, sondern verfolgt parallel auf unterschiedlichen Ebenen widersprüchliche Strategien. Das grün-kapitalistische Projekt setzt dabei zentral auf Entkopplung durch »grüne« Technologien, die Inwertsetzung von Natur als »Naturkapital« – vermittelt etwa über Bepreisungsmechanismen – und, implizit, auf neue Externalisierungs- beziehungsweise Problemverlagerungsstrategien (vgl. Thiele 2020: 45ff.).

Fossile Interessen haben sich auch innerhalb des grün-kapitalistischen Hegemonieprojekts verankert. Immer wieder wird – wie durch OECD und Weltbank – nicht nur die Nutzung fossiler Brennstoffe mit CO_2-Abscheidung (*Carbon Capture and Storage*, CCS; siehe auch den Beitrag von Tobias Haas u.a. in diesem Heft) als »saubere« Energieoption einbezogen, sondern auch Erdgas als »Brückentechnologie« sowie Kernenergie. Die Widersprüche und fragilen Kompromissfindungen ziehen sich also bereits durch das »Bündel« ökologischer Modernisierungsstrategien. Trotz dieser fehlenden Trennschärfe dient die Unterscheidung zwischen »grünem« und »grauem« Hegemonieprojekt und den darin ausgedrückten Strategien der zugespitzten Verdeutlichung polit-ökonomischer Transformationskonflikte. Diese verlaufen nicht zuletzt entlang technologiepolitischer Konfliktlinien: Während »grüne« Strategien sich vom großflächigen Einsatz neuer Technologien neue Geschäftsmodelle erhoffen und daher tendenziell auch umfassendere ökologische Modernisierungsprozesse vorantreiben, blockieren »graue« diese mit dem vorrangigen Ziel, alte Geschäftsmodelle zu bewahren: Das kann beinhalten, taktisch für absehbar unwirtschaftliche Modernisierungspfade wie synthetische Treibstoffe (»E-Fuels«) zu werben.

Unter welchen Voraussetzungen könnte ein grün-kapitalistisches Hegemonieprojekt tatsächlich eine Epoche prägen? Im Anschluss an die Regulationstheorie ist davon auszugehen, dass eine historische kapitalistische

Formation beziehungsweise Entwicklungsweise auf ein funktionierendes Akkumulationsregime sowie eine korrespondierende Regulationsweise angewiesen ist (Lipietz 1985, 1992). Die Schwierigkeiten eines »grünen« Akkumulationsregimes wurden oben bereits umrissen. Die vorherrschenden Ansätze von OECD, Weltbank und Co. erschweren dessen Entwicklung zudem durch einen engen Fokus auf Preissignale und regulatorische Rahmensetzung für private Marktakteure; der zunächst notwendige, öffentlich koordinierte und (mit-)finanzierte Ausbau neuer Versorgungs- und Verkehrsnetze wird zumeist vernachlässigt. Eine entsprechende Regulationsweise müsste die Beziehungen zwischen Beschäftigten, Kapital und Staat so strukturieren, dass längerfristig eine relative politisch-ökonomische Stabilität gewährleistet würde. Auch dies bildet eine Leerstelle in dominanten Konzepten eines »grünen« Kapitalismus ab, deren politisches Durchsetzungspotenzial durch die implizit vorgesehene Fortschreibung neoliberaler Regulation bislang geschwächt wurde. Damit entwickelten die Ansätze für breite gesellschaftliche Schichten wenig Überzeugungskraft.

Der analytische Rahmen der Regulationstheorie ist typischerweise auf nationale Regime beschränkt. Das Problem des »grünen« Kapitalismus stellt sich dagegen – insbesondere aus normativer Perspektive – auf globaler Ebene, wo auf räumliche Kostenexternalisierung zielende Strategien an Grenzen stoßen. Weltsystemtheoretische Konzepte stellen in diesem Zusammenhang heraus, dass jede historische kapitalistische Formation auf einen jeweils im Weltmaßstab stärkeren nationalstaatlichen Hegemon angewiesen war (Arrighi 1994), der auch die billige Nutzbarmachung von Natur zu Akkumulationszwecken auf eine neue Stufenleiter heben musste (Moore 2015). Die Herausbildung eines Hegemons, dessen Ressourcen eine globale Vormachtstellung über das durch die USA erreichte Niveau hinaus ermöglichen und der bereit ist diese im Sinne globaler ökologischer Stabilisierung ein- und eine grünkapitalistische Formation global durchzusetzen, scheint unwahrscheinlich (vgl. mit Bezug auf China Gulick 2011). Zudem lassen ökologische Krisen für die nähere Zukunft steigende systemische Kosten der Naturbeanspruchung erwarten, die nur durch ökologisch-technische Fortschritte weit jenseits aller historischen Entwicklungspfade kompensierbar wären.

Vor diesem Hintergrund erscheinen die Aussichten auf einen epochemachenden globalen grün-kapitalistischen Wachstumsschub schmal. So basieren die grün-kapitalistischen Tendenzen in einigen nationalen Kapitalismusregimen zu erheblichen Teilen auf Externalisierungen, die die globale Wirkung relativieren; etwa im Zuge der räumlichen Verlagerung CO_2-intensiver Produktion (Peters u.a. 2011). Sowohl auf nationalstaatlicher als auch auf internationaler Ebene stellt sich nun die Frage, inwiefern sich die hier umrissenen Defizite des »grünen« Hegemonieprojekts im Zuge des jüngsten industriepolitischen Paradigmenwechsels überwinden ließen.

2. Geoökonomische Wende und geopolitische Zuspitzung

Trotz ihrer zentralen Bedeutung für die Ausrichtung staatlicher Industrie- und Handelspolitik blieben geoökonomische und geopolitische Aspekte in der Debatte um einen »grünen« Kapitalismus lange unterbelichtet und spielten etwa in den einflussreichen, noch vom Multilateralismus der 1990er-Jahre geprägten Konzepten von OECD (2011), UNEP (2011) und Weltbank (2012) kaum eine Rolle. Die dort präsentierten Narrative der *Green Economy* waren zumeist zivile und optimistische, die sich jenseits solcher Konfliktperspektiven auf das »Win-win-win«-Potenzial ökologischer Modernisierung für *people, planet, profit* konzentrierten. Mittlerweile kommunizieren grün-kapitalistische Akteure wie die *International Renewable Energy Agency* (IRENA 2024a) die geopolitischen Vorzüge einer Energiewende deutlich offensiver, etwa die potenzielle Stärkung der Energiesicherheit durch reduzierte Abhängigkeit von fossilen Exporteuren, globalen Märkten und Lieferketten. Welche materiellen Auswirkungen der jüngsten geopolitischen und geoökonomischen Dynamiken auf das grün-kapitalistische Hegemonieprojekt sind zu beobachten?

Der Begriff der Geoökonomie wurde 1990 von Edward Luttwak (1999) geprägt. Er fasste darunter zunächst jede Form von aktiver staatlicher Industrie- und Standortpolitik oder Protektionismus, die als zeitgenössischer Austragungsmodus geopolitischer Spannungen nach dem Kalten Krieg aus seiner Sicht dem (neo-)liberalen Ziel eines freien Welthandels zuwiderliefen. Mittlerweile wird der Begriff in der Forschung weiter gefasst, wobei Geoökonomie weiterhin zumeist als zunehmend wichtigere ökonomische Komponente geopolitischer, also zwischenstaatlicher Machtkämpfe verstanden wird (Babić u.a. 2022). Milan Babić und Kolleg*innen, die einen aktuellen »geoeonomic turn« der EU diagnostizieren, sehen Geoökonomie aber auch als *modus operandi* einer post-neoliberalen Ordnung beziehungsweise Unordnung, in der Spannungen im Kontrast zur Globalisierungsphase der 1990er-Jahre wieder zunehmen und wirtschaftliche Interdependenz vermehrt als Problem denn als Chance verstanden wird. Im Mittelpunkt dieser Debatten steht eine »neue Triade-Konkurrenz« (Abels/Bieling 2022: 430) zwischen USA, EU und China.

Gerade aus US-Perspektive dominiert die Rivalität mit China die Diskussionen um eine industriepolitische Wende, die wiederum als Ausdruck eines Systemwettbewerbs zwischen liberalem Kapitalismus und Staatskapitalismus verstanden wird (Gertz/Evers 2020). Dieser hat sich in den letzten zehn Jahren durch die etwa im strategischen Auslandsinvestitionsprogramm *Belt and Road*

Initiative reflektierten hegemoniepolitischen Ambitionen Chinas sowie die industriepolitischen Bemühungen um Marktführerschaft unter anderem in Hightech-Branchen im Rahmen des *Made in China 2025*-Programms verschärft. Zwar verlässt der chinesische Staat sich dabei nach wie vor auf fossile Energien und verzeichnet weiter steigende CO_2-Emissionen, der Kapazitätszubau im Stromsektor war allerdings 2023 bereits zu 85 Prozent erneuerbar (IRENA 2024b: 6). Dass das staatskapitalistische Modell Chinas nun auch in »grünen« Wachstumsmärkten wie Wasserstoff Wettbewerbsvorteile durchsetzen und sogar kritische Abhängigkeiten schaffen kann, sorgt in den USA und der EU für Unruhe (vgl. Rueda u.a. 2023; diskutiert auch in Gabor 2023: 17).

Diese Entwicklungen befeuerten seit Mitte der 2010er-Jahre zunächst einen industrie- und technologiepolitischen Wettbewerb (Gabor 2023), der eine Öffnung in Richtung einer erneuerten staatlichen Investitionspolitik mit längerfristigen Kosten-Nutzen-Kalkülen mit sich bringt. Insbesondere seit dem russischen Angriff auf die Ukraine scheint aber auch die traditionelle Geopolitik wieder durch. Industriepolitik wird in der aktuellen »Zeitenwende« zunehmend wieder direkt mit Sicherheitsinteressen begründet, etwa in den europäischen Bemühungen um eine eigenständige Mikrochipindustrie oder im eilig geförderten Ausbau von Flüssiggas-Importanlagen. Dieses unmittelbar geopolitische Dispositiv verändert Kosten-Nutzen-Kalküle noch einmal: Wenn schwer zu beziffernde Sicherheitsinteressen einbezogen werden, ermöglicht das eine staatliche Investitions- und Subventionspolitik über das mit rein ökonomischer Wettbewerbslogik begründbare Maß hinaus, insbesondere für »kritische« Infrastrukturen. Das ist im Hinblick auf ökologische Transformationskonflikte relevant – und kann prinzipiell beide Hegemonieprojekte begünstigen.

In den USA ist neben dem auf Verkehrs-, Energie- und Dateninfrastrukturen fokussierten *Infrastructure Investment and Jobs Act* (2021) und dem auf Hightech-Industrien und Forschung zielenden *CHIPS and Science Act* (2022), die beide auch erhebliche Mittel für ökologische Modernisierung vorsehen, der *Inflation Reduction Act* von 2022 zentraler Bezugspunkt der industriepolitischen Wende. Er enthält im Gesamtvolumen prinzipiell unbeschränkte Steuervergünstigungen unter anderem für die Herstellung von Wasserstoff und erneuerbaren Energien sowie für Produktion und Kauf von (inländischen) Elektroautos. Während Regierungsstellen davon ausgehen, dass dafür 374 Milliarden US-Dollar abgerufen werden, rechnet etwa ein Bericht der Credit Suisse mit dem doppelten Umfang (Meyer, 2022). Aus dieser ungewöhnlichen Staatsaktivität ist – neben konjunktur- und klimapolitischen Zielen – ein strategischer Fokus auf Energie- und Technologieautarkie sowie auf Reindustrialisierung ablesbar.

Auch die EU hat in den letzten Jahren eine Reihe vergleichbarer Initiativen gestartet, die mindestens signifikante »grüne« Komponenten beinhalten und überwiegend in direkter Reaktion auf Krisenereignisse oder Aktivitäten der rivalisierenden Triade-Staaten entstanden. Dies begann mit dem übergreifenden *European Green Deal* 2019 zur politischen Bearbeitung der Klimakrise und setzte sich 2020 mit *Next Generation EU* fort, dem Konjunkturprogramm als Reaktion auf die Covid-19-Pandemie. 2021 folgte das *Global Gateway*-Programm für Infrastrukturinvestitionen vor allem im Globalen Süden, das allgemein als Antwort auf die chinesische *Belt and Road Initiative* verstanden wird, sowie 2022 der *Chips Act* zum Aufbau einer europäischen Halbleiterindustrie und *REpowerEU*, das wiederum die energiepolitischen Auswirkungen des russischen Angriffs auf die Ukraine adressiert und erneuerbare wie fossile Komponenten beinhaltet. 2024 wurde der *Net-Zero Industry Act* als Teil des *Green Deal Industrial Plan* auf den Weg gebracht, mit dem die EU sich strategische Autonomie im Bereich »grüner« Technologien und der dafür benötigten Rohstoffe verschaffen möchte.

Dabei wird deutlich, dass die Handlungsmöglichkeiten der EU einerseits durch begrenzte fiskalische Spielräume und andererseits durch das Fortleben einer neoliberalen Industriepolitikmaxime beschränkt sind. Für *Next Generation EU*, das als einziges der genannten Programme direkte Mittelzuweisungen an Mitgliedsstaaten in großem Umfang beinhaltet, wurde durch politische Unterstützung der Mitgliedsstaaten die Aufnahme größerer Kreditvolumina (bis zu 800 Milliarden Euro für die Jahre 2021–2026) ermöglicht. Die wichtigste andere Finanzquelle ist der Verkauf von Zertifikaten im EU-Emissionshandel, wodurch der Umfang der zu vergebenden Mittel direkt an die Entwicklung des CO_2-Marktpreises gekoppelt ist.

Fast alle der genannten Programme speisen sich aus diesen beiden Quellen. Darüber hinaus hängen die Bemühungen, mit der schlagkräftigeren neuen US-Subventionspraxis mitzuhalten, von der finanziellen Beteiligung der Mitgliedsstaaten ab, die die EU durch eine Lockerung der Subventionsregelungen anzukurbeln versucht. Dabei setzt die EU – in der Kontinuität von neoliberalen *Green Economy*-Konzepten – weiter stark auf die »Mobilisierung« privater Investitionen, während Subventionen oder direkte öffentliche Investitionen nur in geringerem Umfang vorgesehen sind.[8] Die öffentlich kolportierten Milliardensummen für die einzelnen Programme beruhen damit einerseits

8 Bereits der *European Green Deal* war trotz der begrifflichen Anlehnung an das keynesianisch konnotierte Konzept des *Green New Deal* von neoliberalen Kontinuitäten geprägt. Der Fokus der EU-Kommission lag dabei mehr auf marktorientierten Instrumenten als auf Ordnungs- oder aktiver Industriepolitik.

auf Mehrfachzählung und laufender Reetikettierung derselben Mittel und zum anderen auf optimistischen Spekulationen auf das *crowding-in* privater Investitionen: etwa durch Kreditgarantien, wobei der dadurch tatsächlich zusätzlich erwirkte Investitionsumfang stets Interpretationssache bleibt (vgl. zu *Global Gateway* eurodad/Counter Balance 2022). Die tatsächliche industriepolitische Aktivität ist also geringer einzuschätzen, als das durch die EU-Kommission gepflegte Narrativ einer geoökonomischen Wende suggeriert.

Die geschilderten Entwicklungen lassen sich besonders eindrücklich am Beispiel des Wasserstoffhochlaufs aufzeigen, der auf beiden Seiten des Atlantiks aktuell forciert wird. Wasserstoff (einschließlich verschiedener Derivate wie Ammoniak) ermöglicht prinzipiell die Dekarbonisierung schwer elektrifizierbarer Branchen von Stahl- und Chemieindustrie bis zu Schiff- und Luftfahrt und ist insofern zentral für die Realisierungsmöglichkeit eines »grünen« Kapitalismus. Zudem ermöglicht er über- beziehungsweise unterseeischen Handel mit erneuerbaren Energien und somit, abhängig vom erreichbaren Kostenniveau, potenziell die Aufrechterhaltung importabhängiger nationaler Wirtschaftsmodelle (wie des deutschen) in defossilisierten Energiesystemen. Dafür bedarf es neben ausgereiften Endanwendungen erheblicher Produktions- und Transportinfrastrukturen wie Elektrolyseure, Pipelines, Tanker und Konversionsanlagen in Häfen. Sowohl die USA (mittels *Inflation Reduction Act* und *Infrastructure Investment and Jobs Act*) als auch die EU (mit einer neugegründeten *European Hydrogen Bank*) fördern seit Kurzem – auch als Reaktion auf chinesische Marktführerschaft bei Elektrolyseuren – umfangreich Forschung, Infrastrukturaufbau und Produktion. Die EU verdoppelte 2022 im Zuge des REpowerEU-Plans zur energetischen Unabhängigkeit von Russland ihr erneuerbares Wasserstoffproduktionsziel für 2030 auf 10 Megatonnen, stockte dafür Fördertöpfe auf und beschleunigte Subventionsverfahren. Der Kapazitätsausbau wurde durch die EU-Kommission über einen eilig einberufenen Elektrolyseurgipfel direkt mit den Herstellern von Elektrolyseuren abgestimmt.[9] Klimapolitisch motivierte Vorgaben wurden also als kurzfristige Reaktion auf geopolitische Ereignisse erheblich verschärft und die industriepolitische Koordination für einen schnellen Ausbau intensiviert. Die deutsche Regierung schloss in den vergangenen Jahren zahlreiche »Wasserstoffpartnerschaften« für zukünftige Importe ab und unterstützt über das Programm H2Global Auslandsinvestitionen in diesem Sektor. Insgesamt sind EU und Mitgliedsstaaten auf Diversifizierung bedacht, bemühen sich sowohl um inländische Produktion als auch um Importe. Die US-Wasserstoffpolitik dagegen konzentriert sich klar auf die Nutzung inländischer Potenziale für

9 »Electrolyser Summit Joint Declaration«, https://ec.europa.eu/ (5.5.2022).

die dortige Industrie. Investitionsaktivitäten im Wasserstoffsektor sind so seit 2020 deutlich gestiegen, wobei diese Entwicklung nach wie vor einen spekulativen Charakter hat. So verzeichnete die Internationale Energieagentur IEA (2023a: 11) im Jahr 2023 einen Anstieg von 50 Prozent bei bis 2030 neu geplanten Erzeugungskapazitäten für *low-emission hydrogen*; allerdings wurde erst für vier Prozent all dieser Kapazitäten eine finale Investitionsentscheidung gefällt.

Darin zeigen sich die üblichen Ambivalenzen: Die flexiblen Erzeugungsmöglichkeiten aus fossilen und erneuerbaren Quellen machen diesen Energieträger aus der Perspektive der Energiesicherheit umso attraktiver. Tatsächlich wird fossil gewonnener »blauer« Wasserstoff (mit CO_2-Abscheidung) trotz verheerender Klimabilanz (Howarth/Jacobson, 2021) zunehmend politisch gefördert; die Gasindustrie ist zentrale Akteurin in der Erzeugung des »Wasserstoffhypes« und setzt dabei auf Erhaltung ihrer Geschäftsmodelle (Balanyá u.a. 2020). Die IEA (2023a: 11) rechnet für 2030 mit einem Anteil von zehn Mt »blauem« Wasserstoff an einer Gesamtproduktion von 37 Mt sogenanntem *low-emission hydrogen*. Widersprüchliche Strategien, die Dekarbonisierung, Diversifizierung oder Verzögerung der Transformation beabsichtigen, tragen also zur Entstehung wichtiger infrastruktureller Voraussetzungen einer postfossilen Ökonomie bei. Unter den gegebenen Umständen werden diese Infrastrukturen allerdings weiterhin zu relevanten Teilen fossil betrieben.

3. Industriepolitischer Schub für den »grünen« Kapitalismus oder fossiler Backlash?

Für Christian Zeller (2023) ist die jüngst infolge der Coronapandemie und des Ukraine-Kriegs wieder erhöhte Investitionsaktivität des fossilen Kapitals Ausweis eines »fossile[n] Backlash« (ebd.: 3), der jede Diagnose einer grünkapitalistischen Hegemonie empirisch widerlege. Der Einwand ist gemessen an den utopischen Versprechungen eines »grünen« Kapitalismus berechtigt. Aber er schließt von der Abwesenheit eines »grünen« Akkumulationsregimes zu schnell auf die Irrelevanz des »grünen« Hegemonieprojekts. Dagegen erkennt Kathleen McNamara (2023: 3) in der EU eine Konvergenz umwelt- und geopolitisch orientierter Kräfte in Richtung einer ökologisch ambitionierten post-neoliberalen Industriepolitik. Diese Position scheint andersherum die oben beschriebenen neoliberalen Beharrungskräfte in europäischen Institutionen zu unterschätzen, deren strategische Anpassungsbemühungen mit der Wahrung starker Kontinuitäten einhergehen (vgl. auch Gabor 2023). Die weite Spanne dieser Diagnosen wirft die Frage auf, wie die jüngsten Entwicklungen das Kräfteverhältnis zwischen »grünem« und »grauem« Hegemonieprojekt beinflussen. Dazu bietet dieser letzte Abschnitt einige vorläufige Überlegungen.

Erstens bieten erneuerbare Energien für stark importabhängige Länder wie Deutschland oder Japan geopolitisch wie ökonomisch wertvolle Diversifizierungsoptionen durch eigene Erzeugung und neue Importbeziehungen, zumal die Erzeugungsmöglichkeiten global viel gleichmäßiger verteilt sind als fossile Reserven. Die Erfahrung explodierender Preise für fossile Energien um 2022 verstärkte den Transformationsdruck und schlägt sich etwa in der deutschen Wasserstoffstrategie nieder. Insgesamt könnte ein globales Energiesystem, das auf Erneuerbaren basieren würde und das schwer durch Oligopole kontrollierbar wäre, Märkte und Abhängigkeitsverhältnisse zugunsten energieimportierender Industrieländer neu strukturieren. Soweit diese Perspektive in die geopolitischen Überlegungen verschiedener Staaten einfließt, könnte sie dem grün-kapitalistischen Projekt zu einer stärkeren Machtbasis verhelfen und die Vetomacht fossiler Exporteure und Industrien unterlaufen.

Zweitens stärkt die industriepolitische Reorientierung die strukturellen Voraussetzungen für das grün-kapitalistische Projekt. Letzteres bedingt einen großflächigen infrastrukturellen Umbau, der auf erhebliche öffentliche Investitionen – oder zumindest öffentliches *Derisking* privater Investitionstätigkeit[10] – zwingend angewiesen ist, etwa im Bereich der Stromnetze, der E-Mobilität oder des Wasserstoffhochlaufs. Diese Schwelle schien unter den Bedingungen einer neoliberalen Orthodoxie kaum überwindbar. Hier hat eine potenziell folgenschwere Verschiebung stattgefunden: Der Infrastrukturausbau und die zeitgleichen öffentlichen Investitionen in Forschung und Entwicklung (vor allem in den USA) könnten die Produktivkräfte im Sinne der Ausformung eines »grünen« Akkumulationsregimes auf eine neue Stufe heben. Dies könnte die Grenzen »grüner« Akkumulation ausdehnen, indem beispielsweise die Wasserstoffökonomie erstmals die Dekarbonisierung schwer elektrifizierbarer Sektoren ermöglicht. Dass die staatliche Investitions- und Regulierungstätigkeit dabei mit Kapitalinteressen koordiniert wird, wobei es weiterhin zu erheblichen Reibungen zwischen verschiedenen Kapitalfraktionen kommt, bestätigen ältere Prognosen einer »passiven Revolution« als Zielhorizont des grün-kapitalistischen Hegemonieprojekts (Wanner 2015).

Drittens wird diese Entwicklung jedoch durch erhebliche Kontinuitäten eingeschränkt. Die institutionellen Beharrungskräfte neoliberaler Staatlich-

10 *Derisking* bezeichnet staatliche Maßnahmen, die das Verhältnis zwischen Risiko und Rendite bei privaten Investitionen im Sinne politisch gesetzter Prioritäten beeinflussen sollen, etwa durch gezielte Subventionen, Steuervergünstigungen oder günstige Kredite beziehungsweise Garantien, und wird als zentrales Vehikel gegenwärtiger Industriepolitik verstanden (Gabor 2023; siehe auch den Beitrag von Lorena Herzog in diesem Heft).

keit zeigen sich in der anhaltenden Begrenzung fiskalischer Spielräume für industriepolitische Aktivitäten: ob auf EU-Ebene oder im Falle der Schuldenbremse in Deutschland, durch die nach dem Verfassungsgerichtsurteil 2023 auch der Klima- und Transformationsfonds (KTF), das primäre Finanzierungsinstrument der Ampel-Regierung für ökologische Modernisierung, erheblich geschrumpft ist. Hier machen sich auch die geteilten ideologischen Ursprünge beider Hegemonieprojekte im Neoliberalismus bemerkbar, die die Hegemonialisierung des »grünen« Projekts hemmen.[11] Die Zögerlichkeit, mit der grün-kapitalistische Akteure den institutionalisierten Neoliberalismus angreifen, zeugt davon, dass Erstere sich zu großen Teilen weiterhin nicht bewusst als Teil eines post-neoliberalen Projekts verstehen; für eine passive Revolution bleiben sie gewissermaßen zu passiv.

Viertens begünstigt das Primat der Sicherheitspolitik in Zeiten geopolitischer Spannungen auch, dass die fossile Hegemonie bestehen bleibt. Zum einen befördert die Logik geopolitischer Konfliktführung eine ökologisch erbarmungslose Suche nach sicheren Energielieferanten und damit eine vermehrte Nutzung auch unkonventioneller fossiler Brennstoffe. So folgen die europäischen Diversifizierungsbemühungen bei Energie einem »all of the above«-Prinzip: Neben längerfristigen »grünen« Wasserstoffimporten setzt insbesondere die Bundesregierung auf kurz- bis mittelfristige Importabkommen für hochgradig klimaschädliches Flüssigerdgas. Zum anderen trägt die gegenwärtige, durch geopolitische Verunsicherung verschärfte Dynamik der Kulturkämpfe auch zu einer hegemoniepolitischen Rehabilitierung des »grauen« Projekts bei, indem rechte Kräfte die Verteidigung der fossilistischen imperialen Lebensweise gegen grüne Transformationsvorhaben zur Mobilisierung nutzen. Progressiver Druck hingegen war für die industriepolitische Wende in den USA und der EU nur ein nachrangiger Faktor. Von der leisen Technokratie der EU gehen zwar bisweilen noch stärkere Modernisierungsimpulse aus als von nationalen Regierungen, die elektoralen Zwängen folgen; grün-kapitalistische Handlungsspielräume bleiben in dieser Konstellation aber beschränkt.

Fünftens deuten die in diesen Prozessen implizierten Nord-Süd-Dynamiken nicht nur darauf hin, dass die globalen Ungerechtigkeiten bestehen bleiben. In ihnen zeigt sich auch die ökologische Widersprüchlichkeit der räumlich selektiven Verwirklichung eines »grünen« Kapitalismus. So konzentriert sich der Ausbau erneuerbarer Energien bislang stark auf die ökonomischen Zentren, wo zugleich aus geopolitischen wie geoökonomischen Erwägungen

11 So kritisiert etwa auch IRENA (2024b: 10f.), dass der Ausbau von Kapazitäten und der Netzumbau noch zu häufig durch eng gefasste Kostenkriterien für Förderungen eingeschränkt werden.

verstärkte staatliche Bemühungen um Rohstoffimporte aus der Peripherie zu beobachten sind. Die so – auch durch ökologische Modernisierungsprozesse befeuerte – Expansion des Bergbausektors erfolgt in der Regel auf Grundlage fossiler Energien (Müller 2024) und bedroht lokale Ökosysteme (Tittor 2023). Kurzfristig scheint diese ungleiche Entwicklung also fossile Kräfte zu stützen. Offen ist, inwiefern die Aussicht auf Verschiebungen ökonomischer Nord-Süd-Beziehungen durch grün-kapitalistische Entwicklung Letztere längerfristig für viele Länder des Globalen Südens attraktiver machen kann, wenn etwa günstiger lokaler Wasserstoff in Ländern wie Südafrika auch Standortvorteile für lokale Industrialisierungsbemühungen bietet (vgl. Kalt u.a. 2023). Für eine solche geografische Neuordnung von Wertschöpfungsketten müssten sich allerdings lokale entwicklungsstaatliche Projekte gegenüber den bislang dominanten, auf Primärgüterexport fokussierten Strategien durchsetzen (Gabor/Sylla 2023).

Diese jüngsten geo- und industriepolitischen Entwicklungen scheinen das grün-kapitalistische Hegemonieprojekt durch beschleunigten Infrastrukturausbau zu konsolidieren. In physische Infrastrukturen werden schließlich längst beide Projekte parallel übersetzt: Im Stromsektor etwa machten Erneuerbare 2023 bereits 86 Prozent des globalen Kapazitätenzubaus aus; investiert wurden dafür 570 Milliarden US-Dollar (IRENA 2024b: 5/9). Wurden bis 2019 noch unter 200 Gigawatt (GW) pro Jahr an Erneuerbaren zugebaut, stieg der Umfang 2023 auf 473 GW an; davon entfielen 83 Prozent auf die Triade-Kräfte (ebd.: 5f.). Nach der IEA (2023b: 84/322) wurden 2022 insgesamt 1,6 Billionen US-Dollar – bei weiterhin deutlich steigender Tendenz – in »saubere« Energien beziehungsweise energiewenderelevante Infrastrukturen im weitesten Sinne investiert, gegenüber einer Billion für fossile Energien; 2016–2018 lagen beide Werte noch gleichauf.[12] Das grün-kapitalistische Projekt formt so in seinem Tauziehen mit dem dominanten fossilistischen Projekt zunehmend den globalen Kapitalismus mit.

Diese Zahlen zeugen von einer absoluten Stärkung des »grünen« Projekts; der darin ebenso angedeutete relative Vorteil gegenüber dem »grauen« Projekt wird jedoch mit Blick auf die Zukunft durch die beschriebenen gegen-

12 Die IEA-Zahlen sind nicht direkt miteinander vergleichbar, verdeutlichen aber die realen Entwicklungen ökologischer Modernisierung – und deren geschickte Überzeichnung. Während die fossile Kategorie offenbar nur die Kernsektoren Kohle, Öl und Erdgas abdeckt, umfasst die breitere Kategorie »sauberer« Energie hier nicht nur Erneuerbare und Batteriespeicher, sondern auch *alle* Investitionen in Energienetze sowie Technologien wie CCS, Atomkraft, Wasserstoff (jeglicher »Farbe«), E-Autos und sogar CO_2-Einsparungen an fossilen Infrastrukturen. Die Zusammenstellung ist nicht nur in der Rechenweise, sondern auch ökologisch fragwürdig und zugleich eine äußerst repräsentative grün-kapitalistische Definition »grüner« Technologien.

läufigen politischen Tendenzen unterlaufen. So bleibt auch eine Weiterentwicklung nationaler Regulationsweisen bisher auf die Beziehungen zwischen Staat und Industrie beschränkt, wobei gerade das exportorientierte Industriekapital zunehmend strategische staatliche Rahmensetzung zu akzeptieren scheint. Auf globaler Ebene sind die Voraussetzungen für eine »grüne« Hegemonie umso ungünstiger: Verschärfte geopolitische Konkurrenz wird die ohnehin schon wenig wirkmächtige Klimadiplomatie und andere internationale umweltpolitische Prozesse absehbar weiter blockieren und jegliche effektive Verbindlichkeit unterlaufen.

Die geopolitische Konkurrenz kann zwar global die Entwicklung grüntechnologischer Produktivkräfte stimulieren und so die Grenzen systemischer »grüner« Akkumulationspotenziale erweitern. Sie stärkt aber zugleich die polit-ökonomischen Beharrungskräfte des fossilen Regimes. So wird in den nächsten Jahren voraussichtlich ein höheres – wenn auch einseitig auf Dekarbonisierung ausgelegtes und selbst hier gemessen an der zeitlichen Dringlichkeit längst nicht ausreichendes – Maß an Entkopplung des Wachstums vom Naturverbrauch technisch möglich. Wege zur vollen Realisierung dieses Potenzials bleiben aber aus politischen und ökonomischen (Wettbewerbs-)Gründen strukturell versperrt.[13]

Die Herausbildung eines »grünen« Kapitalismusregimes bleibt somit notwendig ein widersprüchlicher, räumlich und sektoral partieller Prozess. Er kann absehbar die Zuspitzung ökologischer Krisen – und damit letztlich auch die Selbstuntergrabung des Akkumulationsprozesses – kaum abwenden, sondern bestenfalls verzögern und abmildern. Fortschreitende ökologische Destabilisierung wird auch die Realisierbarkeit eines stabilen grün-kapitalistischen Regimes weiter untergraben. Plausibler scheint bei sich parallel zuspitzenden ökologischen Krisenerscheinungen und geopolitischen Konfliktlagen eine autoritäre Formation mit »grauen« und »grünen« Elementen. Damit mag sich die infrastrukturelle Ausgangslage für emanzipatorische Gegenprojekte verbessern. Der hegemoniepolitische Kontext jedoch scheint die Herausbildung solcher Projekte auf absehbare Zeit nicht zu begünstigen (vgl. Candeias, 2023).

---

13 Jenseits der Energiepolitik gilt das etwa auch im Mobilitätsbereich, wo elektrische Lösungen und digitale Systeme eine ressourcenschonendere Entwicklung ermöglichen. Aber sowohl durch politische Verteidigung der Verbrennerindustrie als auch durch weiter auf individuelle Automobilität zentrierte Verkehrs- und Raumplanungspolitik folgt man weiterhin ressourcenintensiven Entwicklungspfaden.

Literatur

Abels, Joscha / Bieling, Hans-Jürgen (2022): Jenseits des Marktliberalismus? Europäische Industrie- und Infrastrukturpolitik im Zeichen neuer globaler Rivalitäten. In: PROKLA 208 52(3): 429-449. DOI: https://doi.org/10.32387/prokla.v52i208.2004.

Ahmed, Nafeez (2014): World Bank and UN carbon offset scheme »complicit« in genocidal land grabs – NGOs. In: The Guardian (3.7.2014). URL: https://www.theguardian.com/, Zugriff: 27.10.2022.

Arrighi, Giovanni (1994): The Long Twentieth Century: Money, Power, and the Origins of Our Times. London/New York.

Babić, Milan u.a. (2022): Geoeconomics in a Changing Global Order. In: Babić, Milan u.a. (Hg.): The Political Economy of Geoeconomics: Europe in a Changing World. Cham: 1-27. DOI: https://doi.org/10.1007/978-3-031-01968-5_1.

Balanyá, Belén u.a. (2020): The Hydrogen Hype: Gas Industry Fairy Tale or Climate Horror Story? Corporate Europe Observatory u.a. URL: https://corporateeurope.org/, Zugriff: 14.6.2022.

Berghoff, Hartmut (2017): Shades of Green: A Business-History Perspective on Eco-Capitalism. In: Ders. / Rome, Adam (Hg.): Green Capitalism? Business and the Environment in the Twentieth Century. Philadelphia: 13-32. https://doi.org/10.9783/9780812293883-009.

Brand, Ulrich / Wissen, Markus (2013): Strategien einer Green Economy, Konturen eines grünen Kapitalismus: Zeitdiagnostische und forschungsprogrammatische Überlegungen. In: Atzmüller, Roland u.a. (Hg.): Fit für die Krise? Perspektiven der Regulationstheorie. Münster: 132-148.

Buckel, Sonja u.a. (2014): Historisch-materialistische Politikanalyse. Die Operationalisierung materialistischer Staatstheorie für die empirische Forschung. In: Forschungsgruppe Staatsprojekt Europa (Hg.): Kämpfe um Migrationspolitik: Theorie, Methode und Analysen kritischer Europaforschung. Bielefeld: 43-59. DOI: https://doi.org/10.14361/transcript.9783839424025.43.

Bumpus, Adam G., / Liverman, Diana M. (2011): Carbon colonialism? Offsets, Greenhouse Gas Reductions and Sustainable Development. In: Peet, Richard u.a. (Hg.): Global Political Ecology. London/New York: 203-224.

Candeias, Mario (2023): Wir leben in keiner offenen Situation mehr. In: Zeitschrift LuXemburg (20.8.2023). URL: https://zeitschrift-luxemburg.de/, Zugriff: 13.4.2024.

eurodad / Counter Balance (2022). The Emperor's New Clothes. What's new about the EU's Global Gateway? URL: https://counter-balance.org/, Zugriff: 7.5.2024.

Foster, John B. (2002): Capitalism and Ecology. The Nature of the Contradiction. In: Monthly Review 54(4): 6-16. DOI: https://doi.org/10.14452/MR-054-04-2002-08_2.

Gabor, Daniela (2023): The (European) Derisking State [Preprint]. DOI: https://doi.org/10.31235/osf.io/hpbj2.

– / Sylla, Ndongo Samba (2023): Derisking Developmentalism: A Tale of Green Hydrogen. In: Development and Change 54(5): 1169-1196. DOI: https://doi.org/10.1111/dech.12779.

Gertz, Geoffrey / Evers, Miles M. (2020): Geoeconomic Competition: Will State Capitalism Win? In: The Washington Quarterly 43(2): 117-136. DOI: https://doi.org/10.1080/0163660X.2020.1770962.

Goldstein, Jesse (2018): Planetary Improvement: Cleantech Entrepreneurship and the Contradictions of Green Capitalism. Cambridge.

Gulick, John (2011): The Long Twentieth Century and Barriers to China's Hegemonic Accession. In: Journal of World-Systems Research 17(1): 4-38. DOI: https://doi.org/10.5195/JWSR.2011.426.

Howarth, Robert W. / Jacobson, Mark Z. (2021): How green is blue hydrogen? In: Energy Science & Engineering 9(10): 1676-1687. DOI: https://doi.org/10.1002/ese3.956.

IEA (International Energy Agency) (2023a): Global Hydrogen Review 2023. URL: https://iea.blob.core.windows.net/, Zugriff: 30.9.2023.

– (2023b): World Energy Outlook 2023. URL: https://iea.blob.core.windows.net/, Zugriff: 10.5.2024

IRENA (International Renewable Energy Agency) (2024a): Geopolitics of the energy transition: Energy security. URL: https://www.irena.org/, Zugriff: 3.5.2024.

– (2024b): Tracking COP28 outcomes: Tripling renewable power capacity by 2030. URL: https://www.irena.org/, Zugriff: 29.4.2024.

Kalt, Tobias u.a. (2023): Between green extractivism and energy justice: Competing strategies in South Africa's hydrogen transition in the context of climate crisis. In: Review of African Political Economy 50(177-178): 302-321. DOI: https://doi.org/10.1080/03056244.2023.2260206.

Kenis, Anneleen / Lievens, Matthias (2015): The Limits of the Green Economy: From Re-inventing Capitalism to Repoliticising the Present. London/New York. DOI: https://doi.org/10.4324/9781315769707.

Krüger, Timmo (2014): Das Hegemonieprojekt der ökologischen Modernisierung und antagonistische Artikulationen in der internationalen Klimapolitik. In: Bemmann, Martin u.a. (Hg.): Ökologische Modernisierung: Zur Geschichte und Gegenwart eines Konzepts in Umweltpolitik und Sozialwissenschaften. Frankfurt/M.

Lipietz, Alain (1985): Akkumulation, Krisen und Auswege aus der Krise: Einige methodische Überlegungen zum Begriff der »Regulation«. In: PROKLA 15(58): 109-137. DOI: https://doi.org/10.32387/prokla.v15i58.1158.

– (1992): Towards a New Economic Order: Postfordism, Ecology and Democracy. Cambridge.

Luttwak, Edward N. (1999): The Theory and Practice of Geo-Economics. In: Ders.: Turbo-Capitalism. Winners and Losers in the Global Economy. New York: 127-151.

McNamara, Kathleen R. (2023): The Politics of European Industrial Policy: How a Post-Neoliberal Shift Is Transforming the European Union. Draft presented to GRIPE. URL: https://gripe.polisci.ucla.edu/, Zugriff: 20.7.2023.

Meyer, Robinson (2022). The Climate Economy Is About to Explode. In: The Atlantic (5.10.2022). URL: https://www.theatlantic.com/, Zugriff: 8.12.2022.

Moore, Jason W. (2015): Capitalism in the Web of Life: Ecology and the Accumulation of Capital. London/New York.

Müller, Tadzio (2024): 3 Gründe, warum Tesla und der Elektrokapitalismus nicht das Klima schützen. In: Friedliche Sabotage (14.3.2024). URL: https://steadyhq.com/, Zugriff: 27.4.2024.

O'Connor, James (1998): The Second Contradiction of Capitalism. In: Ders.: Natural Causes. Essays in Ecological Marxism. New York/London: 158-177.

OECD (2011): Towards Green Growth. URL: http://www.oecd.org/, Zugriff: 9.8.2013.

Parrique, Timothée u.a. (2019): Decoupling Debunked. Evidence and arguments against green growth as a sole strategy for sustainability. URL: https://eeb.org/library/, Zugriff: 20.3.2020.

Peters, Glen P. u.a. (2011): Growth in emission transfers via international trade from 1990 to 2008. In: Proceedings of the National Academy of Sciences 108(21): 8903-8908. DOI: https://doi.org/10.1073/pnas.1006388108.

Rueda, Ismael Arciniegas u.a. (2023). Will China's green energy push threaten the West's hydrogen plans? (2.4.2023). The Hill. URL: https://thehill.com/, Zugriff: 10.11.2023.

Sander, Hendrik (2023). Zum Potenzial eines grünen Kapitalismus: Sozial-ökologische Hegemonieprojekte in der Vielfachkrise. In: PROKLA 213 53(4): 745-764. DOI: https://doi.org/10.32387/prokla.v53i213.2079.

Thiele, Lasse (2020): The Prospects of »Green« Capitalism: Systemic Accumulation and Cost Re-Externalizations in the Green Economy [Dissertation]. DOI: https://doi.org/10.17169/REFUBIUM-27677.

Tittor, Anne (2023): Postfossiler Extraktivismus? Die Vervielfältigung sozial-ökologischer Konflikte im Globalen Süden durch Dekarbonisierung. In: PROKLA 210 53(1): 77-98. DOI: https://doi.org/10.32387/prokla.v53i210.2040.

UNEP [United Nations Environment Programme] (2011). Towards a Green Economy: Pathways to Sustainable Development and Poverty Eradication. URL: https://www.unep.org/, Zugriff: 18.10.2016.
Vadén, Tere u.a. (2020): Decoupling for ecological sustainability: A categorisation and review of research literature. In: Environmental Science & Policy 112: 236-244. DOI: https://doi.org/10.1016/j.envsci.2020.06.016.
Victor, Peter A. / Jackson, Tim (2012): A Commentary on UNEP's Green Economy Scenarios. Ecological Economics 77: 11-15. DOI: https://doi.org/10.1016/j.ecolecon.2012.02.028
Wanner, Thomas (2015): The New »Passive Revolution« of the Green Economy and Growth Discourse: Maintaining the »Sustainable Development« of Neoliberal Capitalism. In: New Political Economy 20(1): 21-41. DOI: https://doi.org/10.1080/13563467.2013.866081.
Weltbank (2012): Inclusive Green Growth: The Pathway to Sustainable Development. URL: http://siteresources.worldbank.org/, Zugriff: 7.3.2013.
Zeller, Christian (2023): Fossile Gegenoffensive – Grüner Kapitalismus ist nicht in Sicht. In: emanzipation 7(2): 1-32.

PROKLA 216 | 54. Jahrgang | Nr. 3 | September 2024 | S. 411-430
https://doi.org/10.32387/prokla.v54i216.2137

Lorena Herzog*

Öffentliche Garantien für den ökologischen Umbau?

Marktbasierte Finanzierung und die Rolle der Entwicklungsbanken im grünen Industrieplan der Europäischen Kommission

Zusammenfassung: Im Beitrag wird das Investitionsprogramm InvestEU analysiert, mit dem die Europäische Kommission private Investitionen in den ökologischen Umbau der europäischen Industrie lenken möchte. Das Programm ist Ausdruck eines zunehmend dominanten Modus staatlicher Intervention, der auf *Derisking* und marktbasierte Finanzierungsinstrumente setzt und zu einer stärkeren Verflechtung staatlicher Akteure mit dem privaten Finanzsektor führt. Mit der Analyse von InvestEU zeige ich, dass die Derisking-Strategie mit schwacher politischer Steuerung und verminderter Rechenschaftspflicht einhergeht, und daher ungeeignet ist, um zu einer sozial- und ökologisch-gerechten Transformation europäischer Industrie beizutragen.

Schlagwörter: Derisking, Entwicklungsbanken, Marktbasierte Finanzierung, Industriepolitik, Ökologische Transformation

Public Guarantees for the Green Transition?

Market-Based Finance and the Role of Development Banks in the European Commission's Green Industrial Transition Plan

Abstract: This article analyses the investment program InvestEU, through which the European Commission seeks to steer private investment into the ecological transformation of European industry. The program is an expression of an increasingly dominant mode of state intervention that relies on »derisking« and market-based finance and leads to a stronger entanglement between state actors and private finance. By analysing InvestEU, I show that the program's derisking strategy comes with weak policy steer and reduced accountability and is therefore ill-equipped to contribute to a socially and environmentally just transition of European industry.

Keywords: Derisking, Development Banks, Industrial Policy, Market-Based Finance, Net-Zero Transition

* **Lorena Herzog** ist wissenschaftliche Mitarbeiterin der Forschungsgruppe »Globalisierung, Arbeit und Produktion« am Wissenschaftszentrum Berlin für Sozialforschung.

Radikaler Umbruch? Der European Green Deal und die neue »grüne« Industriepolitik der EU

Das Programm der ökologischen Modernisierung, die Transformation der Infrastrukturen unseres täglichen Lebens weg von der fossilen Abhängigkeit und hin zu einem auf erneuerbaren Energieträgern basierenden »grünen Kapitalismus«, erfordert sowohl strategische Planung als auch breit angelegte Investitionen. Die umfassenden Konjunkturpakete und die Lockerung der EU-Beihilfevorschriften als Reaktion auf den wirtschaftlichen Einbruch durch die Covid-19-Pandemie und die Energiepreiskrise gelten als fiskalpolitische Kehrtwende nach Jahrzehnten europäischer Sparpolitik (Bulfone 2023). Nachdem das neoliberale Projekt der Binnen- und Kapitalmarktunion über Jahrzehnte die europäische Wirtschaftspolitik bestimmte und vertikale industriepolitische Maßnahmen verdrängte, feiert die Industriepolitik nun ein offensives Comeback (Mazzucato/Rodrik 2023). Getrieben durch den US-amerikanischen *Inflation Reduction Act* (IRA) und die wachsende Rivalität mit China, steht die »neue europäische Wirtschaftspolitik« im Zeichen geopolitischer Interessen. Dies äußert sich vor allem daran, dass die europäischen Entscheidungsträger*innen die Herausforderungen der ökologischen Transformation in einen globalen Wettlauf um Markt- und »Innovationsführerschaft« und die Kontrolle über den Zugang zu kritischen Rohstoffen übersetzen. Angesichts der jüngsten »Aufwertung von Industrie- und Infrastrukturpolitik« (Abels/Bieling 2022: 429) gilt ein Paradigmenwandel in der EU-Politik als unumstritten. Doch inwiefern stellt die neue »grüne« Industriepolitik der EU tatsächlich eine radikale Abkehr vom marktliberalen Paradigma dar?

Die Analyse des mehrjährigen Investitionsprogramms InvestEU, einem wichtigen Pfeiler des Investitionsplans zum European Green Deal (EGD) und des grünen Industrieplans der Europäischen Kommission, weckt Zweifel am vermeintlichen Paradigmenwechsel. Von den rund eine Billion Euro an Investitionen, die die Kommission bis 2030 für die ökologische Transformation der europäischen Wirtschaft mobilisieren möchte, sollen rund ein Drittel aus dem privaten Finanzsektor stammen (Europäische Kommission 2020b). Öffentliche Mittel, so die Kommission, »können private Investitionen *mobilisieren*, werden aber nicht ausreichen, um den Investitionsbedarf zu decken« (Europäische Kommission 2023b: 17; Hervorhebung L.H.). Für die Aktivierung privater Investor*innen für die Ziele des EGD setzt die Kommission auf eine Reihe von anreizbasierten Maßnahmen. Dem Investitionsförderungsprogramm InvestEU (2021–2027; EU 2021/523) kommt dabei eine entscheidende Rolle zu: Das Programm verfolgt das Ziel, durch eine EU-Haushaltsgarantie in Höhe von rund 26 Milliarden Euro über 372 Milliarden Euro in überwiegend privaten Investitionen zu mobilisieren (ebd.). Diese Investitionen sollen vor allem der ökologischen Transformation der europäischen Industriezweige und der Entwicklung und Bereitstellung von »netto-null Technologien« (Europäische Kommission 2023b: 2) zugutekommen. Die heterodoxe Ökonomin Daniela Gabor (2021, 2023) bezeichnet diese Strategie als *Derisking*: Der Staat federt Investitionsrisiken für private Investor*innen ab und steigert so die Attraktivität von ausgewählten Investitionsvorhaben. Die Kommission wirbt für ihre Derisking-Strategie[1] als Chance, das allgemeine Investitionsniveau zu steigern und Investitionen gezielt in politisch gewünschte Projekte zu lenken, ohne den öffentlichen Haushalt stark zu belasten (DG for Internal Market 2023). Kritiker*innen des Derisking dagegen weisen darauf hin, dass Verluste privater Investor*innen vergemeinschaftet werden, ohne dass dies auch im gleichen Maße für die Gewinne gilt (Gabor 2023; Griffith-Jones/Naqvi 2021).

Im folgenden Beitrag wird die Derisking-Strategie der Europäischen Kommission im Rahmen eines bislang wenig beachteten Pfeilers ihres grünen Industrieplans, dem Investitionsprogramm InvestEU analysiert. Durch die empirische Analyse des InvestEU-Programms werden die Implikationen der hierin verfolgten Derisking-Strategie aufgezeigt: infrastrukturelle Verflechtungen mit dem privaten Finanzsektor, kompromittierte politische Steuerung, verminderte Rechenschaftspflicht und das Risiko der Subventionierung von Gewinnen des Finanzsektors. Auf dieser Grundlage argumentiere ich, dass der durch InvestEU verfolgte Derisking-Ansatz nicht nur ungeeignet ist, um ökologische Ziele zu erreichen und zu einer sozial- und ökologisch-gerechten Transformation der europäischen Industrie beizutragen, sondern auch zu einer Umverteilung öffentlicher Mittel zugunsten des privaten Finanzsektors führt. Damit trage ich dazu bei, InvestEU als Ausdruck der voranschreitenden Finanzialisierung und Technokratisierung europäischer Wirtschafts- und Industriepolitik zu verorten, die mehr einer Fortschreibung neoliberaler Politik als einem Bruch mit ihr entspricht.

Hierfür verorte ich InvestEU in jüngsten Debatten über Derisking (Gabor 2021, 2023) als zentrale Strategie des »Europäischen Investorenstaats« (Lepont/Thiemann 2024; Mertens/Thiemann 2019). Darauf aufbauend skizziere ich den Aufstieg von Derisking und die Rolle von Entwicklungsbanken als Vehikel europäischer Wirtschaftspolitik in den Jahren nach der globalen Finanzkrise und analysiere das InvestEU-Programm: Auf Grundlage relevanter

1 Die Verwendung des Begriffs Derisking ist hier nicht zu verwechseln mit der jüngsten Verwendung des Begriffs im Zusammenhang mit Debatten um eine Verringerung der wirtschaftlichen und geopolitischen Abhängigkeit insbesondere von China (European Commission 2023).

Policy-Dokumente wie Strategiepapieren, Gesetzestexten, Leitlinien, Presseerklärungen, Reports und Protokollen[2] untersuche ich das Design, die Governance-Strukturen und Instrumente des Investitionsprogramms InvestEU, um die daraus entstehenden Beziehungen zwischen (semi-)staatlichen und privaten (Finanz-)Akteuren offenzulegen und abschließend die Widersprüche und Konflikte aufzuzeigen, die sich daraus für die Politik des industriellen Übergangs und der ökologischen Transformation ergeben.[3]

Der Aufstieg des Derisking als Instrument wirtschaftspolitischer Steuerung

Unter den »Spielarten der Interaktion zwischen Staat und Kapital« (Cooiman 2023: 2) sticht in den letzten Jahren ein Modus staatlicher Intervention besonders hervor: der Einsatz von öffentlichen Garantien und komplexen Risikoteilungsvereinbarungen, um privates Kapital auf Basis von Anreizen in den Dienst öffentlicher politischer Ziele zu stellen (Golka 2023). Mit dieser Praxis, die als Derisking bezeichnet wird, versuchen Regierungen in den USA und Europa zunehmend, den Investitionsbedarf der ökologischen Transformation zu decken (Gabor 2023; Gabor/Braun 2023). In der noch jungen Debatte zum Derisking stechen zwei Beiträge hervor, die jeweils konzeptionelle Vorschläge unterbreiten: Daniela Gabors Konzept des »Derisking-Staats« und dessen Verortung im »Wall Street Konsensus« sowie die Arbeiten von Ulrike Lepont, Daniel Mertens und Matthias Thiemann zum »Europäischen Investorenstaat« (Lepont/Thiemann 2024) beziehungsweise »Investment-Staat« (Mertens/Thiemann 2019), die im Folgenden skizziert werden.

Gabor (2021) verortet den »Derisking-Staat« innerhalb eines Sets aus dominanten wirtschaftspolitischen Ideen und Praktiken, die sie als Wall-Street-Konsensus bezeichnet und vom ehemals dominanten »Washington-Konsensus« abgrenzt, der Jahrzehnte der Deregulierung von Handels- und Kapitalströmen prägte. Sie führt die Ursprünge des Derisking-Staats auf die Infrastruktur-Politik internationaler Organisationen gegenüber dem Globalen Süden zurück, in der sie eine wachsende Dominanz öffentlicher Partnerschaften mit dem privaten Finanzsektor (sogenannte *private-public partnerships* (PPPs)) beobachtet (ebd.; Elsner u.a. 2022). PPPs verfolgen das Ziel aus risikoreichen

2 Die Daten stammen aus EUR-Lex, der Online-Datenbank des Amtsblatts der EU, dem Amt für Veröffentlichungen der EU, den Presse- und Publikationsbereichen der offiziellen Websites der Europäischen Kommission und der EIB-Gruppe sowie der offiziellen InvestEU-Website (https://investeu.europa.eu).
3 Direkte Zitate aus englischsprachigen Publikationen wurden, von begründeten Ausnahmen abgesehen, von mir ins Deutsche übersetzt.

Infrastrukturprojekten »investierbare«, sprich risikosichere Kapitalanlagen zu schaffen, die attraktiv für private Investor*innen sind. Anstelle von klassischen Krediten finanzieren sie sich durch die Ausgabe von Wertpapieren, mit der Konsequenz, dass öffentliche Güter in »investier- und handelbare« Vermögenswerte überführt werden (ebd; Simon 2021). Im Kontext von PPPs ist Derisking eine gängige Praxis: Mittels Garantien, Bürgschaften und anderer Instrumente nehmen staatliche Akteure Einfluss auf die Risiko-/Renditeprofile der Wertpapiere, um ihre Attraktivität und Profitabilität für private Investor*innen zu steigern (ebd.).

Darüber hinaus beinhaltet die Agenda des Wall Street-Konsensus auch die Umgestaltung lokaler Finanzsysteme im Globalen Süden entlang der Erfordernisse marktbasierter Finanzierung und den Bedürfnissen privater Investor*innen (Gabor 2021). Marktbasierte Finanzpraktiken, die auch als *Schattenbankwesen* bezeichnet werden, beinhalten nicht-bankbasierte Formen der Kreditvergabe über Aktien- und Anleihenmärkte und Verbriefungen. Eine Verbriefung (»securitization«) beschreibt den Vorgang, »bei dem Eigentumsrechte oder (künftige) Zahlungsströme in handelbare Wertpapiere verwandelt werden« (Simon 2021: 324). Als Formen der »Vermarktlichung von Finanzintermediation« (Braun 2020: 396) gelten diese Praktiken als wesentliche Triebkräfte der Finanzialisierung.[4] Marktbasierte Kreditvergabe und Sekundärmärkte standen im Zentrum der Subprime-Hypothekenkrise von 2007 und gelten als Quelle der Instabilität des Finanzsystems. Nur wenige Jahren nach der globalen Finanzkrise erfuhren jedoch eben diese Formen der marktbasierten Finanzpraktiken eine Rehabilitierung (ebd.). Insbesondere die Europäische Kommission förderte marktbasierte Finanzierung gezielt im Rahmen ihrer Kapitalmarktunion (Braun u.a. 2018) und strebte damit an, das Wirtschaftswachstum anzuregen, ohne die eigenen Prinzipien der Haushaltskonsolidierung aufgeben zu müssen (Mertens/Thiemann 2018).[5]

Der Derisking-Staat zeichnet sich nicht nur dadurch aus, dass er marktbasierte Finanzpraktiken fördert und günstige Bedingungen für (institutionelle) Investor*innen schafft. Vielmehr geht es bei diesem Modus staatlicher Intervention darum, Kooperationen mit privaten Finanzakteuren einzugehen und privates Kapital in den Dienst von Policy-Zielen zu stel-

4 Finanzialisierung beschreibt das Phänomen der wachsenden Bedeutung des Finanzsektors für strukturelle Trends im zeitgenössischen Kapitalismus. Verschiedene Stränge in der Literatur über Finanzialisierung heben dabei unterschiedliche Aspekte und Erscheinungsformen auf der Mikro-, Meso- und Makroebene hervor (Mader u.a. 2020).

5 Eine weitere Erklärung für die schnelle Rehabilitierung der marktbasierten Finanzpraktiken fokussiert auf die Abhängigkeit der Europäischen Zentralbank von den Schattengeldmärkten als eine wichtige »Governance-Infrastruktur« (Braun 2020).

len (Lepont/Thiemann 2024). Analog zum Derisking-Staat beschreibt das Konzept des Investorenstaat die Konfiguration, in der der Staat seine primäre Aufgabe in der »Lenkung und Kanalisierung privater Mittel« (ebd.: 2) sieht und (industrie-)politische Ziele durch marktbasierte Instrumente und »Risikominderungstechniken« (ebd.) verfolgt. Diese Instrumente entsprechen in ihrer Ausgestaltung und Wirkung dem, was Gabor als Derisking bezeichnet (Mertens/Thiemann 2018, 2019). Derisking-Interventionen unterscheiden sich stark von klassischen industriepolitischen Werkzeugen wie Freibeträgen, Steuergutschriften, Beschaffungshilfen und anderen Formen direkter Zuschüsse (Bulfone 2023; Warwick 2013). Sie verfolgen nicht nur das Ziel, mit einem minimalen Einsatz öffentlicher Mittel möglichst große Multiplikatoreffekte bei der Mobilisierung privater Investitionen zu erzielen, sondern gar eine mögliche Einnahmequelle für den öffentlichen Haushalt mittels Garantiegebühren, Zinsen und Dividenden schaffen (Griffith-Jones/Naqvi 2021).

Für die praktische Umsetzung von Derisking-Programmen arbeiten politische Entscheidungsträger*innen eng mit Entwicklungsbanken und öffentlichen Finanzinstituten zusammen, die wiederum Kooperationen mit dem privaten Finanzsektor eingehen. Hierfür haben Entwicklungsbanken ihren Tätigkeitsbereich, der traditionell darin bestand, Darlehen und Kredite zu Förderbedingungen bereitzustellen, um eine breite Palette an marktbasierten Finanzierungsformen, wie (Quasi-)Kapitalbeteiligungen,[6] Anleihen, Verbriefungen, Garantien und Risikoteilungsvereinbarungen erweitert (Mertens/Thiemann 2018; Mertens u.a. 2021). Die Einführung neuer, marktbasierter Instrumente in der europäischen Wirtschaftspolitik führt nicht nur dazu, dass die Kommission immer stärker auf das Fachwissen und die organisationalen Kapazitäten der mit der Umsetzung betrauten Entwicklungsbanken angewiesen ist und diese eine zunehmend einflussreiche Rolle in der europäischen Wirtschaftspolitik spielen (ebd.; Mertens/Thiemann 2019); sie bedeutet auch eine immer stärkere Verflechtung von staatlichen Institutionen, Akteuren und Programmen mit dem privaten Finanzsektor.

6 Quasi-Eigenkapitalbeteiligungen, auch Mezzanine-Beteiligungen genannt, sind hybride Finanzierungen, die sowohl Elemente von Eigenkapital als auch von Fremdkapital enthalten. Quasi-Eigenkapitalbeteiligungen sind in der Regel als unbesicherte und nachrangige Schulden strukturiert, weshalb sie als risikoreicher gelten als normale Fremdfinanzierungen, aber weniger riskant sind als herkömmliche Eigenkapitalbeteiligungen. Schulden in eigenkapitalähnlichen Anlagen sind oft in Eigenkapital wandelbar, zum Beispiel durch Vorzugsaktienoptionen oder Wandelanleihen (fi-compass 2024).

InvestEU und die Derisking-Partnerschaft zwischen Kommission, Entwicklungsbanken und dem privaten Finanzsektor

Derisking-Strategien sind keine Neuheit in der europäischen Wirtschaftspolitik, sondern finden seit den Jahren nach der globalen Finanz- und Eurokrise verstärkt Einsatz (Griffith-Jones/Naqvi 2021; Mertens u.a. 2021). Durch außerbilanzielle Instrumente wie Garantien und PPPs (Endrejat 2024) umging die Europäische Kommission in den Nachkrisenjahren ein wesentliches Dilemma: Während sich das Investitionsniveau in der europäischen Wirtschaft nur langsam erholte (European Commission 2015), standen die europäische Konsolidierungs- und Austeritätspolitik den dringend notwendigen Stimuli-Programmen im Weg (Lepont/Thiemann 2024). Vor diesem Hintergrund waren Entwicklungsbanken der Kommission ein wichtiges Vehikel, um mit begrenzten Haushaltsmitteln wirtschaftspolitische Ziele zu erreichen (Mertens/Thiemann 2018; 2019). Dadurch intensivierte sich die Zusammenarbeit der Kommission mit den Entwicklungsbanken, insbesondere der Europäischen Investitionsbank (EIB), die einen wesentlichen Beitrag zum Aufstieg marktbasierter und finanzialisierter Instrumente in der europäischen Wirtschafts- und Industriepolitik leisteten (ebd.).

Insbesondere die *Investitionsoffensive für Europa*, die die Juncker-Kommission als »ehrgeizigen und neuen Weg zur Ankurbelung von Investitionen ohne die Aufnahme neuer Schulden« (European Commission 2014) bezeichnete, markierte einen Wendepunkt: Das Programm reflektiert eine Verlagerung weg von direkten Zuschüssen als wirtschaftspolitischem Instrument der Wahl und hin zu diversen Formen von »*repayable finance*«, die dem neuen »finanzialisierten Zeitalter unter der Herrschaft der Austerität« (Mertens u.a. 2021: 23) entsprachen. Als Vorgänger-Programm von InvestEU verfolgte der Juncker-Plan eine typische Derisking-Strategie: Unter dem Motto »doing more with less« (European Investment Bank 2020: 1) sollte die EIB durch Risikoteilungsvereinbarungen mit dem privaten Finanzsektor »Crowding-In« betreiben und so aus dem minimalen Einsatz öffentlicher Mittel eine maximale Hebelwirkung erzielen (Griffith-Jones/Naqvi 2021).

Mit InvestEU hat die von-der-Leyen-Kommission das Nachfolgeprogramm des Juncker-Plans geschaffen und es an den Zielen der neuen grünen Industriepolitik ausgerichtet. InvestEU ist ein zentrales Element des EGD-Investitionsplans und soll mehr als ein Drittel der angekündigten eine Milliarde Euro mobilisieren, um den Übergang zur Klimaneutralität zu unterstützen (Europäische Kommission 2020a, 2020b). Auch in der EU-Strategie zur Dekarbonisierung der europäischen Industrie (»grüner Industrieplan«) wird InvestEU als wesentliche Antwort auf den Finanzierungsbedarf des grünen

Wandels auf EU-Ebene genannt. Das Programm tritt in die Fußstapfen des Juncker-Plans, unterscheidet sich jedoch darin, dass es nicht nur einen Beitrag zur wirtschaftlichen Erholung leisten soll, sondern auch zum strukturellen Wandel: InvestEU soll nicht nur »Europas Erholung nach der Pandemie« unterstützen, sondern vor allem den »grünen und digitalen Übergang« (European Commission 2022: 1) beschleunigen, indem es Investitionen in industrielle Innovationen und klimaneutrale Technologien lenkt.

Entstehungskontext und Policy-Ziele von InvestEU

Das Programm InvestEU wurde im März 2021 etabliert und wird durch den mehrjährigen EU-Finanzrahmen und dem Wiederaufbaufonds NextGenerationEU finanziert (European Commission 2022). Als »Flaggschiff-Instrument der Union zur *Katalyse* privater Investitionen in Policy-Bereiche der EU durch rückzahlbare Finanzmittel« (DG for Internal Market 2023: 37; Hervorhebung L.H.) verfolgt das Programm eine typische Derisking-Strategie: Anstatt Unternehmen direkte Mittel wie Darlehen oder Zuschüsse zur Verfügung zu stellen, erteilt es den beteiligten Entwicklungsbanken eine Garantie für die Übernahme von finanziellen Risiken, durch die risikoreiche Investitionen für den privaten Finanzsektor mitigiert werden sollen. Der Derisking-Ansatz von InvestEU entspringt der Vorstellung, Investitionen in den Übergang zur Klimaneutralität müssten aufgrund ihres hohen Risikoprofils attraktiver gestaltet werden, um so das Investitionsniveau in strategische Technologien, Infrastruktur und Innovationen zu steigern:

> »Einige für den Übergang erforderliche Investitionen bergen ein zu hohes Risiko, als dass es vom privaten Sektor allein getragen werden könnte. Hier können öffentliche Mittel gezielt eingesetzt werden, um das Risiko von Projekten zu verringern und private Finanzierungen zu mobilisieren.« (Europäische Kommission 2020b: 8)

Die Europäische Kommission ordnet die vermeintlich *zu hohen* Risiken im Zusammenhang mit Investitionen in den grünen Umbau als »Marktversagen« (Europäische Kommission 2021b: 10) ein, das in Einhaltung neoklassischer Prinzipien staatliches Eingreifen legitimiert. Indem die Risikoprofile ausgewählter Anlagen verändert werden, sollen Preissignale korrigiert und Investitionen in wichtige Technologien und Infrastrukturen »investierbar« gemacht werden (Gabor 2023). So sollen Vorhaben unterstützt werden, die ohne staatliche Hilfe erschwerten oder keinen Zugang zu Finanzierungen hätten und somit das Kriterium der »Zusätzlichkeit« erfüllen (EU 2021/523: Art. 14(1a)). Gleichzeitig sollen nur Projekte gefördert werden, die als »wirtschaftlich tragfähig« (EU 2021/1078: Abschnitt 2.2) gelten, sprich Aussicht auf Profitabilität haben (EU 2021/1702). Da gerade die Profimaximierung wesentlicher Treiber ökologischer Degradierung ist, steht diese Anforderung in Konflikt zu den ökologischen und sozialen Policy-Zielen des Programms.

Trotz des zentralen Stellenwerts, den der EGD-Investitionsplan InvestEU zuschreibt, sind die ökologischen Zielvorgaben des Programms bescheiden: In drei von vier Politikfeldern,[7] die das Programm adressiert, müssen lediglich 30 Prozent der unterstützten Investitionen zu den Klimazielen der EU beitragen (DG for Internal Market 2023). Ausschließlich im Bereich nachhaltige Infrastruktur, der mit rund 38 Prozent der Gesamtgarantie ausgestattet ist, sollen mindestens 60 Prozent der Investitionen zu den »Klima- und Umweltzielen der Union« (EU 2021/523: Art. 8(8), Anhang I) beitragen. Darüber hinaus sind Vorhaben, »die nicht mit den Klimaschutzzielen vereinbar sind« (EU 2021/523: Art. 8(5)) im Rahmen von InvestEU nicht förderfähig. Die Nachhaltigkeitsberichterstattung von InvestEU (Europäische Kommission 2021a) orientiert sich allerdings weitestgehend an der neuen EU-Taxonomie (EU 2020/852). Diese ermöglicht trotz umfassender Kritik, dass Investitionen in Erdgas oder Nuklearenergie als »grün« einstuft werden, und zementiert so weit verbreitete Greenwashing-Praktiken im Finanzwesen (Bonse 2022).

Kernelemente und Funktionsweise des Programms

Das InvestEU-Programm besteht aus drei Elementen: erstens dem *InvestEU-Fonds*, der die EU-Garantie verwaltet; zweitens dem *InvestEU-Advisory Hub*, das Beratung und technische Unterstützung bei der »Entwicklung investitionswürdiger Projekte« (EU 2021/523: Art. 1) anbietet und für die Entwicklung einer steten Projektpipeline an Investitionsprojekten verantwortlich ist (ebd.: Abs. 56); sowie drittens dem InvestEU-Portal, das als Datenbank und Plattform für Projektträger*innen und Investor*innen dient (ebd.). Ausgestattet mit einer EU-Garantie von rund 26 Milliarden Euro soll InvestEU im Zeitraum von sieben Jahren (2021–2027) über 372 Milliarden Euro an öffentlichen und zumeist privaten Investitionen mobilisieren (European Commission 2022; EU 2021/523).

InvestEU gehört zu den rund zehn Prozent der EU-finanzierten Programme im EU-Haushalt 2021–2027, die indirekt, sprich von externen Durchführungspartnern, implementiert werden (EU 2021/523: Art. 6(1), 13(1)).[8] Für die

7 Diese sind erstens nachhaltige Infrastruktur, zweitens Forschung, Innovation und Digitalisierung, drittens kleine und mittlere Unternehmen (KMU) und viertens soziale Investitionen und Kompetenzen (EU 2021/523 Art. 8(1a-d)).

8 Der größte Teil der EU-Programme, nämlich 70 Prozent, wird im Rahmen der geteilten Mittelverwaltung zwischen der EU und den Mitgliedstaaten umgesetzt, Programme unter direkter EU-Verwaltung machen 20 Prozent aus (European Commission 2024).

Umsetzung des Programms sind derzeit 14 europäische Entwicklungsbanken und Finanzinstitute beauftragt. Sie bilden das zentrale Bindeglied zwischen den EU-Institutionen und dem privaten Finanzsektor und sind dafür zuständig, die Garantie als Hebel einzusetzen, um in direkten und indirekten Operationen weitere Investitionen zu mobilisieren. Darüber hinaus identifizieren, beraten und betreuen sie Unternehmen und Projekte, die im Rahmen von InvestEU gefördert werden sollen. Die wichtigste Durchführungspartnerin von InvestEU ist die EIB-Gruppe, die 75 Prozent (19,61 Milliarden Euro) der InvestEU-Garantie verwaltet und sich verpflichtet hat, das Programm mit weiteren 4,9 Milliarden Euro ihres Eigenkapitals zu unterstützten (EU 2021/523: Art. 13(4)). Zur EIB-Gruppe gehört neben der EIB auch der 1994 gegründete Europäische Investitionsfonds (EIF), der auf Risikofinanzierungen für KMU spezialisiert ist. Im Gegensatz zur EIB, die vollständig in öffentlicher Hand ist, hat der EIF neben der Kommission und der EIB, die gemeinsam eine Mehrheit der Anteile halten, noch weitere 40 öffentliche und private Anteilseigner*innen. Die übrigen 25 Prozent der EU-Garantie stehen den anderen InvestEU-Durchführungspartnern zur Verfügung (EU 2021/523: Art. 13(5)).

Abbildung 1: Institutionelle Ebenen und Investitionskette von InvestEU

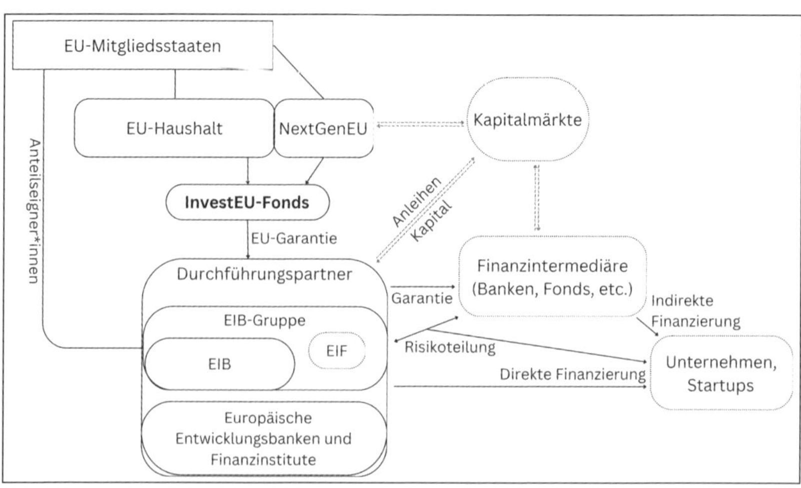

Quelle: Eigene Darstellung, angelehnt an Cooiman 2023: 6f.

Der InvestEU-Fonds dient im Kern als »Garantiefazilität zur Verringerung des Investitionsrisikos« (DG for Internal Market 2023: 26). Die bereitgestellte Garantie erhöht die Risikotragfähigkeit der beteiligten Durchführungspartner und ermöglicht es ihnen, risikoreichere Finanzierungen und Investitionen zu tätigen, das Gesamtvolumen ihrer Geschäfte zu vergrößern und mittels Risikoteilungsvereinbarungen weitere, externe Investor*innen zu mobilisieren (siehe Abb. 1). Eine Haushaltsgarantie ist eine rechtliche Verpflichtung, die ausschließlich bei Eintritt bestimmter Ereignisse, wie Kreditausfall fällig wird (EU 2018/1046: Art. 2(9)). Um mit der 26-Milliarden-Euro-Garantie und den Kapitalbeiträgen der Durchführungspartner (weitere rund 6,5 Milliarden Euro) den angestrebten Multiplikatoreffekt von 11.4 zu erzielen, können diese ihren Teil der EU-Garantie auf Kapitalmärkten refinanzieren (interner Multiplikator). Die EIB erhält hierfür aufgrund ihres Triple-A-Ratings günstige Bedingungen auf den Kapitalmärkten (European Investment Bank 2024). Neben Direktfinanzierungen setzen die Durchführungspartner die EU-Garantie in Ko- und Mischfinanzierungen unter der Beteiligung öffentlicher und privater Finanzintermediäre und Zwischenstrukturen wie kommerzieller Banken, Private-Equity-Gesellschaften und Wagniskapitalfonds ein oder sichern die Finanzierungen oder Investitionen Dritter ab (EU 2021/523: Art. 16(1b); EU 2021/1078: Sekt. 2.3.1). Der EIF stellt beispielsweise Kapital für Risikokapitalfonds zur Verfügung, die Beteiligungen an KMU erwerben, und setzt dafür seinen Teil der Garantie ein (Cooiman 2023). Dadurch soll das Gesamtvolumen getätigter Finanzierungen und Investitionen in den angestrebten Policy-Bereichen gesteigert werden (externer Multiplikator).

Governance-Architektur

Die an InvestEU beteiligten Entwicklungsbanken und Finanzinstitute haben weitreichenden Einfluss auf die Regelsetzungs-, Aufsichts- und Steuerungsprozesse des Programms. Für die Aufsicht darüber, wie die EU-Garantie im Rahmen von InvestEU verwendet wird, wurde eine eigene Governance-Architektur errichtet, die aus drei Hauptorganen besteht: dem Investitionsausschuss, dem Lenkungsausschuss und dem Beratungsausschuss.[9] Die Durch-

9 Der Beratungsausschuss setzt sich zusammen aus einer Vertreterin jedes Durchführungspartners, einem Vertreter jedes EU-Mitgliedsstaates und jeweils einer vom Wirtschafts- und Sozialausschuss und dem Ausschuss der Regionen ernannten Expertin (EU 2021/523: Art. 20). Den Vorsitz führt eine Vertreterin der Europäischen Kommission; die EIB stellt den stellvertretenden Vorsitz (ebd.). Der Lenkungsausschuss besteht aus vier Vertreter*innen der Europäischen Kommission, drei Vertreter*innen der EIB-Gruppe, zwei Vertreter*innen der übrigen Durchführungspartner und einem nicht stimmberechtigten Mitglied des Europäischen Parlaments (EU 2021/523: Art. 21). Im Investitionsausschuss schließlich sitzen zwölf externe Sachverständigen, die in vier unterschiedlichen Formationen aus jeweils sechs Sachverständigen tagen. Die Kommission ernennt die Mitglieder »auf Empfehlung des Lenkungsausschuss [sic!]« (EU 2021/523: Art. 24 (2)) und für eine

führungspartner sind sowohl im Lenkungsausschuss, der die »strategischen und operativen Leitlinien« des Programms festlegt, als auch im Beratungsausschuss, der Kommission und Lenkungsausschuss zu Finanzprodukten und Marktentwicklungen beraten soll, stark vertreten (EU 2021/523: Art. 20-24). Im Lenkungsausschuss stellen sie sogar eine Mehrheit (fünf von neun stimmberechtigten Mitgliedern). Besonders bemerkenswert ist auch, dass sowohl die Investitionsleitlinien und die Bewertungsmatrix zur Auswahl der Projekte als auch die Richtlinien zur Nachhaltigkeitsprüfung (Europäische Kommission 2021a), die der Arbeit des Investitionsausschusses zugrunde liegen, von der Generaldirektion für Wirtschaft und Finanzen *in Zusammenarbeit* mit der EIB-Gruppe und weiteren Durchführungspartnern entwickelt wurden (EU 2021/1078: Abs. 5; EU 2021/523: Art. 8(9), 11(1b)). Darin spiegelt sich die Mehrfachrolle der beteiligten Entwicklungsbanken und Finanzinstitute als Durchführungspartner *und* regelsetzende und lenkende Akteure. Diese Praxis zeugt von schwachen *checks and balances.* Dies wird dadurch verschärft, dass die Berichte des Investitionsausschusses an das Europäische Parlament und den Rat nicht öffentlich sind (InvestEU Steering Board 2023), sodass das Programm weitestgehend unter Ausschluss der Öffentlichkeit durchgeführt wird.

Im Investitionsausschuss entscheiden externe Sachverständige auf Basis der Investitionsleitlinien darüber, welche der von den Durchführungspartnern vorgeschlagenen Finanzierungen und Investitionen durch die EU-Garantie unterstützt werden sollen (ebd.: Art. 22, 24). Als Grundlage dient dabei eine von Kommission und Durchführungspartnern entwickelte Bewertungsmatrix, die neben den Kriterien für das Vorliegen eines »Marktversagens« und der Zusätzlichkeit der Finanzierung, Aufschluss über das Finanzprofil des Vorhabens und dessen »Finanzierungs- bzw. Investitionsauswirkungen« (EU 2021/1702: Anhang 1.1) geben soll. Neben den Auswirkungen auf Wirtschaft, Wachstum und Beschäftigung (ebd.: Anhang 2.5) soll hierbei auch eine Nachhaltigkeitsprüfung stattfinden, die etwaige positive Effekte auf »Klima, Umwelt und/oder Soziales« (ebd.) erfassen soll. Allerdings sieht das Programm vor, dass Projekte unterhalb eines Gesamtvolumens von zehn Millionen Euro grundsätzlich von der Nachhaltigkeitsprüfung befreit sind, was mit der »Verhältnismäßigkeit« und »unnötigem Verwaltungsaufwand« (Europäische Kommission 2021a: 1.1; 1.3) begründet wird. Darüber hinaus haben die Durchführungspartner die Möglichkeit, auch bei größeren Vorhaben auf die Nachhaltigkeitsprüfung zu verzichten, wenn sie begründen, dass von

Laufzeit von vier Jahren. Die Sachverständigen sollen über »umfangreiche einschlägige Markterfahrung mit der Strukturierung und Finanzierung von Projekten« (ebd.) verfügen.

den vorgeschlagenen Projekten keine Auswirkungen auf die drei Nachhaltigkeitsdimensionen ausgehen (ebd.). Dies unterstreicht, dass der erwartete Beitrag zu ökologischen und sozialen Zielen eine eher randständige Rolle bei der Auswahl der Projekte spielt, die durch InvestEU gefördert werden.

Auffällig ist zudem, dass die finanzielle Unterstützung im Rahmen von InvestEU nach der erstmaligen Prüfung an keinerlei Bedingungen geknüpft ist, obwohl Formen der (Ex-post-)Konditionalität nachweislich entscheidend für das staatliche Steuerungs- und Disziplinierungsvermögen im Rahmen industriepolitischer Programme sind (Mazzucato/Rodrik 2023). Finanzintermediäre, Unternehmen und Projekte, die von der EU-Garantie profitieren, haben zwar Berichterstattungspflichten, werden jedoch »bedingungslos« gefördert und müssen keine vordefinierten Ziele erreichen. Die Kommission behält sich ausschließlich vor, »die von den Durchführungspartnern vorgelegten Projekte regelmäßig gemeinsam mit den Durchführungspartnern [zu] überprüfen« (EU 2021/1078: Sekt. 2.3.2.1) und »einen engen Dialog« (ebd.) mit den beteiligten Finanzinstituten und Förderbanken zu etablieren. Dieser Modus der Koordinierung weist nicht nur einen stark informellen Charakter auf, dem es sowohl an Transparenz als auch an Rechenschaftspflicht mangelt. Er lässt auch offen, über welche Mechanismen sichergestellt wird, dass die geförderten Parteien die Policy-Ziele von InvestEU ausreichend umsetzen.

Finanzierungsformen und Risikoteilung

Die InvestEU-Durchführungspartner haben die Möglichkeit, die EU-Garantie für Direktfinanzierungen zu nutzen, dürfen dabei allerdings maximal 50 Prozent der Gesamtprojektkosten tragen (EU 2021/1078, Sekt. 2.3.1). Dies impliziert, dass unter InvestEU ausschließlich Vorhaben geförderten werden können, an deren Finanzierung sich auch kommerzielle Finanzinstitute beteiligen. Der Schwerpunkt der Aktivitäten im Rahmen von InvestEU liegt auf indirekten Finanzierungsoperationen, Ko- und Mischfinanzierungen. Hierbei ist (die Aussicht auf) Rentabilität eine zentrale Voraussetzung, um private Kapitalgeber*innen zu gewinnen, und schränkt den Pool der förderungsfähigen Vorhaben im Vorhinein ein (Cooiman 2023). Damit weicht das Programm nicht nur das eigene Ziel auf, unterfinanzierte Projekte zu fördern und entsprechend dem Kriterium der Zusätzlichkeit zur »finanziellen Inklusion« beizutragen, sondern verwehrt Vorhaben mit geringer Gewinnerwartung die Unterstützung, unabhängig davon, welchen gesellschaftlichen oder ökologischen Mehrwert diese bieten (Golka u.a. 2023).

Der Schwerpunkt von InvestEU liegt auf Finanzierungen, die ein hohes Risikoprofil aufweisen und die deswegen im Rahmen des Programms als besonders förderungsbedürftig gelten. In der Argumentation der Kommission reflektieren hohe Risikoprofile »Marktversagen, das die Finanzierung von nachhaltiger Infrastruktur und einen innovationsgetriebenen Übergang behindert« (Europäische Kommission 2021b: 12) und erfordern daher staatliche Derisking-Interventionen. Die Investitionsleitlinien sehen explizit vor, dass die Durchführungspartner »nachrangige Positionen« in Finanzierungs- und Anlagegeschäften einnehmen sollen, die ein höheres Risikoprofil ausweisen als »private Finanzakteure eingehen können bzw. *einzugehen bereit sind*« (EU 2021/1702: Anlage I; Hervorhebung L.H.). Im Rahmen von indirekten Finanzierungen können die InvestEU-Durchführungspartner bis zu 80 Prozent des finanziellen Risikos eines Finanzierungs- oder Investitionsvorgangs absorbieren, während die beteiligten externen Finanzintermediäre nur 20 Prozent des Risikos selbst tragen müssen (EU 2021/1078: Sekt. 2.3.1). Die dabei angewendeten Techniken zur Absorption von Investitionsrisiken weisen häufig ein »Wasserfallprinzip der Risikoallokation« (Mertens/Thiemann 2018: 194) auf: Die Durchführungspartner erwerben die risikoreiche First-Loss-Tranche, gewähren Garantien für die Übernahme der mit Blick auf Risiko und Profite im mittleren Bereich anzusiedelnden Mezzanine-Tranche und stellen die risikoärmste Senior-Tranche privaten Investor*innen zur Verfügung (ebd.). Dadurch schaffen sie auf Kosten des EU-Haushalts subventionierte Investitionsmöglichkeiten für private Finanzintermediäre.

Wie bereits im Vorgängerprogramm fördert InvestEU Vorhaben mit hohen Risikoprofilen, unabhängig davon, ob diese in der Realökonomie verankert sind oder dem Design der Finanzinstrumente geschuldet sind (Griffith-Jones 2021; Griffith-Jones/Naqvi 2021). Neben den in der InvestEU-Verordnung festgelegten Finanzprodukten,[10] haben die Durchführungspartner die Möglichkeit, sogenannte »thematische Finanzprodukte« mit höheren Risikoprofilen vorzuschlagen, »die eine höhere EU-Garantiedeckung aufgrund einer asymmetrischen, begrenzten oder nicht vorhandenen Risikoteilung mit dem Durchführungspartner erfordern« (EU 2021/1078: Sekt. 2.3.2.2). Im Rahmen des Lenkungsausschusses haben sich die Durchführungspartner jüngst dafür ausgesprochen, die Bereitstellungsquote für risikoreichere Finanzprodukte zu erhöhen und die Berichterstattungsanforderungen zu reduzieren (InvestEU Steering Board 2024). Hierin spiegelt sich, dass die Entwicklungsbanken nicht nur wesentliche Treiber und Befürworter des Einsatzes finanzialisierter Instrumente im Rahmen von EU-Programmen sind (Mertens/Thiemann

10 Gemäß der InvestEU-Verordnung (EU 2021/523) sind folgende Operationen förderungsfähig: »Darlehen, Bürgschaften, Rückbürgschaften, Kapitalmarktinstrumente, andere Finanzierungsformen oder Instrumente zur Verbesserung der Kreditqualität, einschließlich nachrangiger Fremdkapitalfinanzierungen, oder Eigenkapital- oder Quasi-Eigenkapitalinvestitionen« (ebd.: Art. 16(1a)).

2019), sondern auch die Berichterstattungspflicht für beteiligte Finanzinstitute möglichst gering halten möchten.

Bei der Risikobewertung der durch InvestEU geförderten Operationen stützt sich die Europäische Kommission in hohem Maße auf die EIB, die der Kommission Risikobewertungen und Prognosen für das Gesamtportfolio und die Zusammenarbeit mit einzelnen Durchführungspartnern zur Verfügung stellt (EU 2021/523: Art. 11(1b, iv, v)). Die EIB-Gruppe ist nicht nur maßgeblich für die Umsetzung von InvestEU zuständig, sondern fungiert auch als technokratische »Risikomanager[in]« (Lepont/Thiemann 2024: 5), die die Exponiertheit des EU-Haushalts gegenüber potenziellen Forderungen (das Ausfallrisiko) überwacht. Durch die Vergabe von Garantien und den Einsatz von Finanzinstrumenten entstehen sogenannte »Eventualverbindlichkeiten«, die nur bei Eintritt bestimmter Ereignisse (Kreditausfall etc.) fällig werden. Eventualverbindlichkeiten werden in der Bilanzierung ausgeklammert, belasten bei Zahlungsausfall jedoch unmittelbar den EU-Haushalt. Der Einsatz außerbilanzieller Instrumente hat in den Jahren nach der Finanz- und Eurokrise deutlich zugenommen (Endrejat 2024). Stand Ende 2022 belaufen sich die außerbilanziellen Eventualverbindlichkeiten der EU auf rund 312 Milliarden Euro; davon 206 Milliarden Euro im Zusammenhang mit der Kreditvergabe aus EU-Mitteln und 106 Milliarden Euro aus der Vergabe von EU-Garantien (Europäische Kommission 2023a: 2ff., 9). Zum Vergleich: Die Gesamtausgaben des EU-Haushalts beliefen sich 2022 auf nur rund 170 Milliarden Euro.[11] Gegenüber dem Vorjahr sind vor allem die Eventualverbindlichkeiten aus der Garantievergabe erheblich gestiegen. Die Zunahme um 76 Prozent kann vor allem auf die neu entstandenen Verpflichtungen im Rahmen von InvestEU zurückgeführt werden (Europäische Kommission 2023a: 2ff., 9). Die Eventualverbindlichkeiten aus der Kreditvergabe stiegen dagegen im selben Zeitraum nur um 26 Prozent (ebd.).

Diese Tendenz deutet darauf hin, dass öffentliche Garantien eine wachsende Rolle in der europäischen Industriepolitik spielen, und hat wesentliche Implikationen: Entwicklungsbanken setzen EU-Garantien in Derisking-basierten Programmen ein, die marktbasierte Finanzierungsformen fördern. Die Analyse der Vergabepraktiken im Rahmen von InvestEU zeigt, dass sich die Kommission durch ihre hebelorientierte Derisking-Strategie abhängig von privaten Finanzakteuren macht und letzteren so die Oberhand bei der Gestaltung der Beziehungen gewährt (siehe auch Cooiman 2023; Gabor 2023). Mit InvestEU werden öffentliche Mittel dafür eingesetzt, finanzielle Risiken für private Investor*innen zu absorbieren und so deren Profite zu subventionieren, während der gesellschaftliche Mehrwert des Programms fraglich

11 https://commission.europa.eu/.

bleibt. Die komplexen Finanzprodukte und indirekten Investitionsketten unter InvestEU erschweren die Transparenz und Kontrolle über den Beitrag geförderter Projekte zu den Politikzielen des Programms. Zudem enthält InvestEU keine Formen der (Ex-post-)Konditionalität, bei der Anreize oder die künftige Förderfähigkeit vom Erreichen bestimmter Ergebnisse abhängig gemacht werden (Mazzucato/Rodrik 2023). In Zeiten der Klimakrise wären jedoch gerade solche Instrumente, die die Steuerungs- und Disziplinierungskapazität des Staates gegenüber privatem Kapital schärfen, von besonderer Wichtigkeit, um die ökologische Transformation zu bewältigen.

Radikaler Bruch oder neoliberale Fortschreibung im grünen Gewand?

Die Untersuchung des InvestEU-Programms als wichtigem Bestandteil des grünen Industrieplans der Europäischen Kommission hat gezeigt, wie die hierbei verfolgte Derisking-Strategie die Rolle der beteiligten Entwicklungsbanken und den Einsatz von marktbasierten Finanzierungsinstrumenten prägt. Derisking muss als eine spezifische Form der staatlichen Intervention verstanden werden, die die Beziehungen zwischen Staat und Kapital zunehmend strukturiert und verändert (Gabor 2021, 2023; Gabor/Braun 2023; Lepont/Thiemann 2024). Die Idee, politische Ziele in Zusammenarbeit mit der privaten Finanzwirtschaft anreizbasiert zu verfolgen, bildet den Kern des Derisking-/Investoren-Staats (ebd.). InvestEU versucht, die Attraktivität von Investitionen in strategischen Politikbereichen wie nachhaltige Infrastruktur und KMU zu erhöhen, indem externen Investor*innen eine öffentliche Garantie gewährt wird. Förderbanken, insbesondere die EIB, sind primär verantwortlich für die Umsetzung des Programms und die Nutzung der Garantie zur Mobilisierung zusätzlicher Investitionen.

Aufgrund der Zielsetzung von InvestEU, mittels der EU-Garantie eine maximale Hebelwirkung zu erzielen und dabei besonders risikoreiche Vorhaben zu fördern, läuft das Programm Gefahr, Investitions- und Finanzierungsoperationen zu fördern, die primär aufgrund ihres Designs und ihrer asymmetrischen Risikoallokation ein hohes Maß an finanziellem Risiko aufweisen. Der Rückgriff auf Techniken der Risikoteilung, mit denen private Investitionen eingeworben werden sollen, kommt vor allem dem privaten Finanzsektor zugute und wirft Probleme für die politische Steuerungs- und Disziplinierungsfähigkeit auf. Dabei strebt InvestEU genau die Art von politischen Zielen an, die staatliches Disziplinierungsvermögen voraussetzt, da sie sich von den Interessen des privaten Kapitals unterscheiden: InvestEU soll einen Beitrag zur Transformation hin zu einer klimaneutralen und ressourceneffizienteren Wirtschaft leisten, setzt diesen Anspruch allerdings nicht überzeugend um.

Mit der Analyse von InvestEU wurde ein zunehmend technokratischer Politikbereich beleuchtet, der in der Öffentlichkeit wenig Beachtung findet. Das Programm spielt nicht nur eine führende Rolle innerhalb der grünen Industriestrategie der EU, sondern strukturiert auch die Zusammenarbeit der Kommission mit der EIB, anderen Entwicklungsbanken und dem privaten (Finanz-)Sektor. Durch InvestEU wird die interinstitutionelle Zusammenarbeit zwischen diesen öffentlichen und privaten Akteuren gestaltet und institutionalisiert sowie Pfadabhängigkeiten für zukünftige Programme und Partnerschaften geschaffen. Das Programm spiegelt den wachsenden Einfluss nicht gewählter Entscheidungsträger*innen nicht nur auf die Geldpolitik, sondern zunehmend auch auf fiskalpolitische Bereiche. Es zeugt nicht nur von der zunehmenden Technokratisierung europäischer Wirtschaftspolitik, sondern zweifellos auch von laufenden Tendenzen der Finanzialisierung.

Die genaue Betrachtung von InvestEU weckt Zweifel am vermeintlichen Paradigmenwechsel der EU: Während die Kommission das Programm als zentralen Pfeiler des EGDs verkauft, zeugt das Programm doch von weitläufigen Kontinuitäten entlang der politischen Leitplanken der Juncker-Kommission.[12] In der Tradition europäischer Sparpolitik reproduziert InvestEU einen problematischen *private-first*-Konsens, der die Steuerungsfähigkeit der EU einschränkt und sie auf die Rolle der Dienstleisterin für die Privatwirtschaft reduziert. Anstatt sich auf die Idee zu beschränken, »Marktversagen zu korrigieren« und mittels Derisking auf Basis komplexer Risikoteilungsarrangements den privaten Finanzsektor zu subventionieren, wäre die Kommission besser beraten, die Zusammenarbeit mit der EIB und weiteren Entwicklungsbanken wieder stärker auf das Kernsegment öffentlicher Förderbanken zu richten: die Bereitstellung langfristiger und subventionierter Darlehen und Zuschüsse für Projekte, die einen substantiellen Beitrag zu einer sozial-ausgeglichenen ökologischen Transformation leisten, ohne dabei primär kommerziellen Profitinteressen zu folgen (Golka u.a. 2023). Mit InvestEU, wie auch mit dem EGD in seiner Gesamtheit, verfolgen europäische Entscheidungsträger*innen primär das Ziel »grünes« Wachstum zu fördern und reproduzieren damit bestehende Herrschafts- und Naturverhältnisse.

12 Dabei sollte angemerkt werden, dass InvestEU nur ein Element der EGD-Strategie darstellt und durch weitere Programme wie beispielsweise den EU-Fonds für einen »gerechten Übergang« ergänzt wird, die weniger stark auf Finanzintermediäre setzen und stattdessen traditionelle Instrumente wie Zuschüsse nutzen. Allerdings mangelt es dem *Just Transition Fund*, wie dem EGD-Vorhaben generell, an der nötigen finanziellen Ausstattung um den zahlreichen Herausforderungen der Klimakrise angemessen zu begegnen (Lepont/Thiemann 2024).

Literatur

Abels, Joscha / Bieling, Hans-Jürgen (2022): Jenseits des Marktliberalismus? Europäische Industrie- und Infrastrukturpolitik im Zeichen neuer globaler Rivalitäten. In: PROKLA 208 52(3): 429-449. DOI: https://doi.org/10.32387/prokla.v52i208.2004.

Bonse, Eric (2022): Neue EU-Verordnung. Ökolabel für Atom- und Gaskraft. In: taz (6.7.2022). https://taz.de/, Zugriff: 9.7.2024.

Braun, Benjamin (2020): Central banking and the infrastructural power of finance: the case of ECB support for repo and securitization markets. In: Socio-Economic Review 18(2): 395-418. DOI: https://doi.org/10.1093/ser/mwy008.

– / Gabor, Daniela / Hübner, Marina (2018): Governing through financial markets: Towards a critical political economy of Capital Markets Union. In: Competition & Change 22(2): 101-116. DOI: https://doi.org/10.1177/1024529418759476.

Bulfone, Fabio (2023): Industrial policy and comparative political economy: A literature review and research agenda. In: Competition & Change 27(1): 22-43. DOI: https://doi.org/10.1177/10245294221076225.

Cooiman, Franziska (2023): The limits of derisking. (Un)conditionality in the European green transformation. In: Competition & Change: OnlineFirst. DOI: https://doi.org/10.1177/10245294231224137.

DG for Internal Market, Industry, Entrepreneurship and SMEs (2023): Investment needs assessment and funding availabilities to strengthen EU's Net-Zero technology manufacturing capacity SWD(2023)68. Brüssel (23.3.2023). URL: https://single-market-economy.ec.europa.eu/, Zugriff: 9.7.2024

Elsner, Carsten u.a. (2022): Room for money or manoeuvre? How green financialization and de-risking shape Zambia's renewable energy transition. In: Canadian Journal of Development Studies / Revue canadienne d'études du développement 43(2): 276-295. DOI: https://doi.org/10.1080/02255189.2021.1973971.

Endrejat, Vanessa (2024): Off-balance-sheet policies to the rescue: The role of statistical expertise for European public–private partnerships. In: Competition & Change 28(3-4): 515-535. DOI: https://doi.org/10.1177/10245294241245512.

EU 2018/1046: Verordnung (EU, Euratom) des Europäischen Parlaments und des Rates vom 18. Juli 2018 über die Haushaltsordnung für den Gesamthaushaltsplan der Union [...]. URL: http://data.europa.eu/, Zugriff: 22.7.2024.

EU 2020/852: Verordnung des Europäischen Parlaments und des Rates vom 18. Juni 2020 über die Einrichtung eines Rahmens zur Erleichterung nachhaltiger Investitionen und zur Änderung der Verordnung (EU) 2019/2088. URL: http://data.europa.eu/, Zugriff: 22.7.2024.

EU 2021/523: Verordnung des Europäischen Parlaments und des Rates vom 24. März 2021 zur Einrichtung des Programms »InvestEU« und zur Änderung der Verordnung (EU) 2015/1017. URL: http://data.europa.eu/, Zugriff: 22.7.2024.

EU 2021/1078: Delegierte Verordnung der Kommission vom 14. April 2021 zur Ergänzung der Verordnung (EU) 2021/523 des Europäischen Parlaments und des Rates und zur Festlegung der Investitionsleitlinien für den InvestEU-Fonds. URL: http://data.europa.eu/, Zugriff: 22.7.2024

EU 2021/1702: Delegierte Verordnung der Kommission vom 12. Juli 2021 zur Ergänzung der Verordnung (EU) 2021/523 des Europäischen Parlaments und des Rates durch Festlegung zusätzlicher Elemente und detaillierter Vorschriften für die InvestEU-Bewertungsmatrix. URL: http://data.europa.eu/, Zugriff: 22.7.2024.

Europäische Kommission (2020a): Der Investitionsplan für den europäischen Grünen Deal und der Mechanismus für einen gerechten Übergang. Brüssel (14.1.2020). URL: https://ec.europa.eu/, Zugriff: 9.7.2024.

– (2020b): Investitionsplan für ein zukunftsfähiges Europa. Investitionsplan für den europäischen Grünen Deal. COM (2020)21. URL: https://eur-lex.europa.eu/, Zugriff: 9.7.2024.

- (2021a): Bekanntmachung der Kommission. Technischer Leitfaden für die Nachhaltigkeitsprüfung im Rahmen des Fonds »InvestEU«. 2021/C 280/01. URL: https://eur-lex.europa.eu/, Zugriff: 9.7.2024.
- (2021b): Strategie zur Finanzierung einer nachhaltigen Wirtschaft. COM (2021)390. URL: https://eur-lex.europa.eu/, Zugriff: 9.7.2024.
- (2023a): Bericht der Kommission an das Europäische Parlament und den Rat über Finanzierungsinstrumente, Haushaltsgarantien, finanziellen Beistand und Eventualverbindlichkeiten. COM (2023)683. URL: https://eur-lex.europa.eu/, Zugriff: 9.7.2024.
- (2023b): Ein Industrieplan zum Grünen Deal für das klimaneutrale Zeitalter. COM (2023)62. URL: https://eur-lex.europa.eu/, Zugriff: 9.7.2024.

European Commission (2014): EU launches Investment Offensive to boost jobs and growth. URL: https://ec.europa.eu/, Zugriff: 9.7.2024.
- (2015): Delivery of €315 billion Investment Plan on track: Commission presents law for the European Fund for Strategic Investments. URL: https://ec.europa.eu/, Zugriff: 9.7.2024.
- (2022): European Commission and EIB Group sign InvestEU agreements unlocking billions for investment across the European Union. URL: https://ec.europa.eu/, Zugriff: 9.7.2024.
- (2023): Speech by President von der Leyen on EU-China relations to the Mercator Institute for China Studies and the European Policy Centre. URL: https://ec.europa.eu/, Zugriff: 9.7.2024.
- (2024): Funding by management mode. URL: https://commission.europa.eu/, Zugriff: 9.7.2024.

European Investment Bank (2020): The European Fund for Strategic Investments: the legacy. URL: https://www.eib.org/, Zugriff: 9.7.2024.
- (2024): Investor Relations Presentation. 1.3.2024. URL: https://www.eib.org/, Zugriff: 9.7.2024.

fi-compass (2024): Financial Instruments Glossary. URL: https://www.fi-compass.eu/, Zugriff: 9.7.2024.

Gabor, Daniela (2021): The Wall Street Consensus. In: Development and Change 52(3): 429-459. DOI: https://doi.org/10.1111/dech.12645.
- (2023): The (European) Derisking State. In: Stato e mercato, Rivista quadrimestrale 1/2023: 53-84. DOI: https://doi.org/10.1425/107674.
- / Braun, Benjamin (2023): Green macrofinancial regimes. In: SocArXiv (5.10.2023). DOI: https://doi.org/10.31235/osf.io/4pkv8.

Golka, Philipp (2023): Impact investing and the politics of leverage: towards a meso-level perspective on derisking. In: SocArXiv (14.11.2023). DOI: https://doi.org/10.31235/osf.io/9uvzw.
- / Murau, Steffen / Thie, Jan-Erik (2023): Public Sustainable Finance: von nachhaltigen Finanzmärkten zur sozialökologischen Transformation. In: Vierteljahrshefte zur Wirtschaftsforschung 92(1): 97-112. DOI: https://doi.org/10.3790/vjh.92.1.97.

Griffith-Jones, Stephany (2021): Promoting Investment in the European Union, Evaluating the Juncker Plan. In: De Souza Guilherme, Bettina u.a. (Hg.): Financial Crisis Management and Democracy: Lessons from Europe and Latin America. Cham: 323-335. DOI: https://doi.org/10.1007/978-3-030-54895-7_21.
- / Naqvi, Natalya (2021): Leveraging Policy Steer? Industrial Policy, Risk-Sharing, and the European Investment Bank. In: Mertens, Daniel / Thiemann, Matthias / Volberding, Peter (Hg.): The Reinvention of Development Banking in the European Union: Industrial Policy in the Single Market and the Emergence of a Field. Oxford: 90-113. DOI: https://doi.org/10.1093/oso/9780198859703.003.0004.

InvestEU Steering Board (2023): InvestEU Steering Board. Minutes of the meeting held on 25 November 2022. SB 2023/1 (6.3.2023). URL: https://investeu.europa.eu/, Zugriff: 9.7.2024.
- (2024): InvestEU Steering Board. Minutes of the meeting held on 26 October 2023. SB 2024/1 (5.2.2024). URL: https://investeu.europa.eu/, Zugriff: 9.7.2024.

Lepont, Ulrike / Thiemann, Matthias (2024): The European Investor State: Its characteristics, genesis, and effects. In: Competition & Change 28(3-4). DOI: https://doi.org/10.1177/10245294231215481.

Mader, Ohilip / Mertens, Daniel / van der Zwan, Natascha (2020): Financialization: An Introduction. In: Dies. (Hg.): International Handbook of Financialization. London: 1-16. DOI: https://doi.org/10.4324/9781315142876-1.

Mazzucato, Mariana / Rodrik, Dani (2023): Industrial Policy with Conditionalities. A Taxonomy and Sample Cases. In: UCL Institute for Innovation and Public Purpose Working Paper 2023-07. URL: https://www.ucl.ac.uk/, Zugriff: 9.7.2024.

Mertens, Daniel / Thiemann, Matthias (2018): Market-based but state-led: The role of public development banks in shaping market-based finance in the European Union. In: Competition & Change 22(2): 184-204. https://doi.org/10.1177/1024529418758479.

– (2019): Building a hidden investment state? The European Investment Bank, national development banks and European economic governance. In: Journal of European Public Policy 26(1): 23-43. DOI: https://doi.org/10.1080/13501763.2017.1382556.

– / Volberding, Peter (2021): Introduction: The Making of the European Field of Development Banking. The Reinvention of Development Banking in the European Union: Industrial Policy in the Single Market and the Emergence of a Field. Oxford.

Simon, Jenny (2021): Verbriefung. In: PERIPHERIE 2(162-163): 324-327. DOI: https://doi.org/10.3224/peripherie.v41i2-3.09.

Warwick, Ken (2013): Beyond Industrial Policy. Emerging Issues and New Trends. In: OECD Science, Technology and Industry Policy Papers No. 2. DOI: https://doi.org/10.1787/5k4869clw0xp-en.

PROKLA 216 | 54. Jahrgang | Nr. 3 | September 2024 | S. 431-450
https://doi.org/10.32387/prokla.v54i216.2134

Tobias Haas • Alina Brad • Etienne Schneider*

Mit CCS zur Klimaneutralität?

Die Renaissance einer umstrittenen Technologie

Zusammenfassung: Bis 2045 soll Deutschland klimaneutral sein. Ein zentraler Baustein dafür ist in den Klimaneutralitätsszenarien *Carbon Capture and Storage* (CCS). CCS erfährt heute breite Unterstützung aus verschiedenen Industriezweigen und soll nach Plänen der Ampelkoalition ein wichtiger Baustein der deutschen Klimapolitik werden. Wir analysieren mittels der historisch-materialistischen Policy-Analyse (HMPA) die Auseinandersetzungen um die Etablierung dieser Technologie und ihre Renaissance. Unsere These ist, dass der Umgang mit CCS und schwer vermeidbaren Emissionen ein Schlüsselkonflikt in der Transformation zur Klimaneutralität ist. Hierbei geht es auch um die Frage, inwiefern mit CCS Formen der Naturbeherrschung auf eine neue Stufe gehoben werden, um Wirtschaftswachstum mit der anvisierten Klimaneutralität kompatibel zu machen.

Schlagwörter: Carbon Management, Deutschland, historisch-materialistische Policy-Analyse, Klimapolitik, Restemissionen

Towards Climate Neutrality with CCS?

The Renaissance of a Controversial Technology

Abstract: Germany aims to be climate-neutral by 2045. Carbon capture and storage (CCS) is a central component of the related scenarios for achieving climate neutrality. CCS now enjoys broad support from various branches of industry and is set to become a key building block of Germany's climate policy according to the plan of the traffic light coalition. We use historical-materialist policy analysis (HMPA) to analyse

* **Tobias Haas** arbeitet am Forschungsinstitut für Nachhaltigkeit – Helmholtz Zentrum Potsdam (RIFS) zu CO_2-Entnahme im Rahmen des BMBF-geförderten Projekts CDRSynTra (Förderkennzeichen: 01LS2101E). Er ist Mitglied der Redaktion der PROKLA. | **Alina Brad** forscht zur Integration von Technologien zur Entnahme von CO_2 aus der Atmosphäre (*carbon dioxide removal*) in die EU-Klimapolitik am Institut für Politikwissenschaft der Universität Wien. | **Etienne Schneider** ist Politikwissenschaftler am Institut für Internationale Entwicklung der Universität Wien und arbeitet zu *carbon dioxide removal* an der Schnittstelle von Industrie- und Klimapolitik.

the debates surrounding the establishment of this technology and its renaissance. We argue that the approach to CCS and hard-to-abate emissions constitutes a key conflict in the transformation towards climate neutrality. This also addresses the questions to which extent CCS takes forms of dominating nature to a new level in order to make economic growth compatible with the envisaged climate neutrality.

Keywords: Carbon Management, Climate Policy, Germany, Historical-Materialist Policy Analysis, Residual Emissions

International hat sich als neues Leitprinzip der Klimapolitik durchgesetzt, Netto-Null-Treibhausgasemissionen zu erreichen. Die Bundesrepublik Deutschland strebt gemäß dem Klimaschutzgesetz das Netto-Null-Ziel bis 2045 an. In diesem Zusammenhang rückt zunehmend die Frage in den Vordergrund, wie mit sogenannten schwervermeidbaren Emissionen umzugehen ist, etwa mit Methanemissionen aus der Landwirtschaft oder Prozessemissionen aus der Zement- oder Stahlproduktion. Die Diskussion über Technologien zur Abscheidung und Speicherung von CO_2 (*Carbon Capture und Storage*, CCS) sowie zur Abscheidung und Nutzung von CO_2 (*Carbon Capture and Utilization*, CCU) als ein zentraler Baustein für die Erreichung von Klimaneutralität erlebt vor diesem Hintergrund eine Renaissance – auch in Deutschland (Schenuit u.a. 2023).

Diese Entwicklung ist durchaus bemerkenswert, da CCS in Deutschland in den 2000er-Jahren auf massiven Widerstand traf und die Technologie nicht weiter erprobt wurde (Donnermeyer 2020). So sprach sich unter anderem Robert Habeck in seiner Zeit als Landespolitiker in Schleswig-Holstein gegen CCS aus. Im Februar 2024 verkündete Habeck, inzwischen Bundesminister für Wirtschaft und Klimaschutz, im Rahmen der Vorstellung der Eckpunkte der *Carbon Management Strategie* (CMS), des Referentenentwurfs zur Novellierung des Kohlendioxidspeicherungsgesetzes (KSPG) und der Eckpunkte der Langfriststrategie »Negativemissionen zum Umgang mit unvermeidbaren Restemissionen«: »CCS und CCU sollen in Deutschland ermöglicht werden. Sonst sind die Klimaziele unmöglich zu erreichen. Die Technologie ist auch wichtig für die Wettbewerbsfähigkeit unseres Industriestandorts Deutschland. Ein Verzicht darauf würde uns Wettbewerbsnachteile verschaffen und uns teuer zu stehen kommen« (BMWK 2024a). Dementsprechend soll zukünftig auch in Deutschland, offshore unter der Nordsee, Kohlendioxid gespeichert werden. Vorgestellt hat er die Vorhaben gemeinsam mit Dominik von Achten, dem Vorstandsvorsitzenden von Heidelberg Materials (vormals Heidelberg Zement), und Ottmar Edenhofer, dem Leiter des Potsdam-Instituts für Klimafolgenforschung (PIK).

Der vorliegende Beitrag fragt nach den polit-ökonomischen Determinanten für diesen Kurswechsel. Während CCS von den Befürworter*innen als objektiv notwendige, letztlich unvermeidbare Technologie zur Erreichung der Klimaneutralität betrachtet und von den Kritiker*innen kategorisch abgelehnt wird, birgt die bislang unterbelichtete Frage, wie CCS ausgerollt wird, erhebliches Konfliktpotenzial. So kann das Versprechen, CCS könne fossile Energieträger »dekarbonisieren«, das Vorhaben eines Ausstiegs aus fossilen Brennstoffen unterlaufen oder zumindest erheblich verzögern. Entscheidend ist hierbei insbesondere die Frage, welche Kapitalfraktionen (Öl- und Gasindustrie, Schwerindustrie etc.) Zugang zu den (letztlich begrenzten) geologischen Speicherstätten und den noch zu errichtenden Transportinfrastrukturen bekommen, welche im Umkehrschluss davon ausgeschlossen werden und wer die Kosten für die Erschließung der Speicherstätten und die Infrastrukturentwicklung trägt.

Um die Renaissance von CCS zu erklären, bedient sich unsere Analyse der historisch-materialistischen Policy-Analyse (HMPA) (Brand u.a. 2022). Das Anliegen der HMPA ist, Politiken – in unserem Falle die deutsche Carbon-Management-Strategie – vor dem Hintergrund der konkurrierenden und widersprüchlichen Interessen sozialer Kräfte und kapitalistischer Krisentendenzen zu verstehen. Der Fokus der Analyse richtet sich auf besonders umkämpfte politische Prozesse beziehungsweise Schlüsselkonflikte, anhand derer sich die Positionierung, Strategien und Interessenlagen von Akteuren möglichst umfassend rekonstruieren und die Verdichtung der Auseinandersetzungen in Policy-Prozessen analysieren lassen. Hierzu legt die HMPA einen Dreischritt von Kontext-, Akteurs-, und Prozessanalyse nahe.

Entlang dieses Dreischritts ist der Artikel folgendermaßen gegliedert: In den beiden folgenden Abschnitten werden im Rahmen der Kontextanalyse zunächst die historische Entwicklung der internationalen CCS-Diskussion und der erste gescheiterte Versuch, CCS in Deutschland zu etablieren, nachgezeichnet. Daran anknüpfend widmet sich der dritte Abschnitt den aktuellen Auseinandersetzungen. Hierzu wird zunächst der veränderte Kontext beleuchtet und danach eine Akteurs- und Prozessanalyse vorgenommen. Abschließend werden im vierten Abschnitt die zentralen Ergebnisse zusammengefasst und einige Orientierungspunkte einer kritisch-sozialwissenschaftlichen Diskussion über CCS und schwer vermeidbare Emissionen benannt.

Methodisch basiert der Beitrag auf Ansätzen der qualitativen Sozialforschung. Neben der Auswertung von Primär- und Sekundärquellen wurden im Jahr 2023 14 leitfadenbasierte Interviews mit verschiedenen Expert*innen geführt. Befragt wurden sie sowohl zu ihren Einschätzungen, warum der erste Versuch CCS, zu etablieren, scheiterte, als auch zu den aktuellen Auseinandersetzungen. Dabei wurden sowohl Vertreter*innen der Industrie als auch Mitarbeiter*innen von Think Tanks, Umweltverbänden und Parteien interviewt, um die unterschiedlichen Perspektiven auf CCS abzubilden.

1. CCS im globalen und historischen Kontext

Die Idee, Kohlenstoff unterirdisch zu speichern, um die Treibhausgaskonzentration in der Atmosphäre zu stabilisieren, hat ihre Ursprünge bereits in den 1970er-Jahren. Sie wurde als eine Form des Geoengineerings diskutiert, also als eine Form des intendierten, technischen Eingriffs in das Klimasystem mit dem Ziel, die Treibhausgaskonzentration zu stabilisieren (Marchetti 1977). Gleichwohl war CCS, wie auch das Problem des Klimawandels insgesamt, lange Zeit ein Nischenthema. Erst nach der Verabschiedung der UN-Klimarahmenkonvention in Rio de Janeiro 1992, den folgenden Weltklimakonferenzen und einer zunehmenden Politisierung des Klimawandels gewann CCS in den 2000er-Jahren verstärkte Aufmerksamkeit. Begünstigt wurde diese Entwicklung auch durch die wachsende Bedeutung von CCS in der Modellierung von Klimaszenarien. Ein wichtiger Meilenstein in der Etablierung von CCS als Klimaschutzoption war auch die Erstellung eines Sonderberichts des Weltklimarats (IPCC) zu CCS im Jahr 2005. Der Bericht bildet bis heute einen Bezugspunkt in den internationalen Klimaverhandlungen und in den Modellierungen des IPCC. Timmo Krüger (2015: 185ff.) rekonstruiert, dass die Zusammenstellung der am Sonderbericht beteiligten Wissenschaftler*innen zum einen ein deutliches Übergewicht des Globalen Nordens und insbesondere von Ländern abbildet, die sich für CCS aussprachen. Zum anderen hatte der überwiegende Teil derjenigen, die den Sonderbericht erarbeiteten, eine starke Affinität zu CCS. Entsprechend wurde das Potenzial von CCS bereits im Vorfeld der Erarbeitung des Sonderberichts sehr optimistisch eingeschätzt. In einem Scoping Paper des IPCC von 2002, das die Themenbereiche des Hauptberichts absteckt, heißt es etwa: »Carbon dioxide capture and storage is an emerging technological option with a very high mitigation potential. It has been suggested that about half the world cumulative emission to 2050 may be stored at costs comparable to other mitigation options.« (Zitiert nach Krüger 2015: 180) Auch im Bericht selbst wurde CCS ein großes Potenzial zur Eindämmung des Klimawandels beigemessen: »*In most scenarios for stabilization of atmospheric greenhouse gas concentrations [...] the economic potential of CCS would amount to 220–2,200 GtCO$_2$ (60–600 GtC) cumulatively, which would mean that CCS contributes 15–55% to the cumulative mitigation effort worldwide until 2100 [...].*« (IPCC 2005: 12; Hervorhebung im Original)

Bemerkenswert ist, dass sich die *»CCS-befürwortende Koalition«* (Krüger 2015: 20; Hervorhebung im Original) vor allem aus Ländern und Unternehmen speist, deren ökonomische Prosperität stark mit der Öl- und Gasextraktion verbunden ist. Keine andere Klimaschutzoption ist (zumindest diskursiv) so kompatibel damit, den fossilen Extraktivismus fortzusetzen, wie CCS. Dies zeigt sich auch darin, dass die ersten vier großtechnischen CCS-Anlagen (Sleipner seit 1996 und Snøhvit seit 2008 in Norwegen, In-Salah seit 2004 in Algerien und Weyburn-Midale seit 2000 in Kanada) direkt mit der Gas- oder Ölförderung verbunden sind (Krüger 2015: 164f.). Hier wird mittels der Injektion von Kohlendioxid der Druck in den Gas- oder Ölfeldern erhöht und somit das Fördervolumen vergrößert. Insofern dient CCS als Baustein einer Modernisierungsstrategie, mit der bestehende Formen der fossilistisch-kapitalistischen Naturbeherrschung und damit verbundene gesellschaftliche Macht- und Herrschaftsverhältnisse, insbesondere die zentrale Stellung der Öl- und Gasindustrie im Energiesystem und daran gekoppelter Infrastrukturen und Lebensweisen, erneuert und zugleich – zumindest dem Versprechen nach – die Klimaerwärmung eingedämmt werden sollen. Wie Nils Markusson u.a. (2012: 9) hervorheben, wurde CCS dementsprechend »most commonly conceptualised as a non-disruptive ›end-of-pipe‹ technology which allows continuity in a situation of high fossil fuel lock-in within industrialised countries«. Allerdings wäre es verkürzt, die Pro-CCS-Koalition nur auf die fossile Industrie zu reduzieren. Bereits in den 2000er-Jahren sprachen sich auch zahlreiche Klimawissenschaftler*innen für den Einsatz von CCS aus, etwa der heutige Leiter des PIK, Ottmar Edenhofer (Deutscher Bundestag 2009). Die Rolle von CCS kann folglich auch als ein Bindeglied zwischen der fossilen Industrie und klimapolitischen Akteuren interpretiert werden: »The role of CCS as a glue between the climate policy community and the fossil regime means that a heterogeneous coalition of actors with very different objectives in more or less qualified support of the technology has emerged.« (Markusson u.a. 2012: 6) Gleichwohl lässt sich festhalten, dass sich CCS in den 2000er-Jahren und auch im kommenden Jahrzehnt keineswegs durchgesetzt hat. Dies ist einerseits auf häufige Widerstände lokaler Bürgerinitiativen, Umwelt-NGOs und Klimaaktivist*innen zurückzuführen, andererseits aber auch auf die hohen Investitionskosten für die Errichtung von CCS-Anlagen und die damit verbundenen Risiken. Der Einsatz von CCS fiel somit über viele Jahre hinweg hinter die Zukunftsversprechen zurück, die auf diese Technologie projiziert wurden (Global CCS Institute 2023). Entsprechend resümierte etwa Hansson (2012: 77) rückblickend auf den CCS-Boom der 2000er-Jahre: »CCS technologies mainly exist in laboratories, small-scale pilot plants and the imaginations of developers and promoters«.

2. Das erste Scheitern von CCS in Deutschland

Im Zuge des Momentums für CCS im Kontext der globalen Klimapolitik in den 2000er-Jahren entwickelte sich auch in Deutschland eine politische Dynamik. Diese wurde wesentlich durch die EU-Ebene mitgeprägt. Mittels der EU-Richtlinie 2009/31/EG vom 23. April 2009 (EU 2009) waren die Mitgliedsstaaten angehalten, gesetzliche Regelungen für CCS zu schaffen. Zugleich wurden von der Europäischen Kommission Subventionen für Pilot- und Demonstrationsprojekte in Aussicht gestellt. Unter Hochdruck versuchte die von 2005–2009 regierende Große Koalition unter Führung von Angela Merkel zunächst noch im Sommer 2009 vor den im Herbst anstehenden Bundestagswahlen, ein CCS-Gesetz zu verabschieden. Federführend war das damals von Sigmar Gabriel (SPD) geleitete Bundesumweltministerium gemeinsam mit dem Bundesministerium für Wirtschaft. Auch das Bundesministerium für Bildung und Wissenschaft unterstützte die Entwicklung von CCS (Praetorius/von Stechow 1012: 146ff.). Ein Interviewpartner, der zu diesem Zeitpunkt dem Sachverständigenrat für Umweltfragen (SRU) angehörte, kritisierte, dass die Regierungskoalition ein Kohlendioxidspeicherungsgesetz extrem schnell verabschieden wollte. Dem SRU blieb nur eine Woche Zeit, um eine Stellungnahme zu verfassen (Interview SRU). In der Stellungnahme sprach sich der SRU für ein Gesetz aus, das die Erforschung von CCS im Rahmen von Pilotprojekten ermöglichen sollte, positionierte sich aber gegen einen schnellen Hochlauf der Technologie. Der Beirat kritisierte: »Die Verabschiedung des Gesetzentwurfes in der vorliegenden Form würde [...] einer umfassenden Abwägung gesellschaftlicher Interessen entgegenstehen und den Gestaltungsspielraum der Politik langfristig einschränken. Zudem werden die zu erwartenden Akzeptanzprobleme unterschätzt.« (SRU 2009: 4)

Im Gegensatz zu anderen Ländern wurde das CCS-Projekt in Deutschland in erster Linie von Kohleunternehmen und nicht von der Öl- und Gasindustrie vorangetrieben, da diese Rohstoffe in Deutschland nur in relativ geringem Maße gefördert werden. Die beiden zentralen Akteure waren RWE und Vattenfall, wobei das damalige RWE-Tochterunternehmen Dea in der Öl- und Gasförderung tätig war und in der Erkundung von potenziellen Speicherstätten eine wichtige Rolle spielte. RWE beabsichtigte, eine Pipeline vom Kohlekraftwerk in Hürth (Nord-Rhein-Westfalen) nach Schleswig-Holstein zu bauen und das Kohlendioxid offshore in Küstennähe zu speichern (Interviews IZ Klima, SRU). RWE und Vattenfall gründeten gemeinsam mit E.ON und EnBW und einigen Anlagenbauern im Jahr 2007 das »Informationszentrum klimafreundliches Kohlekraftwerk« (IZ Klima), das später in Informationszentrum für CO_2-Technologien umbenannt wurde. Die IZ Klima war primär darauf ausgerichtet, die gesellschaftliche Akzeptanz für CCS zu organisieren (Donnermeyer 2020: 99).

Die politischen Auseinandersetzungen um CCS verdichteten sich insbesondere um Fragen nach den Risiken der Speicherung. Diese beziehen sich in erster Linie auf die Gefahr, dass CO_2 aus Speicherstätten entweichen könnte. Das würde nicht nur dazu führen, dass die Konzentration von CO_2 in der Atmosphäre anstiege, sondern birgt auch gesundheitliche Gefahren, da Kohlendioxid schwerer als Sauerstoff ist und diesen verdrängen würde. In den für die Speicherung vorgesehenen Regionen in Brandenburg, Sachsen-Anhalt und Schleswig-Holstein bildeten sich lokale Bürgerinitiativen gegen CCS. Diese wurden von Seiten der Umwelt-NGOs – maßgeblich von Greenpeace – unterstützt, die sich kategorisch gegen CCS ausgesprochen hatten. Mittels diskursiver Konzepte wie »CO_2-Endlager« wurden Analogien zur Atommülllagerung hergestellt und laut der Kritik von CCS-Befürworter*innen die mit CCS verbundenen Gefahren massiv übertrieben (Interviews Bundesverband der Deutschen Industrie (BDI), IZ Klima).

Zugleich, so die selbstkritische Einordnung der Befürworter*innen, hätten die großen Kohlekonzerne potenzielle Ängste und Widerstände insbesondere der lokalen Bevölkerung deutlich unterschätzt und CCS in erster Linie als technisches Projekt angesehen, ohne das politische und gesellschaftliche Konfliktpotenzial hinreichend zu reflektieren (Interviews Bellona, BDI, IZ Klima). Exemplarisch dafür steht RWE, das vor der Küste Schleswig-Holsteins mittels Sprengungen potenzielle Speicherstandorte erkundete, ohne die lokale Bevölkerung darüber zu informieren. Vor diesem Hintergrund entwickelte sich in Schleswig-Holstein eine starke Protestdynamik, die auch von vielen konservativen Bürgermeister*innen mitgetragen wurde und die CDU-geführte Landesregierung unter Druck setzte, ihre Unterstützung für CCS aufzugeben (Interview SRU). Auch der Vattenfall-Manager Hartmuth Zeiß gestand in einem Zeitungsinterview auf die Frage, ob er den Widerstand gegen CCS anfangs unterschätzt habe: »Wir sind da zu sehr aus der Ingenieurssicht herangegangen. Wir sind uns sicher, dass wir das technisch leisten können, aber wir haben unterschätzt, wie diffus das Wissen in der Bevölkerung über CO_2 ist.« (Zitiert nach Rost 2015: 42)

Im parteipolitischen Spektrum positionierten sich Bündnis 90/Die Grünen und die Partei Die Linke klar gegen CCS. Die FDP und die CDU/CSU sprachen sich hingegen zunächst für CCS aus. Auch die SPD war tendenziell eine CCS-Befürworterin. Anhand der Bundestagsdebatte zur ersten Lesung am 6. Mai 2009 wird deutlich, dass CCS zu der Zeit in Deutschland nur in Verbindung mit der Kohleenergie diskutiert wurde. Die Technologie war somit Teil der Auseinandersetzungen um die Energiewende im Stromsektor. Entsprechend ging es um die grundsätzliche Frage, ob die Stromversorgung der Zukunft gänzlich auf erneuerbaren Energien basieren oder ob das Kohlezeitalter mittels CCS verlängert werden sollte. Die damalige umweltpolitische Sprecherin der CDU/CSU-Fraktion, Marie-Luise Dött, unterstrich die vermeintliche Alternativlosigkeit von CCS, indem sie die Kohle als langfristig unverzichtbare Säule der Energieversorgung insinuierte: »Wir müssen uns also darüber im Klaren sein, dass selbst bei einem Ausbau des Anteils der erneuerbaren Energien auf 30 beziehungsweise langfristig auf 50 Prozent der verbleibende Energiebedarf auch künftig zu einem erheblichen Teil mit Kohle gedeckt werden wird.« (Deutscher Bundestag 2009: 23914)

In Anbetracht der starken lokalen Widerstände und der gleichzeitig stattfindenden Bundestagswahlen und Landtagswahl in Schleswig-Holstein im September 2009 wurde letztlich kein CCS-Gesetz mehr verabschiedet. Maßgeblich dafür war auch eine Intervention des Deutschen Bauernverbandes (Interview IZ Klima). Die CDU-geführte Landesregierung in Schleswig-Holstein rückte ebenfalls schnell von ihrer ursprünglich CCS befürwortenden Position ab, als in Anbetracht der massiven Widerstände offensichtlich wurde, dass CCS sowohl parteiintern erhebliche Sprengkraft hatte als auch bei den Wahlen kein »Gewinnerthema« sein würde (Interview SRU). Daran änderte sich auch unter der folgenden schwarz-gelben Regierungskoalition im Bund nichts. Erst im Jahr 2012 wurde das Kohlendioxidspeicherungsgesetz verabschiedet, das lediglich ein enges Zeitfenster mit begrenztem Umfang für Forschungsprojekte setzte und deswegen häufig als »CCS-Verhinderungsgesetz« bezeichnet wird (Interviews BDI, IZ Klima). Den Bundesländern wurde die Möglichkeit eingeräumt, die Speicherung auf ihrem Territorium zu untersagen. Damit wurde die kommerzielle Nutzung von CCS in Deutschland de facto verhindert:

> »Das ist ein politischer Kompromiss gewesen, das Thema zu föderalisieren. Wenn man von der technologischen Seite darüber nachdenkt, dann ist es völlig sachwidrig, weil eine CO_2-Speicherung auf der föderalen Ebene zu etablieren wirklich völliger Unsinn ist, das lässt man dann besser. Damit war CCS faktisch tot. Das Gesetz gibt es, aber es hat nie Anwendung auch nur in irgendeinem Fall gegeben. Das war absehbar und damals auch das politische Ziel.« (Interview IZ Klima)

Die strategischen Fehler der CCS-Befürworter*innen sowie die starke politische Kampagne gegen CCS führten also dazu, dass der erste Anlauf zur Implementierung von CCS in Deutschland letztlich früh scheiterte. Aber auch die mit CCS verbundenen Risiken und Unklarheiten etwa im Hinblick auf die Kosten oder der hohe Energiebedarf waren Argumente, die sowohl in den Auseinandersetzungen in der internationalen Klimapolitik (Krüger 2015: 177ff.) als auch im deutschen Kontext eine bedeutende Rolle spielten (Rost 2015; SRU 2009). Lediglich ein Pilotprojekt zur Kohlendioxidspeicherung des Geoforschungszentrums Potsdam wurde in Ketzin/Brandenburg zwischen 2004 und 2017 durchgeführt. Dabei kam es, nicht zuletzt aufgrund einer ausgearbeiteten Kommunikationsstrategie, zu keinen nennenswerten Widerständen (Interview IZ Klima).

3. CCS 2.0

In den letzten Jahren hat sich eine neue politische Dynamik um CCS entwickelt. Das gilt sowohl für den globalen Kontext als auch für die EU und Deutschland. Das *Global CCS Institute*, ein wichtiger Think Tank der CCS-Befürworter*innen, unterscheidet die Entwicklungen in den 2010er-Jahren von denen in der aktuellen Dekade folgendermaßen:

> »That decade [between 2010 and 2020] was characterised by cost discovery through studies and the subsequent cancellation or delay in project developments due to economic non-viability. Now there are far fewer cost surprises and policy drivers are much stronger. The game has changed.« (Global CCS Institute 2023: 8)[1]

3.1. Veränderter Kontext

Im Vergleich zu den 2000er-Jahren gab es zumindest vier wesentliche Veränderungen. Erstens hat sich die Klimakrise deutlich zugespitzt. Abgesehen von einem kurzzeitigen pandemiebedingten Rückgang sind die globalen Treibhausgasemissionen weiter gestiegen – allen klimapolitischen Bemühungen zum Trotz. Nicht nur Temperaturrekorde, auch vermehrte Extremwetterereignisse werden als Folge des Klimawandels im Alltagsleben im Globalen Norden unmittelbar erfahrbar, während die soziale Reproduktion zunehmend krisenhaft erscheint. Zweitens ging mit der Zuspitzung des Klimawandels auch dessen wachsende Politisierung einher. Diese Politisierung war wesentlich getrieben durch die Klimawissenschaft und seit den späten 2010er-Jahren auch durch Bewegungen wie Extinction Rebellion, Fridays

1 Allerdings waren es in Deutschland weniger die potenziellen Kosten als vielmehr die möglichen Risiken der Speicherung, die für das Scheitern des Versuchs, CCS zu etablieren, verantwortlich waren. Dies bedeutet jedoch nicht, dass die Umsetzung von CCS-Projekten auch in Deutschland an den hohen Kosten in einem späteren Stadium noch hätten scheitern können.

for Future oder Letzte Generation (Brand/Wissen 2024). Drittens ebneten die Zuspitzung des Klimawandels und dessen Politisierung den Weg für eine wesentlich ambitioniertere internationale Klimapolitik. Den wesentlichen Bezugspunkt dafür bildet das Pariser Klimaabkommen von 2015, in dem das Ziel formuliert wird, die globale Erwärmung auf maximal zwei Grad Celsius gegenüber dem vorindustriellen Zeitalter zu begrenzen und Anstrengungen zu unternehmen, diesen Anstieg auf 1,5 Grad Celsius zu beschränken. Daran anknüpfend hat die Europäische Kommission unter Ursula von der Leyen im Dezember 2019 den *European Green Deal* (EGD) angekündigt, der die klimapolitischen Zielvorgaben der EU deutlich erhöht (bis 2030 Emissionsreduktionen von 55 Prozent gegenüber 1990 und Klimaneutralität bis 2050) (Haas/Jürgens 2021). Vor diesem Hintergrund hat auch der Deutsche Bundestag im Jahr 2019 ein Klimaschutzgesetz verabschiedet. Aufgrund des geringen Ambitionsniveaus bis zum Jahr 2030 wurde vom Bundesverfassungsgericht der Klage junger Menschen gefolgt und das Gesetz als in Teilen verfassungswidrig eingestuft. Entsprechend verschärfte der Bundestag unter der schwarzroten Regierung noch vor den Bundestagswahlen im Herbst 2021 das Gesetz (Gerstetter 2023). Nun sind eine Emissionsreduktion um 65 Prozent bis zum Jahr 2030 und die Erreichung von Netto-Null-Emissionen bis 2045 festgeschrieben. Gleichzeitig wurden klimapolitische Ziele zunehmend mit industriepolitischen Ambitionen verschränkt. So wird CCS sowohl im US-amerikanischen *Inflation Reduction Act* als auch im *Net Zero Industry Act* (NZIA) der EU als Schlüsseltechnologie bestimmt.

Viertens hat die klimapolitische Konfliktdynamik Bereiche erfasst, die in den 2000er-Jahren noch nicht umkämpft waren. Während in den 2000ern in Deutschland CCS als eine Option ins Spiel gebracht wurde, um die Stromversorgung zu dekarbonisieren, war der politische Druck, Emissionen in anderen Branchen zu reduzieren, noch relativ gering (Interviews SRU, IZ Klima). Vor dem Hintergrund der Netto-Null-Zielstruktur ist es offensichtlich, dass Klimaneutralität nur erreicht werden kann, wenn auch Branchen wie die Zement-, Stahl- oder Chemieindustrie (siehe auch den Beitrag von Klaus Meier in diesem Heft) sowie der Mobilitätssektor ihre Emissionen massiv verringern (Brad u.a. 2024). Darüber hinaus impliziert das Netto-Null-Ziel, dass verbleibende Restemissionen durch die Entnahme von CO_2 aus der Atmosphäre kompensiert werden müssen. Daher wird verstärkt über Möglichkeiten der CO_2-Entnahme diskutiert. Zwei potenziell wichtige sogenannten Negative-Emissions-Technologien lassen sich nur in Verbindung mit CCS realisieren, nämlich BECCS (*Bioenergy with Carbon Capture and Storage*) und DACCS (*Direct Air Carbon Capture and Storage*). Insofern ist CCS zu einem wesentlichen Baustein der Klimaneutralität und einer potenziellen Nettoentnahme von CO_2 nach der Erreichung des Netto-Null Ziels geworden.[2]

Was sich hingegen nicht oder nur in Nuancen verändert hat, ist die dominante klimapolitische Stoßrichtung. Die Klimaziele sollen mittels einer ökologischen Modernisierung erreicht werden. Marktförmige Instrumente wie etwa Emissionshandelssysteme sollen in Kombination mit einer erhöhten Effizienz und »neuen« Technologien die Klimaprobleme lösen, zugleich weiter kapitalistisches Wachstum generieren und die Naturbeherrschung in Form des Carbon Managements auf ein neues Niveau heben. So preist etwa die EU-Kommission den EGD als grüne Wachstumsstrategie an (Haas/Jürgens 2021). In dieses Narrativ der grün-kapitalistischen Modernisierung fügt sich CCS optimal ein. Es verspricht in Kombination mit anderen Technologien wie etwa Wasserstoff (siehe auch die Beiträge von Lasse Thiele sowie Jenny Simon u.a. in diesem Heft), die Emissionen in verschiedenen Bereichen drastisch zu reduzieren und einen Beitrag zur CO_2-Entnahme leisten zu können, ohne die bestehenden gesellschaftlichen Macht- und Herrschaftsverhältnisse grundlegend infrage zu stellen.

3.2. Veränderte Akteurskonstellation

Der erste Versuch, CCS in Deutschland zu etablieren, wurde im Wesentlichen von den beiden Kohleunternehmen RWE und Vattenfall getragen. Der Versuch, die IZ Klima breiter aufzustellen, scheiterte damals, insbesondere weil sich Unternehmen und Branchenverbände aus anderen Sektoren weitgehend desinteressiert zeigten (Interview IZ Klima). Inzwischen spielt die Verbindung von Kohle und CCS in Deutschland keine Rolle mehr. Nicht nur die Öl- und Gasindustrie, sondern auch sämtliche Branchen mit sogenannten schwer vermeidbaren Emissionen sprechen sich klar für CCS und CCU aus. Zu den Befürworter*innen gehören auf der Ebene der Branchenverbände nun unter anderem der Verein Deutscher Zementwerke (VDZ), der Bundesverband Kalkindustrie (BV Kalk), die Wirtschaftsvereinigung Stahl, der Verband der chemischen Industrie (VCI), der Bundesverband Erdgas, Erdöl und Geoenergie (BVEG), der Deutsche Verein des Gas- und Wasserfachs (DVGW), die Interessengemeinschaft der Thermischen Abfallbehandlungsanlagen in Deutschland (ITAD), der Zentralverband der deutschen Seehafenbetriebe (ZDS) und Zukunft Gas.

2 In den Klimaszenarien des IPCC wird davon ausgegangen, dass nach Erreichung des Netto-Null Ziels mehr CO_2 aus der Atmosphäre entnommen werden kann, als ausgestoßen wird. In Szenarien von Netto-Negativen Emissionen spielen BECCS und DACCS eine bedeutende Rolle.

Mit Ausnahme der Wirtschaftsvereinigung Stahl haben diese Verbände gemeinsam mit *Bellona*, einer norwegischen pro-CCS ausgerichteten Umwelt-NGO, der NGO *Germanwatch* und der *Clean Air Task Force* im Dezember 2022 ein gemeinsames Positionspapier zu CCS und CCU veröffentlicht. Darin appellieren sie an die Bundesregierung, die Grundlagen für die Entwicklung von CCS und CCU zu schaffen (Bellona u.a. 2022). Dies zeigt, dass die CCS befürwortende Koalition ihre industrielle Basis wesentlich verbreitert hat. Der Pipelinebetreiber *Open Grid Europe* hat ein CO_2-Startnetz vorgeschlagen, das vor allem die Industriecluster aus Nord-Rhein-Westfalen mit der Nordsee verbinden soll (Interview OGE). Auch die Gasindustrie zeigt sich in Form des Dachverbands Zukunft Gas insbesondere mit Blick auf die Herstellung von blauem Wasserstoff (das heißt Wasserstoff, der aus Erdgas in Kombination mit CCS produziert wird), aber auch im Hinblick auf die Emissionen von Gaskraftwerken an CCS interessiert (Zukunft Gas 2023).

Im Bereich der Umwelt-NGOs haben Verschiebungen stattgefunden. So spricht sich etwa der NABU, der als Bundesverband lange keine Position zu CCS bezogen hatte, mittlerweile für eine auf wenige Branchen und Produktionsverfahren fokussierte Anwendung von CCS aus (Interview NABU). Auch die Grünen, die in der ersten Auseinandersetzung um CCS diese Technologie noch weitgehend geschlossen abgelehnt hatten, positionieren sich neu und öffnen sich gegenüber CCS. Gleiches gilt für das Umweltbundesamt, das im September 2023 ein Positionspapier zu CCS und CCU veröffentlichte, in dem es sich für die Entwicklung von CCS ausspricht, allerdings zunächst nur in Kombination mit thermischen Abfallanlagen (Umweltbundesamt 2023). Entsprechend ist insbesondere die Frage stark umstritten, für welche Anwendung CCS infrage kommen soll, und wird auch ein zentraler Konfliktpunkt in der Entwicklung der Langfriststrategie »Negativemissionen zum Umgang mit unvermeidbaren Restemissionen« sein (Interview BDI). Die oben genannten Akteure, wie etwa der NABU, Bündnis 90/Die Grünen, das Umweltbundesamt, aber auch Germanwatch, lassen sich als bedingte Befürworter-Koalition charakterisieren. Sie sind für die Entwicklung von CCS, sehen aber durchaus große Gefahren auch dahingehend, dass mit CCS nicht-nachhaltige Produktionsmuster fortgeschrieben werden. Entsprechend plädieren sie für einen eng fokussierten Anwendungsbereich und gegen einen breiten beziehungsweise technologieoffenen Einsatz, der prinzipiell allen interessierten Unternehmen, einschließlich der Öl- und Gasindustrie, die Nutzung von CCS ermöglichen würde.

Weiterhin grundsätzlich gegen CCS sprechen sich von Seiten der großen Umwelt-NGOs der Bund für Umwelt und Naturschutz Deutschland (BUND) und Greenpeace aus. Auch die nach wie vor aktiven lokalen Bürgerinitiativen, die sich in den 2000er-Jahren formiert haben, erhalten ihren Widerstand gegen CCS aufrecht. Ende Januar 2024 veröffentlichten Greenpeace, der BUND und die lokalen Bürgerinitiativen gemeinsam mit der Deutschen Umwelthilfe und kleineren NGOs wie *urgewald* oder *powershift* eine Pressemitteilung, in der sie CCS als »gefährlichen Irrweg« bezeichnen. Als zentrale Kritikpunkte nannte das Bündnis: »CCS ist eine Scheinlösung, verhindert den Ausstieg aus fossilen Energien, blockiert die Energiewende und gefährdet den Umbau der Industrie hin zu einer ressourcenschonenden Kreislaufwirtschaft« (BUND u.a. 2024).

Insgesamt zeigt sich, dass die Koalition der CCS-Befürworter*innen wesentlich breiter und stärker aufgestellt ist als in den 2000er-Jahren – zumal sich auch die globalen Kontextbedingungen zugunsten von CCS verschoben haben. Allerdings ist die Entwicklung von CCS weiterhin umkämpft und wird von vielen Akteuren, insbesondere aus dem Umweltspektrum, kritisch gesehen.

3.3. Neues politisches Momentum

Aus den Klimamodellen ist CCS nie verschwunden (Hansson u.a. 2022: 2). Auch in den fünf ausgearbeiteten Szenarioanalysen für ein klimaneutrales Deutschland spielt CCS eine bedeutende Rolle. Eines wurde beauftragt von der Stiftung Klimaneutralität gemeinsam mit Agora Energiewende und Agora Verkehrswende, eines vom BDI, eines von der dena (Deutsche Energie-Agentur), eines vom BMWK sowie eines von Ariadne, den Kopernikus Forschungsprojekten. Alle Szenarien gehen von der Notwendigkeit der Kohlendioxidspeicherung aus. Je nach Szenario wird für das Jahr 2045 ein Speicherbedarf zwischen 34 und 73 Millionen Tonnen pro Jahr prognostiziert. Dies umfasst in unterschiedlichen Anteilen CCS aus fossilen Quellen, BECCS und DACCS (Ariadne 2022: 38). Im Koalitionsvertrag der Ampel wurde CCS zwar noch nicht erwähnt, aber das Thema während der Legislaturperiode langsam aufgebaut. Ein wichtiger Bezugspunkt dafür sind Kooperationen mit Norwegen. Von Seiten der CCS-Befürworter*innen wird häufig argumentiert, dass zahlreiche Länder in der Entwicklung von CCS bereits viel weiter als Deutschland seien (Interview NABU). Besonders oft wird auf Norwegen verwiesen, wo bereits Sleipner und Snøhvit in Betrieb und weitere Projekte in Planung sind. Eines davon ist ein Projekt von Heidelberg Materials, das die Zementfabrik in Brevik umrüstet und gemeinsam mit *Aker Carbon Capture*, *Northern Lights* und *gassnova* die Hälfte des dort anfallenden CO_2 unterirdisch speichern will (Heidelberg Materials 2020). Im Januar 2023 besuchte Robert Habeck die Baustelle in Brevik. Auch im Hinblick auf (blauen) Wasserstoff ist Norwegen ein wichtiger Partner Deutschlands.

Der Besuch Habecks diente, neben vielen anderen Aktivitäten, dazu, den Boden für einen zweiten Anlauf für CCS in Deutschland zu bereiten. So hat das Bundesministerium für Wirtschaft und Klimaschutz (BMWK) die dena damit beauftragt, eine CMS zu entwickeln, die sich auf CCS und CCU fokussieren soll. Die Entnahme von CO_2 aus der Atmosphäre soll im Rahmen der Langfriststrategie »Negativemissionen für den Umgang mit unvermeidbaren Restemissionen« adressiert werden, die im Jahr 2025 vorgestellt werden soll (Haas/Schoppek 2024). Zur Entwicklung der CMS haben mehrere Dialoge mit Stakeholdern stattgefunden. Im Zuge dessen haben der BUND, die Deutsche Umwelthilfe und Greenpeace, die am Beteiligungsprozess teilgenommen haben, kritisiert, dass es in diesem Prozess nicht um die Frage des *Ob*, sondern lediglich darum gehe, *wie* man CCS etablieren kann, und dass die Bürgerinitiativen gegen CCS nicht eingeladen wurden (BUND u.a. 2023). Andere Umweltverbände hingegen wie der NABU und der WWF veröffentlichten gemeinsam mit dem BDI und dem Deutschen Gewerkschaftsbund (DGB) ein Positionspapier, in dem sie die Bundesregierung aufforderten, die Grundlagen für die Entwicklung von CCS zu schaffen (BDI u.a. 2024).

Als die Eckpunkte am 26. Februar 2024 veröffentlicht wurden, wurde jedoch aus dem gesamten Spektrum der Umwelt-NGOs starke Kritik geäußert. Bereits nach der Einigung auf die Kraftwerksstrategie (DNR 2024) hatte sich abgezeichnet, dass die CMS eine breite Anwendung für CCS vorsehen wird. Lediglich die Kombination von Kohle und CCS wurde darin ausgeschlossen. Gaskraftwerken hingegen soll es ermöglicht werden, CCS-Infrastruktur zu nutzen, auch wenn sie dafür – anders als andere Branchen – keine Förderung erhalten sollen. Auch die Zement- und Kalkindustrie sowie die Müllverbrennung werden in den Eckpunkten explizit genannt. Darüber hinaus heißt es: »Zugleich kann CCS/CCU auch in anderen Industrieprozessen zur Anwendung kommen, solange die Umstellung auf Elektrifizierung oder Wasserstoff absehbar noch nicht kosteneffizient möglich ist« (BMWK 2024b: 4). Insofern könnte sich die in einem Interview geäußerte Befürchtung bewahrheiten: »[...] unsere größte Sorge als NGO ist es, dass wir in einen fossilen lock-in reinlaufen, dass wir die Transformation der Industrie eben entschleunigen, weil sie den Druck nicht mehr haben und sagen, da kann ich mein fossiles Modell weiterlaufen lassen und mach dann halt CCS« (Interview NABU).

Die Speicherung des CO_2 ist in den Eckpunkten der CMS vom Februar 2024 auf deutschem Hoheitsgebiet ausschließlich offshore in der Nordsee vorgesehen. Dies ist sicherlich eine Folge der massiven (lokalen) Konflikte um die Speicherung in den 2000er-Jahren. Jedoch ist eine Opt-in-Formulierung integriert. Wenn Landesregierungen den Wunsch äußern, die Speicherung von Kohlendioxid auf Landesebene zu ermöglichen, würde dies in der finalen CMS und der Novelle des Kohlendioxidspeicherungsgesetzes berücksichtigt werden. Die CCS-Infrastruktur sollen Privatunternehmen ohne öffentliche Zuschüsse errichten. Gemäß einer gemeinsamen Studie der Zement- und der Kalkindustrie sowie der Abfallwirtschaft wäre nur für diese drei Sektoren ein Pipelinenetz mit 4.800 km Länge erforderlich, um 45,5 Millionen Tonnen CO_2 pro Jahr zu transportieren. Die geschätzten Kosten belaufen sich auf 14 Milliarden Euro (VDZ 2024).

Bemerkenswert ist, dass in den Eckpunkten der CMS mehrmals eine technologieoffene Ausgestaltung von CCS hervorgehoben wird, das heißt, keine explizite Eingrenzung der Anwendungsbereiche von CCS auf bestimmte Branchen oder wirtschaftliche Aktivitäten vorgenommen wird (mit Ausnahme der Kohlekraftwerke). Dies steht im Widerspruch zur Beschlusslage der Grünen Bundestagsfraktion. Auch Teile der SPD übten Kritik an der fehlenden Eingrenzung des Anwendungsbereichs für CCS.[3] Entsprechend besteht erhebliches Konfliktpotenzial im Hinblick auf die Konkretisierung der CMS wie auch der Schwesterstrategie »Negativemissionen zum Umgang mit unvermeidbaren Restemissionen«. Laut Koalitionsvertrag werden diese auf ca. fünf Prozent beziffert, wobei offengelassen wird, auf welches Jahr sich diese fünf Prozent beziehen (Bundesregierung 2021: 65).

Während die grundlegende Ausrichtung der Bundesregierung eindeutig ist und momentan sehr viel darauf hindeutet, dass eine CCS-Infrastruktur etabliert wird, bleibt die zentrale Frage umkämpft, wer Zugang dazu bekommen soll. Wird das explizit politisch festgelegt oder auf einen technologieoffenen Ansatz gesetzt? Wie groß wird die CCS-Infrastruktur dimensioniert und wie wird diese in den europäischen und globalen Kontext eingebettet? Denn ähnlich wie die Vorkommen fossiler Energieträger sind die großen Speicherstätten räumlich stark ungleich verteilt und meist nicht in der Nähe der großen Emittenten (Cames u.a. 2021: 11f.). Diese elementaren Fragen sind noch weitgehend unbeantwortet. Die Eckpunkte der CMS, die im Mai 2024 nochmals konkretisiert wurden in Verbindung mit der Verabschiedung eines Kabinettsentwurfs für eine Novelle des Kohlendioxidspeicherungsgesetzes (BMWK 2024c), können als Versuch eines Kompromisses gewertet werden. Der Zugang zu CCS wird weitgehend technologieoffen gestaltet, lediglich die Kohlkraftwerke werden explizit ausgeschlossen. Gaskraftwerken soll zwar Zugang gewährt werden, sie sollen jedoch keine Förderung erhalten. Die Förderung wird beschränkt auf Sektoren, »in denen überwiegend schwer vermeidbare CO_2-Emissionen anfallen« (BMWK 2024b: 5). In Anbetracht der enormen Investitionskosten, die mit CCS verbunden sind, stellt dies durch-

3 »Kritik an Habecks Plänen zur CO_2-Speicherung auf See«, https://www.faz.net/ (27.2.2024).

aus eine politische Lenkung des Zugangs zu CCS dar. Noch in diesem Jahr soll sowohl die finale CMS vorgestellt als auch die Novellierung des Kohlendioxidspeicherungsgesetzes verabschiedet werden.

4. CCS als neuer Verdichtungspunkt von Transformationskonflikten

CCS hat in den letzten Jahren eine beachtliche Renaissance erfahren – auch in Deutschland, einem Land, in dem CCS auf starken Widerstand gestoßen ist. Auf Basis der obigen Analyse lassen sich abschließend insbesondere drei Gründe für diesen Kurswechsel festhalten. Erstens haben sich die globalen Kontextbedingungen gewandelt: Die Verschärfung der Klimakrise, ihre zunehmende Politisierung und die Verabschiedung ambitionierterer Klimaziele auf internationaler, europäischer und nationaler Ebene rücken zunehmend die Frage nach dem Umgang mit schwer vermeidbaren Emissionen auf dem Weg zur Erreichung von Klimaneutralität in den Vordergrund. Auch die aktuelle Dynamik geopolitischer Konkurrenz um die globale Führung im Bereich grüner Technologien kommt der Förderung von CCS zugute. Zweitens hat dies auf der Ebene der polit-ökonomischen Kräfteverhältnisse in Deutschland einerseits zu einer Verbreitung der industriellen Basis der Koalition der CCS-Befürworter*innen geführt: Haben sich in den 2000er-Jahren in erster Linie Kohleunternehmen für CCS stark gemacht, so sind es heute – neben der Öl- und Gasindustrie – insbesondere Unternehmen beziehungsweise Branchen mit sogenannten schwer vermeidbaren Emissionen wie die Zement- und Kalkindustrie oder die Abfallwirtschaft, aber auch Branchen wie die Chemie- oder Stahlindustrie. Drittens lässt sich vor dem Hintergrund der Diskussion über den Umgang mit schwer vermeidbaren Emissionen und der Rolle von CCS und CCS-basierten Negativ-Emissionstechnologien in den vom Weltklimarat ausgewertete Klimamodellen auch ein partieller Positionswechsel auf Seiten der Umweltverbände beobachten. Während einige Umwelt-NGOs wie der BUND und Greenpeace nach wie vor an ihrer prinzipiellen Opposition zu CCS festhalten, lassen sich Akteure wie NABU oder auch Germanwatch als Teil der bedingten Befürworter*innen charakterisieren.

Insgesamt verschiebt sich der Konflikt um CCS vor diesem Hintergrund zunehmend von der Frage des Ob zur Frage des Wie, und insbesondere zu der Frage, wer beziehungsweise welche Kapitalfraktionen Zugang zu den geologischen Speicherstätten und der CO_2-Transportinfrastruktur sowie Subventionen für die Errichtung und den Betrieb von CCS-Anlagen erhalten sollen – und welche Fraktionen im Umkehrschluss davon ausgeschlossen werden (technologieoffener vs. fokussierter Ansatz). Auch der Umgang mit den Risiken im Hinblick auf die Speicherung birgt nach wie vor Konfliktpotenzial. Daher ist absehbar, dass sich an CCS in den kommenden Jahren intensive Transformationskonflikte entzünden werden. Aus unserer Sicht stellt der Umgang mit CCS und schwer vermeidbaren Emissionen mithin einen Schlüsselkonflikt mit Blick auf die Weichenstellung in Richtung unterschiedlicher Transformationspfade dar.

Besonders problematisch erscheint vor diesem Hintergrund, dass – trotz zunehmender Forderungen nach Postwachstums-Szenarien in der internationalen Klimawissenschaft (Hickel u.a. 2021; Keyßer/Lenzen 2021) – sowohl die einschlägigen Klimaneutralitätsszenarien für Deutschland als auch die CMS an der Orientierung an kontinuierlichem Wirtschaftswachstum unhinterfragt festhalten. Demgegenüber würde die Priorisierung von Suffizienzaspekten und Möglichkeiten zur Reduktion des Endverbrauchs (*demand-side mitigation*) (Creutzig u.a. 2022) insbesondere den Bedarf an BECCS and DACCS zum Ausgleich von Restemissionen wesentlich reduzieren. Damit ist nicht gesagt, dass CCS und CCS-basierte Technologien zur Entnahme von CO_2 aus der Atmosphäre (*carbon dioxide removal*) schlichtweg obsolet wären. Denn trotz umfassender Dekarbonisierung in Kombination mit einer stärkeren, an Postwachstums-Debatten angelehnten Suffizienzorientierung werden bestimmte Restemissionen bestehen bleiben. Gleichzeitig besteht die Gefahr, dass die ökosystembasierten Senken, die diese ausgleichen könnten, aufgrund des Klimawandels zunehmend unter Druck geraten (Keenan/Williams 2018).

Angesichts dessen sollte es aus unserer Sicht weniger um die Frage gehen, ob CCS und CCS-basierte Technologien zur Entnahme von CO_2 aus der Atmosphäre zum Einsatz kommen sollen, sondern vielmehr um die Frage wofür – das heißt, welche und wessen schwer vermeidbaren Emissionen dadurch möglicherweise reduziert beziehungsweise ausgeglichen werden (Lund u.a. 2023). Denn CCS darf nicht dazu dienen, den Ausstieg aus fossilen Energieträgern weiter zu verschleppen – weder in Deutschland noch global. Darüber hinaus bedarf es jedoch einer Fokussierung auf die Frage, welchen Akteuren und wirtschaftlichen Aktivitäten – Fleischkonsum, Flugreisen, Bauwirtschaft etc. – wie viele Restemissionen zustehen und wer die Verantwortung und die Kosten für deren Kompensation trägt (Brad u.a. 2024). Damit verbunden ist auch die Frage, wer die Definitionsmacht über die nur vermeintlich objektiv zu klärende Frage besitzt, welche Emissionen aus politischen, ökonomischen, technologischen oder biochemischen Gründen als »schwer« oder »unvermeidbar« gelten (Schenuit u.a. 2023). Letztlich geht es dabei auch um die globale Klimagerechtigkeit, die in der Debatte über CCS und CCS-basierten Technologien zur Entnahme von CO_2 aus der Atmosphäre in Deutschland bislang keine Rolle spielt. Denn zumindest theoretisch bietet der Einsatz von Negativ-Emissionstechnologien auch die Möglichkeit, die Übernutzung und

Aneignung atmosphärischer Kapazitäten durch den Globalen Norden mittels Netto-Negativer Emissionen in der zweiten Hälfte dieses Jahrhunderts teilweise zu kompensieren.

Literatur

Ariadne (2022): Vergleich der »Big 5« Klimaneutralitätsszenarien. URL: https://ariadneprojekt.de/, Zugriff: 24.4.2024.

BDI u.a. (2024): Industrietransformation aus einem Guss. Gemeinsames Thesenpapier zur Einordnung von Carbon Management als Teil einer umfassenden Klimastrategie. URL: https://bdi.eu/, Zugriff: 24.4.2024.

Bellona u.a. (2022): Eine nationale Carbon-Management-Strategie zur Umsetzung von industriellen CCS- und CCU-Projekten in Deutschland und Europa. Gemeinsames Positionspapier. URL: https://www.vdz-online.de/, Zugriff: 24.4.2024.

BMWK (Bundesministerium für Wirtschaft und Klimaschutz) (2024a): Bundesminister Habeck will den Einsatz von CCS ermöglichen: »Ohne CCS können wir unmöglich die Klimaziele erreichen.« URL: https://www.bmwk.de/, Zugriff: 24.4.2024.

– (2024b): Eckpunkte der Bundesregierung für eine Carbon Management-Strategie. URL: https://www.bmwk.de/, Zugriff: 24.4.2024.

– (2024c): Kabinett macht Weg frei für CCS in Deutschland. URL: https://www.bmwk.de/, Zugriff: 24.4.2024.

Brad, Alina / Haas, Tobias / Schneider, Etienne (2024): Whose negative emissions? Exploring emergent perspectives on CDR from the EU's hard to abate and fossil industries. In: Frontiers in Climate 5:1268736. DOI: https://doi.org/10.3389/fclim.2023.1268736.

Brand, Ulrich u.a. (2022): Contours of historical-materialist policy analysis. In: Critical Policy Studies 16(3): 279-296. DOI: https://doi.org/10.1080/19460171.2021.1947864.

Brand, Ulrich / Wissen, Markus (2024): Kapitalismus am Limit. Öko-imperiale Spannungen, umkämpfte Krisenpolitik und solidarische Perspektiven. München.

Bundesregierung (2021): Mehr Fortschritt wagen. Koalitionsvertrag 2021–2025 zwischen der SPD, Bündnis 90/Die Grünen und FDP. URL: https://www.bundesregierung.de/, Zugriff: 24.4.2024.

BUND u.a. (2023): Carbon Management Strategie: Wirtschaftsministerium will gesellschaftliche Debatte über Wege zur Klimaneutralität unterdrücken. URL: https://www.bund.net/, Zugriff: 24.4.2024.

BUND u.a. (2024): CCS: Breites Umweltbündnis warnt vor gefährlichem Irrweg. https://www.bund.net/, Zugriff: 24.4.2024.

Cames, Martin / Chaudry, Saleem / Sutter, Jürgen (2021): Wie ökologisch und sozial verträglich sind CCS, BECCS und CCU Technologien? Kurzstudie im Auftrag des NABU. Öko-Institut.

Creutzig, Felix u.a. (2022): Demand-side solutions to climate change mitigation consistent with high levels of well-being. In: Nature Climate Change 12: 36-46. DOI: https://doi.org/10.1038/s41558-021-01219-y.

Deutscher Bundestag (2009): Stenografischer Bericht. 219. Sitzung. Berlin, Mittwoch, den 6. Mai 2009. Plenarprotokoll 16/219.

DNR (Dachverband der deutschen Natur-, Tier- und Umweltschutzorganisationen) (2024): Umweltverbände: Einigung zur Kraftwerksstrategie öffnet Büchse der Pandora durch CCS an Gaskraftwerken. URL: https://www.dnr.de/, Zugriff: 24.4.2024.

Donnermeyer, Michael (2020): Partizipation schafft Akzeptanz. Lehren aus dem vorläufigen Scheitern der CO2-Speicherung in Deutschland. In: Lorenz, Astrid u.a. (Hg.): Partizipation für alle und alles? Fallstricke, Grenzen und Möglichkeiten. Wiesbaden: 95-112. DOI: https://doi.org/10.1007/978-3-658-27898-4_6.

EU (2009): Richtlinie 2009/31/EG des Europäischen Parlaments und des Rates vom 23.4.2009 über die geologische Speicherung von Kohlendioxid und zur Änderung der Richtlinie 85/337/EWG des Rates sowie der Richtlinien 2000/60/EG, 2001/80/EG, 2004/35/EG, 2006/12/EG und 2008/1/EG des Europäischen Parlaments und des Rates sowie der Verordnung (EG) Nr. 1013/2006.
Gerstetter, Christiane (2023): Gerichtsverfahren und die Kämpfe um eine sozial-ökologische Transformation. In: PROKLA 210 53(1): 161-168. DOI: https://doi.org/10.32387/prokla.v53i210.2042.
Global CCS Institute (2023): The Global Status of CCS: 2023. Australia.
Haas, Tobias / Jürgens, Isabel (2021): Die europäische Landung auf dem Mond? Der European Green Deal als Projekt ökologischer Modernisierung. In: PROKLA 202 51(1): 133-140. DOI: https://doi.org/10.32387/prokla.v51i202.1927.
Haas, Tobias / Schoppek, Dorothea Elena (2024): Next stop carbon dioxide removal? German climate policies and the risky road to negative emission technologies. In: Zeitschrift für Politikwissenschaft: OnlineFirst. DOI: https://doi.org/10.1007/s41358-024-00379-5.
Hansson, Anders (2012): Colonizing the Future. The case of CCS. In: Markusson, Nils u.a. (Hg.): The Social Dynamics of Carbon Capture and Storage. Understanding CCS Representations, Governance and Innovation. London/New York: 74-90.
– u.a. (2022): The underworld of tomorrow? How subsurface carbon dioxide storage leaked out of the public debate. In: Energy Research & Social Science 90: 102606. DOI: https://doi.org/10.1016/j.erss.2022.102606.
Heidelberg Materials (2020): HeidelbergCement baut weltweit erste CO_2-Abscheideanlage im industriellen Maßstab in einem Zementwerk. URL: https://www.heidelbergmaterials.com/, Zugriff: 24.4.2024.
Hickel, Jason u.a. (2021): Urgent need for post-growth climate mitigation scenarios. In: Nature Energy 6: 766-768. DOI: https://doi.org/10.1038/s41560-021-00884-9
IPCC (2005): Special Report on Carbon Dioxide Capture and Storage. Cambridge.
Keenan, Trevor F. / Williams, Christopher A. (2018): The Terrestrial Carbon Sink. Annual Review of Environment and Resources 43: 219-243. DOI: https://doi.org/10.1146/annurev-environ-102017-030204.
Keyßer, Lorenz T. / Lenzen, Manfred (2021): 1.5 °C degrowth scenarios suggest the need for new mitigation pathways. In: Nature communications 12(1): 1-16. DOI: https://doi.org/10.1038/s41467-021-22884-9.
Krüger, Timmo (2015): Das Hegemonieprojekt der ökologischen Modernisierung. Die Konflikte um Carbon Capture and Storage (CCS) in der internationalen Klimapolitik. Bielefeld. DOI: https://doi.org/10.1515/9783839432334.
Lund, Jens Fris u.a. (2023): Net zero and the unexplored politics of residual emissions. In: Energy Research & Social Science 98(103035). DOI: https://doi.org/10.1016/j.erss.2023.103035.
Marchetti, Cesare (1977): On Geoengineering and the CO_2 Problem. In: Climatic Change 1(1): 59-68. DOI: https://doi.org/10.1007/BF00162777.
Markusson, Nils / Hackley, Simon / Evar, Benjamin (2012): Introduction. In: Dies. (Hg.): The Social Dynamics of Carbon Capture and Storage. Understanding CCS Representations, Governance and Innovation. London/New York 1-17: DOI: https://doi.org/10.4324/9780203118726-10.
Praetorius, Barbara / von Stechow, Christoph (2009): Electricity Gap versus Climate Change: Electricity Politics and the Potential Role of CCS in Germany. In: Meadowcroft, James / Langhelle, Oluf (Hg.): Caching the Carbon. Cheltenham. DOI: https://doi.org/10.4337/9781849802222.00014.
Rost, Dietmar (2015): Konflikte auf dem Weg zu einer nachhaltigen Energieversorgung – Perspektiven und Erkenntnisse aus dem Streit um die Carbon Capture and Storage-Technologie (CCS). Essen. URL: http://nbn-resolving.de/, Zugriff: 24.4.2024.

Schenuit, Felix / Böttcher, Miranda / Geden, Oliver (2023): »Carbon Management«: Chancen und Risiken für ambitionierte Klimapolitik. SWP-Aktuell. Nr. 30 (Mai 2023).
SRU (Sachverständigenrat für Umweltfragen) (2009): Abscheidung, Transport und Speicherung von Kohlendioxid. Der Gesetzentwurf der Bundesregierung im Kontext der Energiedebatte. Stellungnahme.
Umweltbundesamt (2023): Carbon Capture and Storage. Diskussionsbeitrag zur Integration in die nationalen Klimaschutzstrategien. URL: https://www.umweltbundesamt.de/, Zugriff: 24.4.2024.
VDZ (Verein Deutscher Zementwerke) (2024): Anforderungen an eine CO_2-Infrastruktur in Deutschland. Voraussetzungen für Klimaneutralität in den Sektoren Zement, Kalk und Abfallverbrennung. URL: https://www.vdz-online.de/, Zugriff: 24.4.2024.
Zukunft Gas (2023): Rahmenbedingungen für CCU/S-Projekte in Deutschland und Europa schaffen. Positionspapier Carbon Management. URL: https://gas.info/, Zugriff: 24.4.2024.

Anhang 1: Interviews

BDI (Bundesverband der Deutschen Industrie): 16.2.2023.
Bellona: 31.1.2023.
IZ Klima (Informationszentrum für CO_2-Technologien): 26.4.2023.
NABU (Naturschutzbund Deutschland): 9.2.2023.
OGE (Open Grid Europe): 2.3.2023.
SRU (Sachverständigenrat für Umweltfragen): 3.2.2023.

PROKLA 216 | 54. Jahrgang | Nr. 3 | September 2024 | S. 451-471
https://doi.org/10.32387/prokla.v54i216.2135

Stefan Schoppengerd*

Sozialpartnerschaftliche Stoffwechselpolitik

Konsens und Konflikt in der Dekarbonisierung der Stahlindustrie

Zusammenfassung: In dem Beitrag werden die Bemühungen zur Dekarbonisierung der Stahlindustrie in Deutschland mit einem Fokus auf die gewerkschaftliche Positionierung betrachtet. Die »Stoffwechselpolitik« dieser zentralen Grundstoffindustrie findet in den etablierten Bahnen eines sozialpartnerschaftlichen Korporatismus statt. Zahlreiche Konflikte im Prozess der Transformation sind durch einen pragmatischen Modernisierungskonsens überformt. Dieser erschwert allerdings die Entwicklung offensiver Gewerkschaftspositionen angesichts sich abzeichnender Schwierigkeiten und Widersprüche im Umbau zu einer wasserstoffbasierten Stahlproduktion.

Schlagwörter: Just Transition, Gewerkschaften, Sozial-ökologische Transformation, Stahlindustrie, Wasserstoff

Metabolic Politics Based on Social Partnership

Consensus and Conflict in the Decarbonisation of the Steel Industry

Abstract: In this article, the efforts to decarbonise the steel industry in Germany are analysed with a focus on trade union positioning. The »metabolism politics« of this important basic materials industry is taking place within the established forms of a corporatist social partnership. Numerous conflicts in the transformation process are shaped by a pragmatic modernisation consensus. However, this makes it difficult to develop an offensive trade union position in the face of emerging difficulties and contradictions in the transition to hydrogen-based steel production.

Keywords: Hydrogen, Just Transition, Labour Unions, Socio-Ecological Transformation, Steel Industry

* **Stefan Schoppengerd** ist wissenschaftlicher Mitarbeiter an der Hochschule für Wirtschaft und Recht Berlin (HWR) und Koordinator des Graduiertenkollegs »Krise und sozial-ökologische Transformation« (HWR Berlin/Rosa-Luxemburg-Stiftung).

Die Reform des Europäischen Emissionshandels im Rahmen des »Fit for 55«-Pakets und die deutsche Klimaschutzgesetzgebung haben in den letzten Jahren Druck auf Industrieunternehmen erzeugt, ihre Fertigung zu dekarbonisieren (Witt 2022). Als zentrale Grundstoffindustrie mit etwa 80.000 Beschäftigten gehört die emissionsintensive Stahlindustrie zu den Branchen, die vor einem umfangreichen Umbau stehen (Blöcker 2022). Anders als bei der Braunkohleverstromung steht nicht die Abwicklung der Branche aus Klimaschutzgründen im Raum, denn die Notwendigkeit von Stahlerzeugung wird nicht grundsätzlich angezweifelt. Anders als beim Auslaufen der Produktion von Autos mit Verbrennungsmotor geht es auch nicht um einen einschneidenden Wandel des hergestellten Produkts. Die nötigen Umbauten in den Produktionsabläufen sind dennoch von vergleichbarer Tragweite.

Mit Blick auf die Akteure eines solchen Umbauprozesses gilt der Kohleausstieg als Beispiel für ein konfrontatives Aufeinandertreffen ökologischer, gewerkschaftlicher und unternehmerischer Anliegen. Die Situation in der Stahlindustrie ist eine andere. Aktivitäten der Klimabewegung spielen hier keine direkte Rolle. Stattdessen wirken die erwähnten politischen Rahmenvorgaben als Druckmittel, und die Gewerkschaft IG Metall nimmt in der Öffentlichkeit unter der Parole »Unser Herz aus Stahl hat eine grüne Zukunft« die Rolle des lautstarken Befürworters von Dekarbonisierung ein. Letzteres geschieht in wichtigen Punkten in inhaltlicher und politischer Übereinstimmung mit den Unternehmen sowie der Wirtschaftsvereinigung Stahl in der Absicht, Subventionen für den Umbau sowie eine regulatorische Flankierung, etwa in der Handelspolitik, zu erreichen (Blöcker 2022; Lehndorff 2022).

Es handelt sich also offensichtlich nicht um ein Beispiel für das »Jobs-versus-environment-Dilemma«. Allerdings sind die eingeleiteten und noch anstehenden Änderungen auf betrieblicher Ebene so umfangreich, dass sie schwerlich im harmonischen Einvernehmen zwischen Unternehmen und gewerkschaftlicher beziehungsweise betrieblicher Interessenvertretung umsetzbar sind. Damit stellt sich die Frage nach dem Verhältnis von Konsens und Konflikt im Dekarbonisierungsprozess.

Im Folgenden erschließe ich die Kräftekonstellation im aktuellen Umbruch der Stahlindustrie unter Rückgriff auf den Begriff der Stoffwechselpolitik von Simon Schaupp (2024). Dieser verbindet die umkämpfte Nutzbarmachung von Arbeit mit jener der Natur im kapitalistischen Verwertungsprozess. In der Stahlindustrie zeigt sich gegenwärtig eine spezifisch sozialpartnerschaftliche Stoffwechselpolitik, die nicht nur ein grundsätzliches, pragmatisch begründetes Einvernehmen zwischen Kapital und Arbeit ist, sondern auch ein Modus der Prozessierung von Konflikten (1). Für die Hegemonie einer grünen Modernisierungsperspektive spielt die Integrationsfunktion der gewerkschaftlichen und betrieblichen Interessenvertretung eine zentrale Rolle: Diese organisiert Zustimmung in der Belegschaft, macht dabei aber gegenüber der Kapitalseite zugleich Interessen kenntlich, an deren Berücksichtigung diese Zustimmung geknüpft ist, wie am Beispiel eines Betriebes gezeigt wird (2).

Pragmatismus bestimmt diese sozialpartnerschaftliche Stoffwechselpolitik allerdings auch in einem Punkt, der eigentlich als strukturelle Begrenztheit der grünen Modernisierung zu diskutieren wäre. Letztere gewinnt ihre Legitimation aus dem Versprechen, das gegebene Produktionsregime dadurch zu konservieren, dass es auf eine neue stoffliche und energetische Grundlage gestellt wird. Genauere Analysen zu den Entwicklungsperspektiven von Energiewende und Wasserstoffwirtschaft machen aber deutlich, dass auch die grüne Modernisierung mit spezifischen Grenzen des Wachstums konfrontiert ist. Daraus ergeben sich Herausforderungen, die schwerlich im Rahmen sozialpartnerschaftlicher Stoffwechselpolitik bearbeitbar sind (3). Dennoch bleibt diese bis auf Weiteres die vorherrschende Perspektive (4). Empirisch greift der Text neben wissenschaftlichen Veröffentlichungen und Positionspapieren (vgl. Schoppengerd 2024) vor allem in Abschnitt 3 auf die Einsichten aus fünf Expert*inneninterviews zurück.[1]

1. Die Dekarbonisierung der Stahlindustrie als sozialpartnerschaftliche Stoffwechselpolitik

Schaupp (2024) hat jüngst den Begriff »Stoffwechselpolitik« eingeführt. In den politischen Konstellationen, die bisher als Industrielle Beziehungen bezeichnet werden, soll damit die Gestaltung des gesellschaftlichen Naturverhältnisses über die simultane Nutzbarmachung von Natur und Arbeit als zentraler und bislang vernachlässigter Aspekt hervorgehoben werden (siehe auch den Beitrag von Simon Schaupp in diesem Heft). Zwar folge ich nicht der Position, dass der Begriff der Industriellen Beziehungen durch »Stoffwechselpolitik« abgelöst werden sollte, dennoch erachte ich das Konzept für das hier untersuchte Beispiel als sehr produktiv.

Die Metapher des gesellschaftlichen Stoffwechsels mit der Natur hat Karl Marx geprägt, als er sich mit den Arbeiten von Justus Liebig auseinandersetzte: die Gesellschaft als ein Organismus, der frisst, was er benötigt, verwertet, was nützlich ist, und auswirft, was verbraucht oder unnütz ist. Bei

1 Drei dieser Interviews wurden im Rahmen eines von der Hans-Böckler-Stiftung geförderten Projekts geführt (»Transformation und Partizipation). Hinzu kommt Material aus teilnehmender Beobachtung. Mein Dank geht an die Hans-Böckler-Stiftung sowie an meine Gesprächspartner*innen aus Wissenschaft, Gewerkschaft (IGM) und Betriebsrat (BR).

Liebig und so auch bei Marx ging es noch um die Störung des Stoffwechsels angesichts der Verstädterung im Industriezeitalter. Während auf dem Land die Böden ausgelaugt werden, konzentrieren sich Verbrauch und Fäkalien in den Städten, ohne dass letztere in einem ausgewogenen Kreislauf als Dünger verwertet werden könnten. Stattdessen werden Stickstoff und Phosphor in industriellen Verfahren gewonnen und als Ware gehandelt (von Redecker 2020: 43ff.). Das Bild von der Stoffwechselstörung lässt sich auch auf Bergbau und Stahl anwenden. Ein Hüttenwerk, in dem Eisenerz zu Stahl verarbeitet wird, stellt sich dann als gigantische Stoffwechselmaschine dar. Ein Hochofen ist aufwändig in Gang zu setzen, er ist an 365 Tagen im Jahr rund um die Uhr in Betrieb – ebenso durchgehend soll er mit Steinkohle und Eisenerz (beziehungsweise deren Derivaten) gefüttert werden. Heraus kommen das gewünschte Roheisen, das zu Stahl weiterverarbeitet werden kann, und das unnütze CO_2 (sowie Hitze, Gase und Schlacke, die teilweise anderen Verwendungen zugeführt werden, teilweise ebenfalls »Auswurf«, also Abgas oder Abfall sind).

Dieses um den Hochofen zentrierte Produktionsverfahren ist erstens der Grund dafür, dass die sogenannte Primärroute der Stahlindustrie (also die Produktion aus Erz statt auf Basis von Schrottrecycling) besonders CO_2-intensiv ist: Die Stahlindustrie in Deutschland hat noch etwa 80.000 Beschäftigte – das sind etwa 0,17 Prozent der knapp 46 Millionen Erwerbstätigen; sie ist mit ihrem Kohleverbrauch aber für mehr als fünf Prozent der gesamten CO_2-Emissionen in Deutschland verantwortlich. Zweitens ist durch diesen Produktionsschritt die Dekarbonisierung nicht umstandslos durch Elektrifizierung möglich: Kohlenkoks fungiert im Hochofen nicht einfach als Energieträger, sondern als sogenanntes Reduktionsmittel. Ziel des Vorgangs ist, das oxydierte Eisenerz vom Rost (Sauerstoff) zu befreien (zu reduzieren). Sauerstoff und Kohlenstoff verbinden sich dabei zu CO_2, zurück bleibt Roheisen, das in Folgeschritten zu Stahl weiterverarbeitet wird. Dieser wesentliche Teil des industriellen Stoffwechsels kann im Prinzip geändert werden, wenn Wasserstoff anstelle von Koks als Reduktionsmittel eingesetzt wird; das ist allerdings nicht in der bestehenden Hochofen-Apparatur möglich, sondern bedarf stattdessen einer sogenannte Direktreduktionsanlage. Diese verlangt nach Erz und Wasserstoff und wirft Wasserdampf und sogenannten Eisenschwamm aus, der ähnlich wie zuvor das Roheisen zu Stahl verarbeitet werden kann (detaillierter: Albrecht u.a. 2022).

Diese rein technische Perspektive verschleiert allerdings den herrschaftskritischen Sinn einer Analyse des gesellschaftlichen Stoffwechsels. Marx nimmt den Begriff als Ausgangspunkt seiner Analyse des Arbeitsprozesses und rückt damit die menschliche Praxis in den Mittelpunkt der Betrachtung.

Einerseits ist Arbeit immer eine Auseinandersetzung mit und eine Aneignung der natürlichen Umgebung; die Arbeitenden sind dabei stets auch Naturwesen. Andererseits findet sie statt in sich historisch wandelnden Produktionsverhältnissen. Unter kapitalistischen Verhältnissen dient der Arbeitsprozess nicht der Herstellung konkreter Gebrauchswerte allein, sondern vorrangig der Produktion von Tauschwert. Kapitalistische Herrschaft dreht sich in Schaupps Formulierung um die Nutzbarmachung von Arbeit und Natur zu diesem abstrakten Zweck: einem Zweck, der »in Form von Geld strukturell gleichgültig ist gegenüber seinen eigenen stofflich-natürlichen und sozialen Grundlagen und Voraussetzungen« (Hürtgen 2020: 175). Allerdings sind diese Strategien der Nutzbarmachung nicht immer erfolgreich: Sie treffen auf Beharrlichkeiten, auf Widerständigkeit und Eigensinn (vgl. Schaupp in diesem Heft). Sie gehen zwangsläufig einher mit Konflikten um ihre Einhegung und Begrenzung. Diese werden, mit einer bekannten Unterscheidung von Michael Burawoy gesprochen, als überbetriebliche »politics of production« ausgetragen, aber ebenso auf der mikropolitischen Ebene des Betriebs und des Arbeitsprozesses: »politics in production«.

Diese doppelte Produktionspolitik in der Stahlindustrie lässt sich in der aktuellen Gemengelage als Stoffwechselpolitik fassen. Die skizzierte Transformation zur »grünen Stahlproduktion« ist das Leitmotiv, das in allen anderen Auseinandersetzungen mindestens anklingt, das oft gar im Mittelpunkt steht: in industriepolitischen Diskussionen, in Tarifauseinandersetzungen, in der betrieblichen Gestaltung von Arbeitsplätzen und Arbeitsbedingungen. Den Interessen, die darin aufeinandertreffen, liegt letztlich der Konflikt zwischen Nutzbarmachung und Eigensinn zugrunde. In der deutschen Stahlindustrie allerdings wird Stoffwechselpolitik im institutionellen Gefüge der Montanmitbestimmung prozessiert. Dazu gehören in den großen Werken der Primärstahlerzeugung die paritätische Mitbestimmung im Aufsichtsrat, ein großes, von der IG Metall geführtes Betriebsratsgremium und ein hoher gewerkschaftlicher Organisationsgrad sowie eine stabile Vertrauensleutestruktur.

Die Montanmitbestimmung in der Kohle- und Stahlindustrie ist nach dem Zweiten Weltkrieg im Zuge der westdeutschen Neuordnung vor dem Hintergrund einer verbreiteten antikapitalistischen Grundstimmung in der Bevölkerung und nicht zuletzt unter Gewerkschaftsmitgliedern zustande gekommen (Fuhrmann 2017: 83ff.). Durchgesetzt wurde sie unter Androhung massiver Streiks, über die bereits per Urabstimmung entschieden war. Insofern scheint sich hier Timothy Mitchells (2012: 12ff.) These von der »Carbon Democracy« zu bestätigen: Demnach ist die Herausbildung des westlichen Modells parlamentarischer Demokratie im 20. Jahrhundert samt seiner wohlfahrtsstaatlichen Institutionen und sozialen Rechte maßgeblich aus der

Machtposition organisierter Arbeiter*innen in der kohlebasierten Energie- und Grundstoffproduktion zu erklären. Die Fähigkeit, Förderung und Transport von Kohle an neuralgischen Punkten durch Streiks zu unterbrechen – wie in zahlreichen Arbeitskämpfen mit massenhafter Beteiligung in den Kohlerevieren Westeuropas und Nordamerikas seit dem 19. Jahrhundert immer wieder unter Beweis gestellt worden war –, hat demnach als Katalysator der gesamtgesellschaftlichen Ausweitung sozialer und politischer Rechte gewirkt. Allerdings erwiesen sich gewerkschaftliche Hoffnungen, die Montanmitbestimmung ließe sich auf die gesamte Wirtschaftsordnung ausdehnen, als illusionär. Der politische Preis für ihre Einführung war die »völlige Aufgabe des Ziels der Wirtschaftsdemokratie und einer Neuordnung der Wirtschafts- und Gesellschaftsordnung im Rahmen einer überbetrieblichen Mitbestimmung« (Testorf 2017: 100f.) – auch wenn wichtige gewerkschaftliche Akteure eher geneigt waren, die Montanmitbestimmung als einen »ersten bescheidenen Schritt [...] auf dem Weg der Demokratisierung der Wirtschaft« (Hans Böckler, zit. n. Müller-Jentsch 2021: 21) zu interpretieren.

Tatsächlich trug die Montanmitbestimmung eher zur Herausbildung korporatistischer Beziehungen zwischen Unternehmen, Gewerkschaften und Staat und zur Entwicklung eines entsprechenden gewerkschaftlichen Selbstverständnisses bei. Die Anerkennung als Sozialpartner sichert eine Machtposition mit begrenzter Reichweite. Betriebsrat und Gewerkschaft verdichten verschiedene Positionen zu einem Belegschaftsinteresse, in dessen Namen sie als »intermediäre Organisationen« sprechen. Dabei gilt eine »pragmatische Anerkennung der kapitalistischen Verwertungszwänge und Marktgesetzlichkeiten als Rahmenbedingungen gewerkschaftlichen Handelns (wie immer diese auch in programmatischen Verlautbarungen ideell überschritten werden mögen)« (Müller-Jentsch 2009: 66). Auf dieser Grundlage wird auch der aktuelle Dekarbonisierungsprozess verfolgt. In diesem Sinne stellt er sich dar als sozialpartnerschaftliche Stoffwechselpolitik.

Öffentlich sichtbar wird dies vor allem in der medienwirksamen Überbringung von Subventionszusagen: Mehrfach hat der gegenwärtige Bundesminister für Wirtschaft und Klimaschutz, Robert Habeck, vor der versammelten Belegschaft symbolische Förderzusagen für den Aufbau von ersten Direktreduktionsanlagen an Unternehmensvertreter übergeben. Neben dieser Investitionskostenförderung (CAPEX) durch Bund und Länder von etwa sieben Milliarden Euro richtet sich auch das Instrument des Bundesministeriums für Wirtschaft und Klimaschutz der »Carbon Contracts for Difference« (CCfD) an Teile der Stahlbranche, bisher allerdings nur an mittelständische Elektrostahlwerke und nicht an die integrierten Hüttenwerke mit Hochofen (WV Stahl 2024). Eckpunkt der gemeinsamen Positionierung von Wirtschaftsvereinigung und Gewerkschaft ist darüber hinaus die Forderung nach einem zügigen Ausbau von Wasserstoffproduktion, -import und -infrastruktur (siehe 3.3.).

2. Konsensproduktion und Konfliktbearbeitung in der sozialpartnerschaftlichen Stoffwechselpolitik

Die Betonung der sozialpartnerschaftlichen Grundierung sollte nicht zu dem Missverständnis verleiten, dass Konflikte gänzlich abwesend sind. Um dies deutlicher zu machen und die spezifische Verbindung von Konsens und Konflikt zu verdeutlichen, werden in diesem Abschnitt unter einer konkreteren Perspektive die Gegebenheiten und Entwicklungen eines integrierten Hüttenwerkes in Südostniedersachsen betrachtet.

2.1. Die Restrukturierung des Produktionsprozesses und seine Tragweite

Ein erster Schritt des angestrebten Modernisierungsprozesses ist die Ersetzung der Hochöfen durch Direktreduktionsanlagen. Dies bedeutet eine weitreichende bauliche Umgestaltung des Werksgeländes. Die erste Direktreduktionsanalage wird inmitten des weitläufigen Areals errichtet und ist momentan eine Großbaustelle. Das führt auch dazu, dass vorübergehend die Zahl der Arbeiter*innen auf dem Gelände deutlich größer ist. Gleichzeitig lassen die Baumaßnahmen die weitreichenden Änderungen des Arbeitsprozesses zumindest erahnen: Die Zeit des ikonischen Arbeiters beim Hochofenabstich läuft ab (BR1).

Die Tragweite der Umgestaltung ist aber weit größer. Eine Produktionsanlage wie diese wird als integriertes Hüttenwerk bezeichnet, weil sie mehrere industrielle Fertigungsschritte an einem Ort zusammenfasst. Dem Hochofen sind andere Anlagen vorgelagert, die mit der Umstellung auf Wasserstoff-Direktreduktion ebenfalls zur Disposition stehen. Dies betrifft die Kokerei, in der die importierte Steinkohle zu Koks verarbeitet wird, um sie für die Roheisenherstellung brauchbar zu machen. Die Kokerei wirft aber auch chemische Nebenprodukte ab, unter anderem sogenannte Kuppelgase, mit denen ein werkseigenes Kraftwerk betrieben wird. Das ebenfalls importierte Eisenerz wird in der Sinteranlage hochofentauglich gemacht – zwar gilt auch für Direktreduktionsanlagen, dass sie das Erz nicht so verwerten, wie es aus dem Bergwerk kommt; allerdings werden hier nicht Sinter verwendet, sondern Eisenerzpellets. Das produzierte Roheisen (aus dem Hochofen) und der Eisenschwamm (aus der Direktreduktionsanlage) haben, wie die Bezeichnungen schon anzeigen, sehr unterschiedliche Eigenschaften und müssen entsprechend anders weiterverarbeitet werden, bevor schließlich Stahl gewalzt werden kann.

Hier gilt erneut: Der rein technische Blick blendet die Perspektive der Beschäftigten aus. Die bevorstehenden Umbrüche könnten auch Anlass für eine Haltung sein, die Knut Tullius und Harald Wolf (2023: 71) am Beispiel der Autoindustrie als »transformationspolitischen Konservatismus« bezeichnet haben. Dieser ist, so betonen sie, erfahrungsgesättigt und gut begründet – Innovation ging in der jüngeren Vergangenheit stets einher mit einer intensivierten Nutzung der Arbeitskraft. Insgesamt werden die Veränderungen im Laufe der letzten Jahrzehnte in der Regel nicht als Verbesserung interpretiert und das Misstrauen gegenüber wohlklingenden Managementankündigungen ist groß.

Diese Erfahrung ist der Belegschaft des Hüttenwerks nicht gänzlich fremd. Wiederholt kommt in Interviews die knappe Personaldecke zur Sprache, die durch den Abbau von Reservekapazitäten entstanden ist und in angespannten Situationen auch schon die Unterbrechung wichtiger Abläufe erzwungen hat. Für die verbleibende Belegschaft bedeutet das eine übermäßige Beanspruchung: »Klar ist eben auch, dass die Menschen einfach nicht können. Das geht nicht an den Anlagen. Du hast jetzt im Winter minus sechs Grad und von vorne hast Du 1.500 Grad. Das ist für den Körper nichts, wo man sagt, ›Oh ja, das will ich wirklich ein Leben lang machen‹.« (BR1) Ein Gewerkschaftsvertreter sieht dies auch als zentrales Hindernis für die eigentlich nötige Beteiligung von Beschäftigten. Zwar habe es stellenweise Nachbesserungen gegeben, aber

> »dennoch hat das nicht dazu geführt, dass die Menschen wieder so ausgeruht von der Arbeit sind, dass sie gesagt haben: Oh super, jetzt haben wir zwei Leute dazu gekriegt, jetzt würde ich gern noch Weiterbildung machen, und dann will ich noch an einem Innovationsworkshop und sonst was teilnehmen! Die Leute werden gerade sauer gefahren unter dieser vollen Belastung.« (IGM1)

Vor diesem Hintergrund kann es auf den ersten Blick verwundern, dass IG Metall und Betriebsrat sich in aller Entschiedenheit für die »Transformation« einsetzen und sich dabei auch in der Rolle sehen, diesbezüglich einen Konsens in der Belegschaft zu erarbeiten. Ein Gewerkschaftsvertreter schildert die Reaktionen auf Forschungsfortschritte im Bereich der Direktreduktion nach einer Phase intensiver Proteste für protektionistische Politik:

> »Als diese These aufkam, dass sich tatsächlich im industriellen Maßstab Stahlerzeugung so abbilden ließe, hat sich der Betriebsratsvorsitzende vor die Belegschaft gestellt und gesagt: Wenn das wahr ist, Kollegen, dann bleibt uns keine andere Wahl, als jetzt zu fordern, nicht nur politische und ökonomische Rahmenbedingungen zu gestalten, dass wir international wettbewerbsfähig

> bleiben, sondern dann müssen wir auch darauf setzen, dass jetzt sofort die Pläne, wie die Umstellung in der Hütte aussehen kann, angegangen werden. [...] Er hat dann sehr deutlich gemacht: Ja, das wird auch heißen, dass einzelne Kolleginnen und Kollegen von denen, die auch hier und heute unter uns sitzen, morgen nicht mehr an den angestammten Arbeitsplätzen tätig sein können. Aber wenn wir das nicht machen, dann haben wir das Spiel zweimal verloren. Einmal, weil wir nur eine Welt haben, auf der wir leben können, und spätestens unsere Kinder und Kindeskinder dann den Schaden tragen. Und zweitens: Selbst, wenn wir jetzt weiterhin glauben, einfach nur über politische Regulierung und verbesserte internationale Wettbewerbsfähigkeit besser dabei rauszukommen, dann führt das ins kurze Gras. Über kurz oder lang lässt sich internationale Wettbewerbsfähigkeit gegen ein sauberes, moderneres und damit dann auch besseres klima- und umweltfreundlicheres Produkt aus anderer Herren Länder nicht mehr aufrecht halten. Und die herkömmliche Stahlindustrie stirbt.« (IGM1)

Dieses Selbstverständnis als »Treiber der Transformation« (Lehndorff 2023) prägt den gewerkschaftlichen Diskurs zur Stahlindustrie auch über den Standort hinaus – davon zeugt der vielfach verwendete Slogan »Unser Herz aus Stahl hat eine grüne Zukunft«. Der gleiche Gewerkschaftsvertreter warnt allerdings angesichts der Angewiesenheit auf wissenschaftliche Expertise in der Entwicklung neuer Produktionsverfahren vor unterkomplexen Vorstellungen von Belegschaftsbeteiligung und grenzt sich von romantischen Verklärungen basisdemokratischer Konversionsprozesse ab: »Es hat hier keiner in der Garage gesessen [...] und hat dann das Modell ins Hüttenwerk rüber getragen und gesagt, das ist jetzt das neue Ding, lasst uns mal ausprobieren.« (IGM1) Mit Blick auf die Dekarbonisierung anderer Branchen gibt er zu bedenken: »Das macht kein Legobastler oder Fischertechnikschlosser von zu Hause aus.« (IGM1)

2.2. Szenario-Prozess: Konsensproduktion durch Partizipation

Die Belegschaftsbeteiligung im Transformationsprozess zeigt sich an Mobilisierungen zu Protestaktionen für die politische Rahmensetzung und staatliche Subventionierung des Umbaus; sie geht aber im betrachteten Werk deutlich darüber hinaus. Hierfür steht insbesondere der »Szenario-Prozess«, ein innerbetrieblicher Diskussionsprozess, der 2020/21 durchgeführt wurde. Zu diesem Zeitpunkt hatte sich das Unternehmen die strategische Ausrichtung auf grüne Stahlproduktion zu eigen gemacht, über etliche Einzelaspekte bestand aber Unklarheit (vgl. Blöcker 2022: 28). Seine Umsetzung verdankt der Szenario-Prozess einer doppelten Gelegenheitsstruktur: Es konnte, vermittelt durch die lokale IGM-Geschäftsstelle, auf europäische Projektmittel (Europäischer Sozialfonds) zugegriffen werden, die durch eine Abteilung des IGM-Bundesvorstandes für das Programm »TransFA+IR« eingeworben worden waren. Die Förderbedingung, Arbeitgeber- und Arbeitnehmerseite einzubeziehen, war unter den Voraussetzungen der Montanmitbestimmung gut umzusetzen. Vorstand und Abteilungsleitungen beteiligten sich, Belegschaftsvertreter*innen wurden für ihre Beteiligung freigestellt.

Herzstück war die Durchführung von Workshops nach einem methodischen Verfahren, das angesichts einer Vielzahl von Variablen darauf abzielt, mehrere alternative Szenarien zu entwickeln. Die gewerkschaftlichen Initiatoren setzen gezielt auf die Beteiligung von Betriebsratsmitgliedern und Vertrauensleuten aus den unterschiedlichen Werksbereichen und darauf, sie in Arbeitsgruppen mit der Leitungsebene zusammenzubringen. Ein beteiligter Gewerkschaftssekretär beurteilt den Szenario-Prozess mit seinen intensiven Diskussionen über die Frage nach dem Aussehen des Standorts im Jahr 2035 als »ein sehr positives Beispiel für einen sozialpartnerschaftlichen Prozess« (IGM2), der im Unterschied zum konfliktträchtigen Alltag eine tiefergehende Auseinandersetzung ermöglicht habe. Der wesentliche Gewinn für die Arbeitnehmerseite habe darin bestanden, die Diskussion in der Belegschaft zu verbreitern, präzisere Informationen über den Stand der Planung und nicht zuletzt auch über die zahlreichen offenen Fragen zu erhalten und auf dieser Grundlage unterschiedliche Handlungsoptionen vorausschauend entwickeln zu können.

Als ein entscheidender Konflikt sei schon zu diesem Zeitpunkt die Frage der Arbeitsplätze deutlich geworden. Während die Arbeitgeberseite sich gegen verbindliche Festlegungen hinsichtlich der wegfallenden und der neu entstehenden Stellen gesträubt und an das gewachsene Vertrauensverhältnis appelliert habe, habe insbesondere der BR auf belastbare Ankündigungen bestanden. Die Herausarbeitung von Konfliktthemen und divergierenden Interessen fand allerdings auf einer geteilten Grundlage statt: Die Notwendigkeit der Dekarbonisierung und ihre Umsetzung über Wasserstoff-Direktreduktion wurde von niemandem zur Disposition gestellt (IGM2). Insofern hat dieses partizipative Vorgehen auch ein konsensstiftendes Moment mit Blick auf den Umbau. Als strittig erweisen sich die Details seiner Operationalisierung.

2.3. Konflikte im grünen Umbau

Für manche Teile des Werks ist nach wie vor unklar, ob sie geschlossen werden oder umgerüstet werden können. Dazu gehören das Kraftwerk und die Sinteranlage. Hinsichtlich der zukünftigen Wertschöpfungskette treten Differenzen besonders deutlich hervor, wenn der Standort der Neuanlagen zur

Disposition gestellt wird. Während sich Gewerkschaft und Betriebsrat daran orientieren, wie die Gesamtzahl der Arbeitsplätze am bestehenden Standort möglichst hochgehalten werden kann, stehen aus Sicht des Konzerns die Kosten im Vordergrund.

Konkret geht es um den Standort der Direktreduktionsanlage(n) – hier hatte das Unternehmen auch einen Standort an der Nordseeküste prüfen lassen – und um die Frage, ob beziehungsweise in welchem Umfang die Wasserstoffherstellung und -prozessierung fremdvergeben oder selbst gemacht wird. Neben der Standortfrage ist also auch strittig, wer als Anlagenbetreiber fungiert. Auch unter der Bedingung, dass alle wesentlichen Neuanlagen unter dem Dach der Hütte zusammengeführt werden, rechnet der Betriebsrat mit dem Verlust von einigen hundert Arbeitsplätzen (BR1). Allerdings ist es erklärte Absicht, die Gesamtgröße der Kernbelegschaft dadurch stabil zu halten, dass im Gegenzug die Wiedereingliederung outgesourcter Betriebsteile angestrebt wird (BR2).

Die Erwartung von Arbeitsplatzverlusten erklärt sich auch daher, dass mit den neuen Anlagen auch das »Drumherum« aus Steuerungs- und Kontrolltechnologien digitalisiert oder anderweitig modernisiert wird. »Das ist anders als mit den groben Steuerknüppeln, wie wir das bisher in der Stahlindustrie kannten« (IGM1). Dieser Aspekt verdeutlicht den Wandel auch in den Details des Arbeitsprozesses. Die nötige Qualifizierung kann ihrerseits Konfliktthema sein und wird erschwert durch die angesprochenen Differenzen in der Personalausstattung. »Wir haben das Problem, wenn wir jetzt aus den einzelnen Anlagenbereichen Leute rausnehmen, die zur Weiterbildung schicken, dann haben wir das Problem, dass wir die Anlage nicht mehr besetzt haben. Also besser keine Weiterbildung. Ja, und dann? Das ist ein richtiges fettes Problem.« (IGM1) Die Schwierigkeit wird dadurch größer, dass in den Jahren des Übergangs ein Parallelbetrieb von alten und neuen Anlagentypen nötig ist: »Du kannst dir nicht die ganzen guten, erfahrenen Meister und Techniker vom Hochofen wegstellen.« (BR1) Fehlende Erfahrung ist, so betont der Interviewte, ein erhebliches Sicherheitsrisiko – gleichzeitig erwarten auch die Erfahrenen, sich durch Qualifizierung für die Zeit nach dem Hochofen wappnen zu können.

Betrachtet man die Umstellung auf grüne Stahlproduktion näher, werden also die Konflikte sichtbar, die im Modus der sozialpartnerschaftlichen Stoffwechselpolitik ausgetragen werden. Zwischen Unternehmensführung, betrieblicher Interessenvertretung und Gewerkschaft besteht ein grundsätzlicher Konsens darüber, dass dekarbonisierte Stahlproduktion durch eine Umstellung auf wasserstoffbasierte Direktreduktion notwendig ist. Dieser äußert sich auch als geteilte Erwartung an staatliche Institutionen, den Umbau umfangreich finanziell zu fördern. Dieser Konsens bedarf angesichts der Massivität der bevorstehenden Umbrüche einer aktiven Erarbeitung in der Belegschaft, was von der IG Metall engagiert und offenbar erfolgreich betrieben wird. Im gleichen Zuge wird aber auch die Bedingtheit dieser Herangehensweise verdeutlicht. Die Bereitschaft zur »Konsensarbeit« ist an Erwartungen geknüpft hinsichtlich der Perspektivsicherung für die bestehende Belegschaft und für die Industrieregion.

3. Probleme der grünen Modernisierung

Die sozialpartnerschaftliche Stoffwechselpolitik behandelt Konflikte zwischen Kapital und Arbeit basierend auf der Erwartung, dass die gegebenen Produktionsverhältnisse durch technische Modernisierung stabilisiert werden können. Zwar ist im Zuge der räumlichen Konkretisierung des Modernisierungsprozesses auch umkämpft, inwiefern die darin eingebundene Kernarbeiterschaft im Umfang stabil bleibt oder schrumpft, aber nicht nur unter ökologischen Nachhaltigkeitsgesichtspunkten, sondern auch mit Blick auf die Bedingungen des Verkaufs der Arbeitskraft setzt insbesondere die Gewerkschaftsseite auf das konservierende Moment der »grünen Transformation«. Ziel ist auch die Verteidigung einer Mitbestimmungsbastion, in der die industriellen Beziehungen institutionelle und praktische Ausnahmetatsachen umfassen.

In diesem Abschnitt wird der Blick auf die stoffliche und energetische Grundlage dieses Modernisierungskonsenses gerichtet. Der Aufbau der Wasserstoffökonomie ist in dem bereits skizzierten Sinne insofern Gegenstand der sozialpartnerschaftlichen Konfliktaustragung, als es um Anlagenstandorte, Wasserstoff-Produktionskapazitäten zur Arbeitsplatzsicherung und die (geografische) Gestaltung der zukünftigen Wertschöpfungskette geht. Diese Perspektive grüner Modernisierung bleibt aber mit Problemen behaftet, die im Rahmen der einzelbetrieblichen sozialpartnerschaftlichen Stoffwechselpolitik nur unzureichend adressiert werden können und die auch auf der Ebene überbetrieblicher gewerkschaftlicher Strategiebildung einstweilen ungelöst sind. Konkreter heißt das: Die technische Modernisierung ist ihrerseits mit bestimmten Koordinations- und Knappheitsproblemen konfrontiert.

Dreh- und Angelpunkt der Branchenperspektive, um die gegebenen Produktionsverhältnisse auf eine CO_2-neutrale Grundlage stellen zu können, ist die Verfügbarkeit von grünem Wasserstoff. Wenngleich seit einigen Jahren erhebliche industriepolitische Anstrengungen darauf gerichtet werden, einen funktionierenden Markt für Wasserstoff zu etablieren, der mittels Elektrolyse aus erneuerbarem Strom produziert wird, gibt es erhebliche Zweifel, ob die Ausbauszenarien im anvisierten Umfang und mit dem ausgegebenen Tempo realisierbar sind: Auch bei relativ optimistischen Prognosen wird grüner Wasserstoff auf absehbare Zeit ein knappes Gut bleiben (Odenweller u.a. 2022; siehe auch den Beitrag von Klaus Meier in diesem Heft). Zwar gibt es für die Stahlerzeugung Übergangstechnologien auf fossiler Basis, deren zeitliche Streckung würde aber die Lösung des Schlüsselproblems in Frage stellen, dass »wir nur eine Welt haben, auf der wir leben können, und spätestens unsere Kinder und Kindeskinder dann den Schaden tragen« (IGM1, siehe 2.1).

3.1. Stahl gegen Henne und Ei

In der Debatte um die Verwendung von Wasserstoff herrscht Konsens, dass die Stahlindustrie und andere energieintensive Grundstoffindustrien zu dessen sinnvollen Einsatzfeldern gehören. Im Unterschied etwa zu vielen Mobilitätsanwendungen und dem Heizen von Gebäuden besteht hier nicht die Möglichkeit der direkten Elektrifizierung. Schon die Herausforderung, die nötigen Wasserstoff-Produktionskapazitäten für diese sogenannten *Hard-to-abate*-Industrien zu schaffen, ist groß. Hier ist der Einsatz unter CO_2-Einsparungsgesichtspunkten aber besonders effizient. Im Aufbau der Wasserstoffwirtschaft spielen staatliche Institutionen eine Schlüsselrolle bei der Initiierung und Koordination notwendiger Investitionen. Ihnen ist die Rolle von Geburtshelfern einer marktförmigen, auf Privateigentum basierenden Branche zugedacht.

Zentrale Herausforderung des »Markthochlaufs« der grünen Wasserstoffproduktion ist ein Henne-Ei-Problem bei der Mobilisierung von privaten Investitionen: Wer garantiert den Abnehmern (etwa den Stahlproduzenten), dass ihre teuren Anlagen zur Verarbeitung von Wasserstoff in Zukunft in ausreichendem Umfang beliefert werden können? Wer garantiert umgekehrt den Wasserstoff-Produzenten, dass sie in Zukunft Abnehmer finden werden, die bereit sind, für den teuren grünen Wasserstoff zu zahlen, sich die Großinvestitionen in entsprechende Projekte zur Stromerzeugung und Elektrolyse also auszahlen? Wer garantiert beiden Seiten, dass die Infrastruktur für Transport und Lagerung vorhanden ist?

Vor diesem Hintergrund haben verschiedene Stakeholder der entstehenden Wasserstoffökonomie ein Interesse daran, die Stahlindustrie als Großabnehmer zu etablieren. Maßnahmen zur politischen Unterstützung des Produktionsumbaus sind von einem entsprechend breiten Konsens getragen. Argumentiert wird vor allem damit, dass Direktreduktionsanlagen kurzfristig mit Erdgas betrieben werden können und ein Umstieg auf Wasserstoff schrittweise erfolgen kann. Daher stelle die Stahlbranche einen »idealen Anker für den Markthochlauf einer systemdienlichen Elektrolyse zur Produktion von erneuerbarem Wasserstoff dar« (Agora Industrie u.a. 2022: 21).

Die Direktreduktion unter Verwendung von Erdgas hat im Vergleich zur Produktion im Hochofen einen deutlich verringerten CO_2-Ausstoß; von der angestrebten Treibhausgasneutralität ist sie aber weit entfernt. Eine zweite Übergangstechnologie besteht im sogenannten blauen Wasserstoff, der auf fossiler Grundlage unter Einsatz von Kohlenstoffabscheidung produziert wird (CCS-Technologie; siehe auch den Beitrag von Tobias Haas u.a. in diesem Heft).

3.2. Begrenzung erneuerbarer Kapazitäten: Externalisierung von Landnutzungskonflikten versus »Renewables Pull«

Trotz der Bemühungen um den beschleunigten Aufbau europäischer Produktionskapazitäten für grünen Wasserstoff gehen alle Szenarien davon aus, dass Bedarfsdeckung auf dem angestrebten Niveau nicht erreicht werden kann. Die Europäische Kommission gibt in der »REPowerEU«-Strategie, die in Reaktion auf den Ukraine-Krieg formuliert wurde, für 2030 eine handliche Fifty-fifty-Formel aus: zehn Megatonnen heimische Produktion, zehn Megatonnen Import. Auch die deutsche Bundesregierung ist darum bemüht, die Aufnahme von Lieferbeziehungen voranzutreiben (Simon u.a. in diesem Heft).

Grundsätzliche Kritik an dieser Importperspektive bezieht sich auf die Etablierung oder Fortschreibung globaler Ungleichheits- und Abhängigkeitsbeziehungen, wenn die Produktion von Wasserstoff in solchen Ländern angesiedelt werden soll, die kaum industrialisiert sind und in denen mitunter große Teile der Bevölkerung keinen Zugang zu Elektrizität haben. Als mögliche Ungerechtigkeiten im Zusammenhang mit Wasserstoffprojekten nennen Müller u.a. (2022) Konflikte um die Verfügbarkeit erneuerbarer Energie, Wassernutzung, Landnutzung beziehungsweise Umsiedlungen, die Beeinträchtigung indigener Lebensweisen und die Stärkung autoritärer Regierungen (siehe auch den Beitrag von Jenny Simon u.a.in diesem Heft).

Werden, so eine Befürchtung, die günstigsten Standorte für die Erzeugung erneuerbarer Energien für den Wasserstoffbedarf Europas in Beschlag genommen, kann dies eine Barriere für die lokale beziehungsweise regionale nachhaltige Entwicklung sein. In Ländern mit relevanter Industrieproduktion auf fossiler Energiegrundlage stellt sich die Frage, ob der Strom aus erneuerbaren Quellen beziehungsweise der produzierte Wasserstoff hier nicht sinnvoller und mit stärkerem Dekarbonisierungseffekt verwendet werden könnte. Hamza Hamouchene (2022) verweist etwa auf die Düngemittelindustrie in verschiedenen Ländern Nordafrikas.

Die genannten Befürchtungen werden in zentralen Strategiepapieren staatlicher Institutionen durchaus antizipiert – so in der Fortschreibung der Nationalen Wasserstoffstrategie der Bundesregierung, die auf die künftige Erarbeitung von *Good Governance*-Standards auf G7- oder G20-Ebene verweist

(Bundesregierung 2023: 10). Das Papier verspricht den Einsatz der Bundesregierung für die Entwicklung aussagekräftiger Zertifizierungssysteme und Herkunftsnachweise »unter Beachtung hoher Umwelt- und Nachhaltigkeitskriterien wie der Vermeidung von Wassermangel und Nutzungskonkurrenzen, Verschmutzung und Flächenkonkurrenz sowie dem Schutz von Menschenrechten in Lieferketten« (ebd.: 28). Allerdings wird nicht präzisiert, wie diese Kriterien operationalisiert werden sollen.

Eine aus Gewerkschaftssicht brisante Wendung nimmt die Diskussion um die globale Struktur der Wertschöpfungsketten unter dem Schlagwort »Renewables Pull Effect«. Wenn zusätzlich zu den angesprochenen Problemen auch die Schwierigkeiten beim Transport von Wasserstoff berücksichtigt werden, könnten die niedrigeren Produktionskosten erneuerbarer Energien auch ein Argument für die Ansiedlung weiterer Produktionsschritte am Ort der Wasserstoffherstellung sein. Nicht nur die Elektrolyse, sondern auch die Direktreduktion könnte beispielsweise an gleichermaßen sonnen- wie erzreichen Standorten günstiger sein und einer Industrialisierung dienen. Die niedrigeren Kosten würden den Erfolg der Energiewende beschleunigen (Samadi u.a. 2023). In einer Studie des Forschungsinstituts für Nachhaltigkeit (RIFS) Potsdam geben 92 Prozent von 300 befragten Manager*innen aus Chemie- und Stahlunternehmen an, dass die Kosten erneuerbarer Energien der bedeutendste Faktor bei Investitionsentscheidungen in den nächsten Jahren sein werden und sie vor diesem Hintergrund mit geografischen Restrukturierungen ihres Unternehmens und ihrer jeweiligen Branche rechnen (Eicke u.a. 2024).

Allerdings ist auch der Transport von Eisenschwamm nicht ohne Schwierigkeiten; energetisch ist als Verlust in Rechnung zu stellen, dass er nicht direkt im heißen Zustand weiterverarbeitet werden kann, wie das in einer integrierten Hüttenanlage der Fall ist. Eine Studie im Auftrag des Deutschen Wasserstoff- und Brennstoffzellenverbands bilanziert die Perspektiven verlagerter Eisenschwammproduktion:

> »Sie wäre verbunden mit geringerer Effizienz, geringerer Wertschöpfung, Kontrollverlust über die Roheisenlieferqualität [...], neue politische oder zeitliche Abhängigkeiten in der Lieferkette [...] und potenziell höhere Umweltwirkungen entlang der Lieferkette ohne Einflussnahme. Gleichzeitig verbleibt aber mit der innovativen elektrischen Schmelzertechnologie (ES) der wertmäßig wichtigere und Know-How-trächtigere Wertschöpfungsanteil der Rohstahlherstellung in Deutschland, wodurch eine versorgungssichere und verbrauchsnahe Versorgung mit qualitativ hochwertigem Rohstahl weiterhin sichergestellt ist.« (Albrecht u.a. 2022: 62f.)

Die bereits in Abschnitt 2 angesprochenen gewerkschaftlichen Befürchtungen einer Desintegration des Produktionsablaufs im Zuge des Umbaus sind also durchaus begründet.

3.3. Begrenzung erneuerbarer Kapazitäten: Allgemeine Elektrifizierung und Knappheit der benötigten Rohstoffe

Standortunabhängig besteht beim Ausbau der Wasserstoffkapazitäten ein globales Problem der Rohstoffknappheit in der Energiewende. Vermittelt über die Wasserstoff-Elektrolyse besteht die energetische Basis des »grünen Stahls« in Strom aus erneuerbaren Energien, vorrangig Sonnen- und Windenergie; diese sind entgegen oberflächlicher Betrachtung nicht unbegrenzt verfügbar. Um Sonnenschein als Strom verfügbar zu machen, bedarf des Einsatzes knapper Materialien. Die grüne Wasserstoffökonomie ist hier eine Verwendung unter vielen im Rahmen einer weltweit vorangetriebenen Energiewende.

Die Energiewende löst bekanntlich eine enorme Nachfrage nach bestimmten Metallen und Mineralien aus. Die Internationale Energieagentur rechnet damit, dass beim derzeitigen Planungsstand im Jahr 2035 die Nachfrage nach Kupfer nur zu 70 Prozent gedeckt werden kann. Zur globalen Knappheit dieses und anderer Rohstoffe kommen geopolitische Unwägbarkeiten hinzu: So konzentriert sich ein Großteil des Grafitabbaus in China (IEA 2024). Grafit wird für Elektroden benötigt – nicht nur in Batterien, sondern auch in den Elektrolichtbogenöfen, die Schrott und/oder Eisenschwamm zu Stahl schmelzen.

Der Bedarf nach dem anderen wesentlichen Rohstoff für die Primärstahlerzeugung – Eisenerz – wird durch die aktuellen Bestrebungen zur Dekarbonisierung nicht grundsätzlich berührt. Allerdings schrumpfen weltweit die natürlichen Reserven mit relativ hohem Eisenanteil. Bei Verwendung minderwertigen Erzes müssen entsprechend größere Mengen ausgegraben werden (Shahabuddin u.a. 2023: 14). Entscheidend an dieser Stelle ist aber, dass die wasserstoffbasierte grüne Stahlproduktion ein Puzzleteil in einem globalen Energiewende-Szenario ist, das als Szenario ungebremsten Wachstums nicht realisierbar sein wird.

4. Stoffwechselpolitik jenseits der Sozialpartnerschaft?

Das Problem der strukturellen und stofflichen Begrenztheit der grünen Modernisierung findet Niederschlag in industriegewerkschaftlichen Debatten. So formulierte der IG-Metall-Vorstand zum Gewerkschaftstag im Oktober 2023:

> »Die IG Metall wird [...] konkrete Antworten für den Umgang mit den Grenzen des Wachstums formulieren müssen. Die bisherigen Postwachstums-Vorschläge

> aus dem ökologischen Spektrum der Zivilgesellschaft mögen im Detail nicht überzeugend sein, gewinnen aber an Deutungsmacht. Wir werden unser Konzept eines demokratischen Fortschrittsmodells für sozial wie ökologisch nachhaltigen und inklusiven Wohlstand konkretisieren. Ein möglicher Bestandteil: eine andere Gestaltung und Verteilung der Arbeitszeit.« (IGM 2023a: 33)

Die zaghafte Formulierung hat gute Gründe. Das bisherige Wohlstandsmodell befindet sich in der »Zangenkrise« (Dörre 2020), in der die Befriedung sozialer Verteilungskonflikte durch weiteres Wachstum keine tragfähige Option mehr darstellt. Unter den Bedingungen einer »demobilisierten Klassengesellschaft« stellen offensive Umverteilungskämpfe aber ebenfalls keine unmittelbar greifbare Möglichkeit dar (Mau u.a. 2024).

Im Kontext der Stahlbranche stellt sich die Situation ähnlich schwierig dar. Die oben diskutierte Begrenztheit des grünen Modernisierungsprozesses weist in Richtung einer Kopplung der technologischen Dekarbonisierung an eine Begrenzung des Produktionsvolumens: Es wird nur so viel Stahl produziert, wie es die Verfügbarkeit grünen Wasserstoffs zulässt. Eine solche ökologisch motivierte Begrenzung wäre aber erst dann machbar, wenn die technischen Voraussetzungen in Gestalt von Direktreduktionsanlagen und Wasserstoff-Infrastruktur betriebsfertig wären; sie wäre darüber hinaus entweder im Rahmen kapitalistischer Konkurrenz mit einem verschärften Existenzkampf der noch bestehenden Hüttenwerke verbunden – mit manchen Belegschaften als den größten Verliererinnen – oder sie müsste im Rahmen einer »politics of production« stattfinden, die die gegenwärtigen Formen industriepolitischer Intervention deutlich überschreiten würde, namentlich in Form überbetrieblicher Bedarfs- und Kapazitätsplanung.

Die Subventionsabhängigkeit der Unternehmen eröffnet theoretische Möglichkeiten, wie der politische Einfluss ausgeweitet werden kann. Gleichzeitig finden sich in der Geschichte der IG Metall interessante Diskussionsansätze für eine solche Perspektive der geordneten Schrumpfung. Im Zuge der fortschreitenden Krise wurde auf dem IGM-Gewerkschaftstag 1983 ein »Stahlpolitisches Programm« beschlossen, das den Rahmen der sozialpartnerschaftlichen Kompromissbildung deutlich überschritt. Gegen den Willen und das Votum des Gewerkschaftsvorstands forderte eine Mehrheit der Delegierten die Vergesellschaftung der Stahlindustrie, um politische Eingriffsmöglichkeiten im Krisenverlauf zu erweitern (Lauschke 2007: 299ff.). Kern des Konzepts war es, alle Stahlbetriebe in einer Holding zusammenzufassen, die für Produktions-, Personal- und Absatzplanung zuständig sein sollte. Die einzelnen Betriebe wären aber selbständige Einheiten geblieben. Paritätische Mitbestimmung sollte auf allen Ebenen gelten. Die Holding sollte als Aktiengesellschaft verfasst sein; die Enteigneten wären über Aktien entschädigt worden, ohne dass sich daraus Macht in der Steuerung des Unternehmens ergeben hätte (Judith/Peters 1986). Der formale Beschluss der Forderung war aber nicht mit der Ausarbeitung einer politischen Umsetzungsstrategie gegenüber der CDU-geführten Bundesregierung verbunden (Hoffrogge 2021).

Aktuell stünde eine solche Vorgehensweise im Widerspruch zu den marktbasierten grünen Modernisierungsansätzen von EU und Bundesregierung, auf deren partielle Beeinflussung das sozialpartnerschaftlich-korporatistische Vorgehen bislang ausgerichtet ist. Für die Einschätzung, dass das pragmatische Festhalten am Modernisierungskonsens trotz der absehbaren Unzulänglichkeiten einstweilen Bestand hat, spricht auch der Verlauf der jüngsten Tarifrunde in der Stahlindustrie. Die IG Metall hat hier die Arbeitszeit zum Thema gemacht und eine Absenkung von 35 auf 32 Stunden in der Woche gefordert. Dies wurde ausdrücklich mit den Herausforderungen der sozialökologischen Transformation verbunden: einerseits, um drohenden Arbeitsplatzverlusten zu begegnen; andererseits, um die Gewinnung neuer Generationen hochqualifizierter Fachkräfte zu erleichtern.

Auch mit einer Verkürzung auf 33,6 Stunden pro Woche wäre schon erreicht worden, dass im Rahmen des vollkontinuierlichen Schichtsystems keine sogenannten Einbringungsschichten mehr nötig gewesen wären, die zusätzlich zur ohnehin beanspruchenden Arbeit anfallen. Im Dezember 2023 wurden Schritte vereinbart, die auch hinter diesem Zwischenziel zurückbleiben. Per Betriebsvereinbarung kann die Arbeitszeit abweichend vom Flächentarifvertrag in transformationsbedingten Sondersituationen um bis zu drei Stunden verkürzt oder verlängert werden; individuell ist eine Verkürzung auf 33,6 Stunden möglich; für Beschäftigte ab 60 Jahren kann das Unternehmen dabei auch keine entgegenstehenden betrieblichen Interessen geltend machen (IG Metall 2023b). Zeitgleich zu den Verhandlungen wurde die Konstruktion des Klima- und Transformationsfonds durch das Bundesverfassungsgericht für unzulässig erklärt. Dies sorgte für erhebliche Verunsicherung hinsichtlich der staatlichen Modernisierungs-Subventionen und so mutmaßlich für eine defensivere Position der Gewerkschaften. Die IG-Metall-Verhandlungsführung entschied sich jedenfalls gegen einen offenen Konflikt und für einen zügigen Abschluss.

5. Pragmatismus vor Suffizienz

Der Modernisierungskonsens, der die sozialpartnerschaftliche Stoffwechselpolitik in der Stahlindustrie strukturiert, hat Sollbruchstellen, wird aber durch Pragmatismus zusammengehalten. Die gewerkschaftliche Mitwirkung an seiner Stabilisierung basiert auf der Erwartung, die laufende Restrukturierung der Stahl-Wertschöpfungskette im Sinne von Standort- und Arbeitsplatzerhalt beeinflussen zu können. Die staatlichen Subventionen für die Errichtung von Direktreduktionsanlagen sind Erfolge des gemeinsamen Vorgehens von Gewerkschaften und Unternehmen. Sie werden dadurch begünstigt, dass diese Umrüstung in den Hüttenwerken die Anreize im Markthochlauf der Wasserstoffwirtschaft erhöhen soll, sie also auch Stakeholder außerhalb der Stahlbranche hat. Die Investitionen umfassen aber bei Weitem noch nicht das bisherige Produktionsvolumen auf der Hochofenroute; und die Subventionen sind, anders als von den Gewerkschaften gefordert, nicht an Bedingungen für Arbeitsplätze und Mitbestimmung gekoppelt.

Unter dem Gesichtspunkt der Wasserstoffversorgung ist zudem fraglich, ob das Versprechen einer nahezu vollständig dekarbonisierten Stahlproduktion im gegebenen Umfang eingelöst werden kann, ob also die ökologische Komponente im Modus der sozialpartnerschaftlichen Stoffwechselpolitik tatsächlich realisierbar ist. Eine Ausrichtung der weiteren Entwicklung an Maßgaben der Suffizienz wäre demgegenüber allerdings weder im einzelnen Unternehmen noch in einer isolierten Branchenperspektive zu entwickeln, sondern würde überbetriebliche Bedarfsermittlung und Kapazitätsplanung unter Einbeziehung der Abnehmerbranchen verlangen. Entsprechende Diskussionen (z.B. Durand u.a. 2023) sind mit den tradierten Mustern sozialpartnerschaftlicher Interessenvertretung schwerlich zu vereinbaren und haben daher auf Gewerkschaftsseite nur geringe Resonanz.

Literatur

Agora Industrie u.a. (2022): Klimaschutzverträge für die Industrietransformation. Aktualisierte Analyse zur Stahlbranche. URL: https://www.agora-industrie.de/, Zugriff: 6.10.2023.

Albrecht, Uwe u.a. (2022): Emissionsfreie Stahlerzeugung. Metastudie zu den technischen, technologischen und wirtschaftlichen Parametern für die Umstellung der deutschen Stahlindustrie auf eine emissionsarme Stahlproduktion auf Basis von grünem Wasserstoff. URL: https://lbst.de/, Zugriff: 26.7.2023.

Blöcker, Antje (2022): Grüner Stahl – Wie geht das? Eine Studie im Rahmen des Projekts »Sozial-ökologische Transformation der deutschen Industrie«. Rosa-Luxemburg-Stiftung. URL: https://www.rosalux.de/, Zugriff: 2.10.2023.

Bundesregierung (2023): Fortschreibung der Nationalen Wasserstoffstrategie – NWS 2023. Hg. v. Bundesministerium für Wirtschaft und Klimaschutz (BMWK). URL: https://www.bmbf.de/, Zugriff: 7.8.2023.

Dörre, Klaus (2020): Gesellschaft in der Zangenkrise. Vom Klassen- zum sozial-ökologischen Transformationskonflikt. In: Ders. u.a. (Hg.): Abschied von Kohle und Auto? Sozial-ökologische Transformationskonflikte um Energie und Mobilität. Frankfurt/M./New York: 23-70.

Durand, Cédric / Hofferberth, Elena / Schmelzer, Matthias (2023): Planning Beyond Growth the Case for Economic Democracy within Ecological Limits. Working Paper. DOI: https://doi.org/10.2139/ssrn.4457481.

Eicke, Laima / Kramer, Niklas / Quitzow, Rainer (2024): Wie die Dekarbonisierung die Geografie der industriellen Produktion verändert: Erkenntnisse zur »Renewables Pull«-Hypothese. URL: https://www.rifs-potsdam.de/, Zugriff: 30.6.2024.
Fuhrmann, Uwe (2017): Die Entstehung der ›Sozialen Marktwirtschaft‹ 1948/49. Eine historische Dispositivanalyse. Konstanz.
Hamouchene, Hamza (2022): The energy transition in North Africa. Neocolonialism again! URL: https://longreads.tni.org/, Zugriff: 8.8.2023.
Hoffrogge, Ralf (2021): »Stahlwerk jetzt!« Wie die IG Metall 1983 einen großen Teil der Schwerindustrie vergesellschaften wollte – und was wir daraus lernen können. In: analyse & kritik 674 (21.9.2021). URL: https://www.akweb.de/, Zugriff: 14.8.2023.
Hürtgen, Stefanie (2020): Arbeit, Klasse und eigensinniges Alltagshandeln. Kritisches zur imperialen Lebensweise – Teil 1. In: PROKLA 198 50(1): 171-188. DOI: https://doi.org/10.32387/prokla.v50i198.1832.
IEA (International Energy Agency) (2024): Global Critical Minerals Outlook 2024. URL: https://www.iea.org/, Zugriff: 29.5.2024.
IG Metall (2023a): Grundsatzantrag: Wo wir stehen. Wohin wir wollen. In: Zeit für Zukunft. Beschlüsse des 25. Ordentlichen Gewerkschaftstages der IG Metall. Frankfurt/M.: 28-40.
– (2023b): Mehr Geld und Sicherheit in der Stahlindustrie. URL: https://www.igmetall.de/, Zugriff: 31.5.2024.
Judith, Rudolf / Peters, Jürgen (1986): Vergesellschaftung der Stahlindustrie. Ein Kernelement des ›Stahlpolitischen Programms der IG Metall‹. In: Heseler, Heiner / Hickel, Rudolf (Hg.): Wirtschaftsdemokratie gegen Wirtschaftskrise. Über die Neuordnung ökonomischer Machtverhältnisse. Hamburg: 42-57.
Lauschke, Karl (2007): Die halbe Macht. Mitbestimmung in der Eisen- und Stahlindustrie 1945 bis 1989. Essen.
Lehndorff, Steffen (2022): Auf dem Weg zur klimaneutralen Industrie. Was läuft, wo es hakt, worauf es jetzt ankommt. Ein Überblick über die Studien des Projekts »Sozial-ökologische Transformation der deutschen Industrie«. Rosa-Luxemburg-Stiftung. URL: https://www.rosalux.de/, Zugriff: 10.7.2024.
– (2023): Gewerkschaften als Treiber der Transformation. In: Schmitz, Christoph / Urban, Hans-Jürgen (Hg.): Das neue Normal. Konflikte um die Arbeit der Zukunft. Frankfurt/M.: 149-160.
Mau, Steffen / Lux, Thomas / Westheuser, Linus (2024): Triggerpunkte. Konsens und Konflikt in der Gegenwartsgesellschaft. 7. Aufl. Berlin.
Mitchell, Timothy (2011): Carbon Democracy. Political power in the age of oil. London.
Müller, Franziska / Tunn, Johanna / Kalt, Tobias (2022): Hydrogen justice. In: Environmental Research Letter 17: 115006. DOI: https://doi.org/10.1088/1748-9326/ac991a.
Müller-Jentsch, Walther (2009): Gewerkschaften als intermediäre Organisationen. In: Ders.: Arbeit und Bürgerstatus: Studien zur sozialen und industriellen Demokratie. Wiesbaden: 51-86.
– (2021): Wirtschaftsordnung und Sozialverfassung als mitbestimmte Institutionen. Wiesbaden. DOI: https://doi.org/10.1007/978-3-658-33970-8_2.
Odenweller, Adrian u.a. (2022): Probabilistic feasibility space of scaling up green hydrogen supply. In: Nature Energy 2022(7): 854-865. DOI: https://doi.org/10.1038/s41560-022-01097-4.
Samadi, Sascha / Lechtenböhmer, Stefan / Fischer, Andreas (2023): The renewables pull effect: How regional differences in renewable energy costs could influence where industrial production is located in the future. In: Energy Research & Social Science 104 (2023) 103257. DOI: https://doi.org/10.1016/j.erss.2023.103257.
Schaupp, Simon (2024): Stoffwechselpolitik. Arbeit, Natur und die Zukunft des Planeten. Berlin.
Shahabuddin, M. / Brooks, Geoffrey / Rhamdhani, Muhammad Akbar. (2023): Decarbonisation and hydrogen integration of steel industries: Recent development, challenges and

technoeconomic analysis. In: Journal of Cleaner Production 395: 136391. DOI https://doi.org/10.1016/j.jclepro.2023.136391.
Schoppengerd, Stefan (2024): Hydrogen Corporatism and Working Time Reduction. Union Strategies in the Transformation of German Primary Steel Manufacturing. IPE Working Paper 230. URL: https://www.ipe-berlin.org/, Zugriff: 30.6.2024.
Testorf, Christian (2017): Ein heißes Eisen. Zur Entstehung des Gesetzes über die Mitbestimmung der Arbeitnehmer von 1976. Bonn.
Tullius, Knut / Wolf, Harald (2023): »Soll mir das Angst machen?« Transformationserfahrungen von Beschäftigten in der Automobil- und der Luftverkehrswirtschaft. In: Arbeits- und Industriesoziologische Studien 16(1): 56-73. DOI: https://doi.org/10.21241/ssoar.86827.
von Redecker, Eva (2020): Revolution für das Leben. Philosophie der neuen Protestformen. Frankfurt/M.
WV Stahl (Wirtschaftsvereinigung Stahl) (2024): Erste Ausschreibungsrunde für Klimaschutzverträge gestartet. Pressemitteilung, 12.3.2024. URL: https://www.stahl-online.de/, Zugriff: 30.6.2024.
Witt, Uwe (2022): Klimapolitischer Rahmen für den Industrieumbau. Eine Studie im Rahmen des Projekts »Sozial-ökologische Transformation der deutschen Industrie«. Berlin: Rosa-Luxemburg-Stiftung. URL: https://www.rosalux.de/, Zugriff: 15.8.2023.

PROKLA 216 | 54. Jahrgang | Nr. 3 | September 2024 | S. 473-490
https://doi.org/10.32387/prokla.v54i216.2129

Simon Schaupp*

Bauarbeit im Klimawandel[1]

Expansive Nutzbarmachung und ökologischer Eigensinn

Zusammenfassung: Basierend auf verstehenden Interviews werden in diesem Beitrag die Umweltorientierungen von Schweizer Bauarbeiter*innen in Bezug auf den Klimawandel untersucht. Einerseits artikulieren die Befragten eine eher ablehnende Haltung gegenüber der Klimabewegung und dem staatlichen Klimaschutz, andererseits entwickeln sie eine ausgeprägte ökologische Kritik an ihrer eigenen Branche. Diese basiert auf einem verkörperten Umweltwissen, in dem die Erfahrung der expansiven Nutzbarmachung von Natur und Arbeitskraft zusammenfließen. Angesichts dessen sollte der Begriff des Umweltbewusstseins ausgeweitet werden, sodass damit nicht nur wissenschaftliches, sondern auch verkörpertes Umweltwissen ernst genommen wird.

Schlagwörter: Arbeitsprozess, Hitzestress, Klimawandel, Umweltbewusstsein, Umweltwissen

Construction Work and Climate Change

Expansive Utilization and Environmental Obstinacy

Abstract: Based on comprehensive interviews, this article examines the environmental orientations of Swiss construction workers with regard to climate change. On the one hand, the interviewees articulate a rather negative attitude towards the climate movement and state climate policy, on the other hand, they develop a pronounced ecological critique of their own industry. This is based on an embodied environmental knowledge, in which the experience of the expansive utilization of nature and work are conjoined. In view of this, the concept of environmental concern should be expanded so that not only scientific but also embodied environmental knowledge is taken seriously.

Keywords: Climate Change, Environmental Concern, Environmental Knowledge, Heat Stress, Labour Process

---

* **Simon Schaupp** arbeitet als Soziologe an der Universität Basel und forscht zu Arbeit, Digitalisierung und ökologischer Krise.

1 Der Autor dankt Nicole Gisler, Len Thaler und Noah Bortolussi für Ihre Unterstützung beim Führen und Auswerten der Interviews.

Die Forschung zum Umweltbewusstsein steht vor einer grundlegenden Herausforderung. Einerseits besteht ein breiter wissenschaftlicher Konsens darüber, dass ärmere Menschen aus der Arbeiter*innenklasse die Hauptlast der Umweltkrisen tragen (für einen Überblick siehe Bell 2020). Andererseits diagnostiziert die Meinungsforschung Arbeiter*innen in »gering qualifizierten« technischen Berufen regelmäßig ein schwach ausgeprägtes Umweltbewusstsein (z.B. Rubik u.a. 2021). Hochschild (2017: 336) argumentiert sogar: »Je größer das Risiko ist, gefährlichen Schadstoffen ausgesetzt zu sein, umso weniger Sorgen macht sich [...] der Betreffende darüber und umso größer ist die Wahrscheinlichkeit, dass er ein konservativer Republikaner ist.« Dem Umweltbundesamt (2017) zufolge entwickelt nur das »kritisch-kreative Milieu«, das heißt, Akademiker*innen, die in »kreativen« Berufen arbeiten, ein ausgeprägtes Umweltbewusstsein. Wenn dies zuträfe, wären gesellschaftliche Mehrheiten für den Klimaschutz kaum zu erreichen, da das »kritisch-kreative Milieu« lediglich 13 Prozent der deutschen Bevölkerung ausmacht (ebd.). Grund genug, sich einmal mehr mit den Umweltorientierungen von Personen außerhalb dieses Milieus zu beschäftigen.

Beschäftigte der Bauindustrie sind dabei ein besonders aufschlussreicher Fall. Die Baubranche gehört zu den klimaschädlichsten Bereichen der Wirtschaft. Allein die Zementproduktion ist für ungefähr acht Prozent des globalen CO_2-Ausstoßes verantwortlich. Hinzu kommt das hohe Aufkommen umweltschädlicher Abfälle. Gleichzeitig ist die Bauarbeit jedoch die Branche, die nach der Landwirtschaft bereits heute am stärksten unter dem Klimawandel leidet. Derzeit verzögern sich weltweit 45 Prozent der Bauprojekte durch Wettereinflüsse. Es wird erwartet, dass der Klimawandel die Häufigkeit und Intensität der Wetterbedingungen, die zu diesen Verzögerungen führen, erhöhen wird (Schuldt u.a. 2021). Temperaturen über 24 bis 26 Grad Celsius sind mit einer geringeren Arbeitsproduktivität verbunden. Aufgrund der körperlich anstrengenden Arbeit im Freien geht die Internationale Arbeitsorganisation (ILO) davon aus, dass in Nordamerika, West-, Nord- und Südeuropa sowie in den arabischen Staaten der größte Teil des klimawandelbedingten Produktivitätsverlustes auf den Bausektor entfallen wird (ILO 2019). Das führt zu Konflikten darüber, wer die Kosten dieses Produktivitätsverlustes trägt. In der Schweiz wurde im Herbst 2022 ein neuer Tarifvertrag für das Bauhauptgewerbe ausgehandelt. Dabei forderten die Arbeitgeber, die maximale Wochenarbeitszeit auf 58 Stunden anzuheben, um die Einbußen aufgrund des Klimawandels abzufedern. Dagegen riefen die Gewerkschaften zu einer großen Streikaktion auf, an der sich Tausende beteiligten. Am Ende wurde der Vorstoß verhindert (Schaupp 2024a).

Vor diesem Hintergrund untersucht der vorliegende Beitrag die Umweltorientierungen von Schweizer Bauarbeiter*innen in Bezug auf den Klimawandel. Der Begriff der Orientierungen anstelle des Begriffs des Bewusstseins verweist dabei auf den praxeologischen[2] Ansatz der Untersuchung. Dabei geht es weniger um individuelle Meinungen oder Einstellungen, die in der Umweltbewusstseinsforschung im Zentrum stehen, sondern eher um institutionell geformte praktische Haltungen, die oft implizit bleiben. Diese Herangehensweise trägt auch dem Grundproblem der Umweltsoziologie Rechnung, dass Umweltbewusstsein nur selten dem tatsächlichen Umweltverhalten der Menschen entspricht (Wendt/Görgen 2017). Eine solche Herangehensweise wird im folgenden Abschnitt anhand der Begriffe der Nutzbarmachung und des ökologischen Eigensinns entwickelt. Anschließend wird kurz das methodische Vorgehen dargestellt, um dann die Ergebnisse der Befragung zu präsentieren. Im letzten Abschnitt werden diese Ergebnisse reflektiert und daraus Schlüsse für mögliche Politiken einer sozial-ökologischen Transformation gezogen.

Nutzbarmachung: Die ökologische Dimension der Arbeitsprozesse

Zwischen der Mainstream-Umweltökonomie und kritischen Beiträgen zu verwandten Debatten besteht ein überraschender Konsens, dass die zentrale Ursache der Zerstörung von Natur deren unbezahlte »Aneignung« sei, die einen Anreiz für ihre Übernutzung darstelle. Dem soll hier nicht widersprochen werden. Ein analytischer Nachteil des Konzepts der Naturaneignung zeigt sich jedoch darin, dass es ein Bild von der Natur als einem riesigen Rohstofflager vermittelt, dessen Güter nur eingesammelt werden oder dessen »Ökosystemleistungen« von selbst in die Produktion einfließen. Ein solches Bild hat mit der Realität wenig zu tun. Die Natur existiert nicht als Ressource. Stattdessen muss sie stets zuerst durch Arbeit *nutzbar gemacht* werden (das Folgende beruht auf Schaupp 2024c). Der Begriff der Aneignung beschreibt lediglich den Prozess, durch den die Natur zum Privateigentum wird. Damit wird aber stofflich nichts in Gang gesetzt, es handelt sich um eine Abstraktion. Vielmehr macht die menschliche Arbeit die Natur zum Teil des Produktionsprozesses. Ein Fluss etwa ist nicht nur Wasser-, Energie- und Nahrungsquelle, sondern immer auch ein Risiko: Er könnte Felder

2 Der praxeologische Ansatz wurde von Bourdieu (1976) geprägt. Für ihn geht menschliche Praxis nicht nur auf Ideen und Normen zurück, sondern auch auf Interessen und verkörperte Kompetenzen. Die praxeologische Forschung will diese Praktiken nicht nur identifizieren, sie will auch erklären, wie sie entstehen.

und Siedlungen überfluten oder Verkehrswege blockieren. Deshalb hat die Nutzbarmachung der Natur immer auch etwas mit Kontrolle zu tun: Der Fluss muss kanalisiert werden, Tiere müssen gezähmt und gezüchtet, Unkraut und Schädlinge ausgerottet werden.

Zwischen der Nutzbarmachung der Natur und der Arbeit bestehen offensichtliche Ähnlichkeiten. Wie andere Teile der Natur wird auch der Mensch nicht als Arbeitskraft geboren, sondern muss kontinuierlich zu einer solchen geformt werden. Bevor Menschen arbeiten können, müssen sie jahrelang erzogen werden, das heißt, sie müssen an gesellschaftliche Konventionen herangeführt werden, die die Grundvoraussetzungen für die Arbeitsteilung darstellen. Darüber hinaus ist ein gewisses Maß an Allgemeinbildung und technischer Ausbildung notwendig, um arbeitsfähig zu werden. Wenn Menschen erschöpft sind, brauchen sie Pflege und Zuwendung, und wenn sie krank werden, muss ihre Arbeitskraft durch medizinische Versorgung wiederhergestellt werden. Am Arbeitsplatz selbst setzt sich die Nutzbarmachung in Form von Rationalisierung und Kontrolle fort.

Die Beziehung zwischen der Nutzbarmachung der Natur und der Arbeit beschränkt sich nicht auf die Analogie. Vielmehr bedingen sich beide Formen notwendigerweise gegenseitig. Die Nutzbarmachung der Natur ermöglicht die intensivere Nutzung der menschlichen Arbeit, die wiederum eine intensivere Nutzung der Natur ermöglicht. Sklaverei und Plantagenwirtschaft beispielsweise bedingten sich gegenseitig. Der durch diese Kombination erzeugte Baumwollüberschuss wurde zusammen mit der intensivierten Nutzung fossiler Brennstoffe zur materiellen Grundlage des Fabrikregimes. Darauf folgte eine Verkettung der Nutzbarmachung in anderen Segmenten der Natur, auf die das neue Arbeitspotenzial angewandt wurde.

Doch der Nutzbarmachung wohnt eine paradoxe Destruktivität inne. Die Bauindustrie ist ein Paradebeispiel dafür. 1892 ließ sich François Hennebique Stahlbeton patentieren, was ihm für Jahrzehnte ein Quasi-Monopol auf den Bau von Betongebäuden in ganz Europa verschaffte. Stahlbeton ermöglichte den Bauunternehmen, die Arbeitskosten zu senken, da damit die traditionellen Handwerke der Maurer und Steinmetze weitgehend überflüssig wurden. Mauern wurden nun einfach in Formen gegossen. Außerdem konnte nun Sand statt teurer Steine als Grundstoff verwendet werden – die Herstellung von Beton ist der Hauptgrund dafür, dass Sand heute der bei weitem am meisten abgebaute Rohstoff der Erde ist. Da nur Sand aus Flüssen und Seen für den Bau verwendet werden kann, führt seine Gewinnung und Herstellung zu einer massiven Beeinträchtigung der Ökosysteme. Darüber hinaus tragen die CO_2-Emissionen des Baugewerbes wesentlich zum

Klimawandel bei, was wiederum die Produktivität der Branche selbst untergräbt (Jappe 2023).

Der Prozess der Nutzbarmachung hat auch eine subjektive Dimension: In der Arbeit wird nicht nur konkret Natur umgeformt, in ihr werden auch (krisenhafte) Veränderungen der Umweltbedingungen als Anforderungen an den Arbeitsprozess sowie als Gesundheitsrisiken sicht- und erlebbar. Mit Arbeitsprozessen sind darüber hinaus spezifische Formen des Wissens und normativer Orientierungen verbunden. Oesch (2006) argumentiert, dass »Arbeitslogiken« ein wichtiger Faktor bei der Bildung politischer und moralischer Orientierungen sind. Er zeigt, wie Arbeitslogiken die persönlichen und politischen Ansichten der Beschäftigten beeinflussen. Diese Orientierungen sind jedoch keine individuellen Präferenzen, sondern kollektiv geteilte Haltungen, die durch soziale Institutionen, Normen und Infrastrukturen geprägt sind (Eversberg 2021; Hargreaves 2011; Shove u.a. 2015). Durch Interaktionen am Arbeitsplatz formieren sich »communities of practice« (Wenger 1999), die ein gemeinsames Repertoire an Erfahrungen, Narrativen oder Problemlösungsansätzen entwickeln. Die Einbindung in diese »communities of practice« führt zu gemeinsamen Wissensbeständen zwischen Personen, die dieselbe Lebensrealität teilen. Die gemeinsame Aneignung der Arbeitsumgebung produziert jedoch nicht nur geteilte Wissensbestände, sondern auch geteilte normative Orientierungen. Offen ist dabei das Verhältnis von externen Anforderungen und Arbeitsprozessen zur Formierung der Orientierungen (Becke/Warsewa 2017; Hürtgen/Voswinkel 2016). Die umweltsoziologische Forschung hat diesen Zusammenhang verschiedentlich angedeutet, aber die konkreten Arbeitspraktiken nicht systematisch berücksichtigt. Diese Vernachlässigung findet sich sowohl in marxistischen Ansätzen, die Arbeit im Sinne von Klasse konzeptualisieren (für eine kritische Rekapitulation siehe Norton 2003), als auch in Ansätzen, die sich auf die Meinungsforschung stützen und Arbeit als demografische Kategorie des Berufs konzeptualisieren (Eversberg 2020, 2021; Fritz/Koch 2019; Rubik u.a. 2021). In beiden kommen Arbeits*praktiken* kaum vor.

All dies deutet auf die Notwendigkeit hin, Ansätze aus der Umweltsoziologie und der Arbeitssoziologie zu kombinieren. Die Arbeitssoziologie hat sich Umweltfragen vor allem durch Analysen von Gewerkschaftspolitiken und Transformationskonflikten genähert (für einen Überblick siehe Räthzel u.a. 2021). Weit weniger Studien haben sich mit dem Arbeitsprozess selbst befasst, wobei sich die meisten auf emissionsintensive Sektoren konzentrieren, die von Umweltschutzmaßnahmen betroffen sind. Sie stellen eine komplexe und widersprüchliche Position der Beschäftigten in diesen Sektoren fest, von denen die meisten sich der ökologischen Krise bewusst sind, aber den Regierungsstrategien für einen grünen Übergang misstrauisch gegenüberstehen und es ablehnen, in die Rolle der »Klimaschurken« gedrängt zu werden (für einen Überblick siehe Dörre u.a. 2020).

Die Forschung zu den persönlichen Ressourcen, auf die Menschen für eine nachhaltige Praxis bei ihrer Arbeit zurückgreifen, hat sich auf formales Umweltwissen und entsprechende Fähigkeiten konzentriert. In diesem Zusammenhang stellt sich vor allem die Frage, ob das in der Berufsausbildung oder im Arbeitsablauf selbst erworbene Wissen eine »Klimakompetenz« vermittelt und damit eine nachhaltigere Arbeit und entsprechende Orientierungen ermöglicht (für einen Überblick siehe Bianchi 2020). Während bei diesen Ansätzen das durch formale Bildung und Ausbildung erworbene Wissen im Vordergrund steht, stützen sich alle Arbeitsprozesse auf informelles, implizites und verkörpertes Wissen, das bei der Arbeit selbst erworben wird (Böhle 2001). Dieses Erfahrungswissen hat eine wichtige ökologische Dimension. Richard White (1996) argumentiert beispielsweise, dass Arbeiter*innen eine spezifische Form von Umwelt-Erfahrungswissen erwerben, das sich grundlegend von wissenschaftlichem Wissen unterscheidet. Erstens ist es eher verkörpert als abstrakt, und zweitens romantisiert es die Natur nicht, geht aber mit einem ausgeprägten Bewusstsein für lokale Umweltprobleme einher. Dies veranschaulicht eine Studie von Hartwig Heine und Rüdiger Mautz (1989), für die 170 deutsche Industriearbeiter*innen in stark verschmutzenden Chemiewerken befragt wurden. In den Interviews entwickelten die Arbeiter*innen eine ökologische Kritik an den Produktionssystemen, die Heine und Mautz als »kritischen Technikoptimismus« bezeichnen (ebd.: 202ff.). Diese Haltung beruhte auf dem umfassenden Wissen der Beschäftigten über den Produktionsprozess und damit auf ihrer Fähigkeit und Legitimität, dessen schädliche Elemente einer Kritik zu unterziehen. Ein solches technisches Arbeitswissen muss nicht das formalisierte Wissen von Ingenieur*innen sein; es umfasst auch das mentale, körperliche und emotionale Verständnis, das in Arbeitssituationen zum Einsatz kommt, wie zum Beispiel beim Erlernen der Arbeit, beim Lokalisieren von Maschinen oder beim Umgang mit schwierigen oder widerspenstigen Maschinen (Berner 2008).

Für Umweltfragen bedeutet dies, dass Menschen selbst in einer strukturell nicht nachhaltigen Arbeitswelt Umweltorientierungen entwickeln können, die sich aus ihrer Arbeitspraxis ergeben und potenziell transformativ sind. In diesem Sinne kann von einem ökologischen Eigensinn gesprochen werden. Der Begriff des Eigensinns bezeichnet Praktiken und Haltungen von Beschäftigten, die aus dem Arbeitsprozess resultieren, sich aber gegen dessen Ordnung richten, wie etwa subversive Witze, die sich gegen Zumutungen der Arbeit wenden. Dabei kann es sich um Formen der Widerständigkeit handeln, ebenso kann der Eigensinn jedoch funktional als Ressource für den Arbeitsprozess nutzbar gemacht werden (Lüdtke 2023). Im Anschluss daran können unter ökologischem Eigensinn umweltbezogene Orientierungen und Praktiken verstanden werden, die von Beschäftigten geteilt werden, die einen ähnlichen Arbeitsprozess aufweisen. Dieser ökologische Eigensinn kann dann in einem zweiten Schritt nach den Potenzialen und Grenzen in Hinblick auf eine sozial-ökologische Transformation befragt werden (Hürtgen 2020; Schaupp 2024b).

Hitzestress und Zeitstress: Nutzbarmachung in der Bauindustrie

Die vorliegende Untersuchung beruht auf verstehenden Interviews (Kaufmann 2015), die zwischen Oktober 2022 und September 2023 mit Schweizer Bauarbeiter*innen geführt wurden. Zunächst wurden fünf Experteninterviews mit Gewerkschaftsfunktionär*innen geführt (nicht im hier analysierten Material inbegriffen), um die relevanten Merkmale der Branche zu ermitteln und den Feldzugang sicherzustellen. Danach wurden potenzielle Interviewpartner*innen auf zwei nationalen gewerkschaftlichen Protestveranstaltungen rekrutiert. Beide Gruppen wurden um weitere Kontakte gebeten. So entstand ein vielfältiger Pool potenzieller Befragter aus der ganzen Schweiz. Daraus wurden elf Gewerkschaftsmitglieder und elf Nichtmitglieder ausgewählt, da davon ausgegangen werden kann, dass die Mitgliedschaft in einer Gewerkschaft die (umwelt-)politische Einstellung beeinflusst. Zwei der Befragten sehen sich selbst als Teil der Klimabewegung. Es wurden nur Personen ausgewählt, die im Freien arbeiten, um Erfahrungen mit dem Wetter zu berücksichtigen. So wurden Maurer, Kranführer, Zimmerleute, Straßenbauer, Vorarbeiter und Arbeiter ohne spezielle Ausbildung befragt. Da das Baugewerbe sehr stark von Männern dominiert wird, sind unter den 22 Befragten nur zwei Frauen. Die Altersspanne lag zwischen 18 und 68 Jahren. Da in der Schweizer Bauarbeit sehr viele Migrant*innen beschäftigt sind, fallen zehn der Befragten in diese Kategorie.

Die Methode des verstehenden Interviews betont die Offenheit und das Nachvollziehen der Erzählungen der Befragten. Das bedeutet erstens, dass sich der Interviewleitfaden auf wenige allgemeine Fragen zur Haltung der Befragten gegenüber dem Klimawandel beschränkt; das soll verhindern, dass die Erzählungen der Befragten nach vorgefassten Themen geformt werden. Zweitens legt die Methode Wert darauf, durch Nachfragen auf die Aspekte der Erzählungen der Befragten einzugehen, die für die Forschungsfragen der Studie besonders relevant sein könnten. Sie schafft damit ein Gleichgewicht zwischen empirischer Offenheit und Vollständigkeit. Alle Interviews wurden aufgezeichnet und transkribiert und anschließend in einem iterativen induktiven und deduktiven Verfahren codiert und analysiert.

Alle Befragten erkannten die Existenz des Klimawandels an, zwei gaben sogar an, dass sie Teil der Klimabewegung sind (Interviews I 1 und I 14). Viele fühlten sich jedoch nicht kompetent genug, um die verschiedenen Informationen, die sie zu diesem Thema gehört hatten, zu bewerten. Typische Antworten lauteten: »Ich bin kein Wissenschaftler [...] Der eine sagt so, der andere sagt so.« (I 15) Oder: »Das Problem ist nun, dass man nicht wirklich weiß, was wahr ist. Man hat hunderte von Fakten, und das eine ist dies, das andere ist das [...] Und man weiß es wirklich nicht, also ich weiß wirklich nicht genau, was wird sein, oder könnte sein, oder was kann man noch glauben? Ich finde das einfach alles ein bisschen schwierig.« (I 16) Einige nahmen eine stark ablehnende Haltung gegenüber dem Diskurs über die Klimakrise ein, den sie für »eindeutig übertrieben« hielten (I 13). Solche Positionen waren meist mit Ressentiments gegen die Klimabewegung verbunden.

Diese Ressentiments wurden vor allem unter dem Aspekt der Klasse artikuliert. Die Befragten, darunter auch diejenigen, die selbst Teil der Klimabewegung sind, beschrieben die Bewegung als von Studierenden dominiert und damit weit entfernt von ihrer eigenen Position als Arbeiter. Ein Befragter sagte: »Man sollte den Leuten nicht erlauben, Einfluss zu nehmen, wenn sie nicht für ihr Geld arbeiten. Wenn sie nur Studenten sind, die nie gearbeitet haben [...] und uns dann sagen wollen, was wir tun sollen.« (I 15) Solche Gefühle standen in der Regel im Zusammenhang mit den Begegnungen der Befragten mit ihren Führungskräften, die die einzigen Akademiker*innen sind, denen sie an ihrem Arbeitsplatz begegnen. Einige äußerten ein tiefes Misstrauen gegenüber diesen »Zahlenmenschen«, wie sie einer der Befragten nannte: »Die kommen einfach von ihrem Studium und sagen: Ach ja, da können wir ja noch Geld sparen.« (I 5) In einigen Fällen wird dieses Misstrauen dann auch auf die Klimabewegung übertragen, die ebenfalls als zu akademisch wahrgenommen wird. Diese Ressentiments gegen die Klimabewegung sind in den Interviews mit gewerkschaftlich organisierten Beschäftigten weit weniger präsent. Dies könnte darauf zurückzuführen sein, dass ihre Gewerkschaft die Bewegung offiziell unterstützt (Unia 2022).

Dennoch berichten alle Befragten von körperlichen Erfahrungen mit dem Klimawandel, den sie vor allem in Form von Hitzestress spüren. Für die Befragten ist Hitzestress ein relevanter Streitgegenstand an ihrem Arbeitsplatz.

Ein Maurer und Kranführer berichtete zum Beispiel: »Gegen elf Uhr merkt man den Druck der Sonne. Nach der Mittagspause würde man am liebsten nach Hause gehen. Nach einer halben Stunde brennt die Sonne richtig, man schwitzt, man ist erschöpft, der Körper funktioniert nicht mehr. Die Konzentration schwindet. Und dementsprechend machst du einfach Fehler.« (I 6) Ein anderer fügt hinzu: »Bei 38 Grad muss man einfach mal eine Pause machen. Du würdest gerne weiterarbeiten, das Wetter akzeptieren, aber dein Körper sagt dir einfach: So geht es nicht.« (I 18) Arbeiter im Straßenbau berichten von den schlimmsten Erfahrungen mit der Hitze:

> »Man arbeitet acht, zehn, zwölf Stunden mit dem Asphalt. Dieser kommt mit 170, 180 Grad aus der Maschine. Das bedeutet, dass auch die Maschine heiß ist, die Walze und alles andere. Alle Maschinen sind aufgeheizt. Und das heißt, zwölf Stunden [...] ist einfach ein bisschen zu viel. Vor allem, wenn es so 40 Grad und Sonnenschein ist, das ist extrem. Ich habe selbst gemerkt, dass die Konzentration einfach nach drei oder halb drei nachlässt. Und Sie können sich selbst davon überzeugen: Bauarbeiter nach drei Uhr, die laufen wie Kranke. Das ist die Folge der Sonne und der Hitze der Maschinen.« (I 4)

Diejenigen, die schon länger in der Baubranche tätig sind, berichten übereinstimmend von einer Zunahme solcher extremen Wettersituationen: »Das merkt man. In den letzten 20 Jahren hat sich das sehr verändert. Ob es um die Trockenheit geht oder um den Regen, ob es um die Temperaturen geht. Es ist warm. Es ist extrem.« (I 5) Allerdings betonen verschiedene Befragte, dass Umweltfaktoren wie Hitze nicht für sich allein Probleme verursachen, sondern immer in Verbindung mit organisatorischen Faktoren, insbesondere mit der Arbeitsintensivierung. Ein Maurer führt aus:

> »Die Hitze ist ein Problem, auf das man sich zu einem gewissen Punkt einstellen kann. Dasselbe ist mit dem Regen. Wenn man immer Platzregen hat, aber man könnte sich 15, 20 Minuten rasch in einen Unterstand stellen, dann ist es nicht so schlimm, an dem Tag zu arbeiten. Aber wenn man solch einen Termindruck hat, dass man die ganze Zeit draußen sein muss, sich die kurzen Auszeiten nicht nehmen kann, [...] dann wird es problematisch. Und deshalb finde ich es schwierig, jetzt zu sagen, das ist alles wegen der Hitze, da viele Unfälle nicht passiert wären, hätten wir uns mehr Zeit genommen. Und die Hitze ist dann einfach ein Faktor, der für uns den Zeitdruck schlimmer macht.« (I 3)

Der Befragte ist mit seiner Wahrnehmung des erhöhten Zeitdrucks auf Baustellen nicht allein. In einer Befragung von 12.000 Schweizer Bauarbeiter*innen gaben 73 Prozent an, dass Zeitdruck und Stress zugenommen haben. Für 68 Prozent hat dieser Stress auch negative Auswirkungen auf ihr Privatleben (Kelley 2020). Auch auf die Frage, was sie daran hindert, sich vor Umweltrisiken zu schützen, geben fast alle Befragten an, dass es der Zeitdruck ist. Die meisten Befragten machen ihre Vorgesetzten dafür verantwortlich, dass sie dem Hitzestress ausgesetzt sind. Eine Schreinerin berichtet beispielsweise von einer Situation, in der »auf dem Dachboden, unter den Blechen, 53 Grad herrschten. Wir haben natürlich nein gesagt. Aber sie sagten, hört zu, ihr müsst arbeiten gehen.« (I 20)

Die Intensivierung der Arbeit ist mit verschiedenen Formen der prekären Beschäftigung verbunden. Nur ein kleiner Teil der Schweizer Bauarbeiter*innen ist bei einem Hauptunternehmen angestellt. Die Mehrheit sind Leiharbeiter*innen, die von Agenturen unter Vertrag genommen werden. Die meisten von ihnen werden in den Wintermonaten entlassen, wenn die Bautätigkeit nachlässt. Dies wiederum führt dazu, dass die Zeitarbeiter versuchen, im Frühjahr, Sommer und Herbst so viele Stunden wie möglich zu arbeiten (Kelley 2017: 156). Dies erschwert die Einschränkung der Arbeit aufgrund von Hitzestress. Ein weiterer Grund, sich nicht gegen die gefährlichen Arbeitsbedingungen zu wehren, ist laut einem Befragten eine weit verbreitete »toxische Machokultur« (I 1). Diese bestehe in einem Männlichkeitsideal, das gerade das passive Ertragen von körperlichem Leid positiv bewertet.

Die meisten der Befragten ziehen Parallelen zwischen ihrer eigenen destruktiven Nutzbarmachung in der Baubranche und der Nutzbarmachung natürlicher Ressourcen. Ein Kranführer, der kurz vor der Pensionierung steht, beschreibt beispielsweise, wie auf seiner aktuellen Baustelle altes Material, das noch verwendet werden könnte, entsorgt und stattdessen neues Material angeliefert wird: »Auf den Baustellen wird zu viel weggeworfen, und die ganze Situation hat nichts mit der Umwelt zu tun.« Er bringt diesen Missstand ausdrücklich mit seiner langjährigen Erfahrung mit einer sinkenden Zahl von Kolleg*innen bei gleichzeitig steigendem Stress in Verbindung: »Sie sparen an Arbeitskosten, was sie an Material verschwenden. Und das ist der falsche Weg«, schlussfolgert er (I 11). In diesem Sinne kritisieren die meisten Befragten die expansive Nutzbarmachung, sehen ihre eigene Arbeitstätigkeit jedoch als wesentlichen Teil dieser Nutzbarmachung. Einer erklärt etwa:

> »Die Natur ist das wichtigste Gut, das wir haben. Das ist mein Erholungsraum. Ich finde es mega scheiße, wenn wir alles verbauen. Ich sehe es ja selbst auf den Baustellen: Am Anfang gibt es unglaublich viele Eidechsen, und nachher

gibt es keine mehr. Warum passiert das denn? Wegen uns. Das macht mir sehr zu schaffen. Es macht mir wirklich sehr, sehr zu schaffen. Aber ja, wir verdienen damit halt unser Geld.« (I 10)

Dadurch, dass die Befragten die Nutzbarmachung der Natur in ihrer eigenen Arbeitstätigkeit vollziehen, entwickeln sie auch eine spezielle Form des verkörperten Umweltwissens, die sie ausdrücklich dem abstrakten wissenschaftsvermittelten Wissen gegenüberstellen:

»Es widerspricht sich so ein bisschen, wenn wir die Natur zubetonieren und ich gleichzeitig sage, man ist etwas naturverbundener. Ich sag mal so, wenn du irgendwie am Morgen um sieben auf der Deckenschale stehst, dich bereit machst zum Betonieren, es ist Montagmorgen, es scheißt dich Gott weiß wie an. Also nicht, weil du die Decke betonieren musst, sondern weil es Montagmorgen ist. Und auf einmal landet vor dir ein Schmetterling. Mitten in der Stadt Zürich. Im vierten OG. Landet einfach ein scheiß Schmetterling vor dir. Und du schaust ihn einfach an. Da geht langsam die Sonne auf, du spürst langsam die Wärme, der scheiß Schmetterling ist immer noch da. In dem scheiß trostlosen Betonloch drin. Und das sind so Momente, wo ich, wie soll ich sagen, es macht einfach etwas mit einem. Als ich noch in die Schule gegangen bin, da hast du das einfach nicht gehabt. Aber so ein Moment, wo du es einfach so wahrnimmst, das ist eben schon geil. Da habe ich gemerkt, jetzt kommt der Frühling.« (I 1)

Dieser Befragte betonte den Gegensatz zwischen dem formalen Wissen über die natürliche Umwelt, das er in der Schule erworben hat, und seinem Wissen im Beruf, das er durch körperliche Erfahrung erlangt hat. Letzteres ist jedoch untrennbar mit den Problemen der Arbeitswelt verbunden. Einerseits sind dies die Belastungen, die die Arbeit mit sich bringt, wie das frühe Aufstehen am Montagmorgen oder die langen Arbeitszeiten. Auf der anderen Seite ist es die umweltzerstörerische Natur seines Arbeitsprozesses. Der Befragte scheint also den Schmetterling als etwas Bemerkenswertes anzuerkennen, gerade weil er im »Widerspruch« zu seiner Arbeit, dem Betonieren, steht. Entsprechend problematisieren viele Befragte beispielsweise die Menge an umweltschädlichem Müll, die ihre Branche produziert. Andere gehen sogar noch weiter und kritisieren das Ausmaß der Bauindustrie selbst:

»Wenn Sie denken, dass die Straßen, Gebäude oder sonstigen Strukturen alle 20 Jahre renoviert werden, das heißt, es braucht mehr Belag, mehr

Baustoff, mehr Holz, was auch wieder eine Konsequenz darstellt für die Umwelt. Und in der Schweiz, in Deutschland, Italien, Amerika wurde [bis zum] 26. Mai alles, was für ein Jahr in der Reserve steht, verbraucht. Und wir arbeiten immer noch weiter. Wir bauen viel zu viel. Und alles immer noch schneller. Das geht nicht. Irgendwann müssen wir die Bremse ziehen. Das ist wichtig.« (I 4)

Über die ökologische Kritik hinaus machten fast alle Befragten konkrete Vorschläge, wie ihre Baustellen nachhaltiger werden könnten. Das beginnt bei Vorschlägen zur Verwendung von nachwachsenden Baustoffen wie Hanf oder Holz, betrifft aber auch Ideen zum energiesparenden Maschineneinsatz und zur Logistik und reicht bis zu architektonischen Vorschlägen. Diese Ideen zur technischen Verbesserung der Nachhaltigkeit der Produktion werden jedoch nicht als konkrete Vorschläge für die eigenen Unternehmen formuliert. Vielmehr erfüllen sie im Wesentlichen eine Kritikfunktion: Sie liefern aus Sicht der Befragten den Nachweis, dass eine nachhaltigere Bauweise möglich wäre, ihre Unternehmen sich aber aus Rentabilitätsgründen bewusst dagegen entscheiden. So weigern sich selbst die umweltbewusstesten Befragten, für die Zerstörungswut ihrer Branche verantwortlich gemacht zu werden, da sie keine Möglichkeit sehen, die Entscheidungen der Unternehmensleitung zu beeinflussen.

»*Interviewerin:* Die Bauindustrie verursacht 25 Prozent der Schweizer Inlandsemissionen. Kannst du das in deiner Arbeit beeinflussen?
Befragter: Gar nicht.
Interviewerin: Aber du arbeitest mit, du musst das ausführen.
Befragter: Ich habe keine andere Wahl, ich muss irgendwie meine Scheißmiete zahlen. Und ich habe null Mitbestimmung. Jetzt bereiten wir gerade einen Streik vor, also warum sollte ich mir Gedanken machen, was die da oben entscheiden, wenn ich das nicht mitbestimmen kann?« (I 1)

In diesem Sinne ist für die Befragten die zentrale Arena der Umweltpolitik die kollektive Aushandlung der Produktionsbedingungen. Nach konkreten politischen Forderungen gefragt, kommen folglich viele Befragte auf das Thema Arbeitszeitverkürzung zu sprechen. Dies würde ihrer Meinung nach sowohl sie selbst als auch die Umwelt durch geringere Emissionen entlasten. Die meisten Befragten sind jedoch sehr skeptisch, dass eine solche Verbesserung erreicht werden kann, und einige befürchten, dass sie mit einer weiteren Intensivierung der verbleibenden Arbeitszeiten einhergehen würde.

Die Vernutzung politisieren

Die hier befragten Bauarbeiter*innen sind in der Regel keine Umweltschützer*innen im traditionellen Sinne. Aber sie entwickeln eine ökologische Kritik an ihrer eigenen Branche. Diese Kritik ist untrennbar mit dem Bewusstsein für ihre eigenen prekären Arbeitsbedingungen verbunden. Die Befragten zeigen also ein ausgeprägtes Bewusstsein für die gleichzeitige Nutzbarmachung von Arbeit und nichtmenschlicher Natur. Ihre Kritik entzündet sich wesentlich daran, dass diese Nutzbarmachung durch ihren expansiven Charakter zu einer Vernutzung wird: In dem Maße, in dem die Körper der Beschäftigten durch Arbeitsintensivierung vernutzt werden, wird auch die nichtmenschliche Natur durch extraktiven Sandabbau, Bodenversiegelung, Bauschutt und CO_2-Emissionen vernutzt. Durch ihre Stellung im Prozess der Nutzbarmachung sind die Befragten den Auswirkungen des Klimawandels direkt ausgesetzt, was wiederum eine Annäherung an das Thema im Rahmen von Gesundheit und Sicherheit begünstigt. Diese Orientierung spiegelt sich auch in einer Studie von Freya Newman und Elizabeth Humphrys (2020) wider, die zeigen, dass für australische Bauarbeiter*innen Hitzestress ein sehr mobilisierungsfähiges Thema ist. Darüber hinaus bringt ihr Wissen über die Produktionsprozesse die Befragten zu der Überzeugung, dass eine nachhaltigere Form der Produktion möglich ist. Dieser ökologische Eigensinn unterscheidet sich jedoch deutlich von dem, was in der Managementforschung als »ökologisches Verhalten am Arbeitsplatz« (für einen Überblick siehe Ciocirlan 2017) bezeichnet wird, denn die befragten Bauarbeiter weigern sich, für die nicht nachhaltigen Praktiken ihrer Unternehmen zur Verantwortung gezogen zu werden; sie sehen keine Möglichkeit, die Unternehmenspraktiken zu beeinflussen, und erwarten nicht einmal, von ihren Vorgesetzten gehört zu werden. Ihre Besorgnis nimmt daher eine überwiegend negative Form an. Die Befragten entwickeln ihre Kritik auf der Grundlage ihres Erfahrungswissens über die Produktion und argumentieren, dass eine nachhaltigere Organisation der Produktion möglich ist.

Diese Ergebnisse stellen das vorherrschende Verständnis von Umweltbewusstsein infrage, das letzteres mit der Kenntnis und Akzeptanz wissenschaftlicher Fakten über die ökologische Krise gleichsetzt. Ein solches wissenschaftliches Wissen ist für Menschen ohne Hochschulbildung nur eingeschränkt zugänglich. Vor allem aber dienen dieses Wissen und die entsprechenden Zertifikate zur Legitimierung der hierarchischen Arbeitsteilung in modernen Gesellschaften (Bourdieu 1987). In der Bauindustrie manifestiert sich diese Hierarchie in einer radikalen Trennung zwischen Management und ausführender Arbeit, die das Misstrauen der befragten

Bauarbeiter*innen gegenüber akademischen »Zahlenmenschen« hervorbringt. Dieses Misstrauen zeigt sich auch in der Skepsis oder gar den Ressentiments gegenüber dem wissenschaftlichen Diskurs, der für die Klimabewegung so wichtig ist. Diese Dynamik ist jedoch nicht gleichbedeutend mit Umweltfeindlichkeit. Die Befragten artikulieren nicht nur ein Bewusstsein für die ökologische Krise, sondern stellen auch Forderungen zu deren Bewältigung auf. Dieses Bewusstsein ist jedoch mit einer Problematisierung der eigenen Arbeitsbedingungen verbunden und setzt nicht unbedingt den Umweltschutz als Wert an sich voraus.

Die Heuristik des ökologischen Eigensinns könnte eine Erweiterung des Begriffs des Umweltbewusstseins in Hinblick auf die zentrale Rolle von Arbeitspraktiken leisten. Sie ermöglicht, den Zusammenhang von Umweltorientierungen und Arbeitsprozessen in den Blick zu nehmen. Hier muss jedoch betont werden, dass keine direkten Kausalbeziehungen zwischen Arbeitspraxis und Umweltorientierung identifiziert werden können. Diese Einschränkung ist nicht nur eine Folge des qualitativen Charakters der Studie, sondern auch darauf zurückzuführen, dass es nahezu unmöglich ist, den Einfluss der Arbeit auf die Umweltorientierung von anderen Faktoren zu isolieren. Allerdings ermöglicht es die Heuristik, die Möglichkeiten und Grenzen bestimmter Beschäftigtengruppen auszuloten, zu einer sozial-ökologischen Transformation beizutragen. Eine Grenze stellt der unter den Befragten weit verbreitete Anti-Intellektualismus dar, der sich aus den hierarchischen Institutionen der Branche erklären lässt, und ein Bündnis zwischen Bauarbeitern und Klimabewegten erschwert. Demgegenüber besteht ein Potenzial für transformatives Handeln darin, dass die Bauarbeiter die Vernutzung von Arbeit und Natur am eigenen Leib erfahren und direkt in Beziehung zueinander setzen. Dies mündet in eine Forderung nach Arbeitszeitverkürzung, die sowohl den eigenen Stress als auch die umweltschädlichen Auswirkungen der Bauarbeit mindern soll. Einige argumentieren sogar, dass insgesamt weniger gebaut werden sollte. Darin stimmen ihre Ansichten – vielleicht überraschend – mit Postwachstums-Ansätzen überein, die eine Arbeitszeitverkürzung aus ökologischen Gründen fordern (Fitzgerald u.a. 2018) und sogar argumentieren, dass eine Arbeitszeitverkürzung das »Arbeitsplätze vs. Umwelt«-Dilemma »auflösen« könnte (Hoffmann/Paulsen 2020).

Jenseits der konkreten Forderungen zeigt diese Untersuchung, dass das Leiden an der expansiven Nutzbarmachung eine wichtige ökologische Dimension hat, die bislang allerdings nur wenig politisiert wird. Das Leiden an der Arbeitsintensivierung ist die körperliche Erfahrung der Destruktivität eines zum Selbstzweck gewordenen Wirtschaftswachstums. Diese Erfahrung ist auch jenseits der Baubranche weit verbreitet. Global fühlen sich etwa 80 Prozent der Erwerbstätigen von ihrer Arbeit erschöpft (Chaudhary 2024). In Deutschland geht diese Erschöpfung für 41 Prozent der Beschäftigten »oft« oder »sehr oft« so weit, dass sie keine Energie mehr dafür haben, sich um private oder familiäre Angelegenheiten zu kümmern (DGB-Index Gute Arbeit 2017). Diese Erschöpfung geht freilich mit einer Erschöpfung der Ökosysteme einher, die durch die erschöpfende Arbeit nutzbar gemacht werden. Die hier präsentierten Ergebnisse zeigen, dass dieser Sachverhalt vielen Beschäftigten – auch weit jenseits des »kritisch-kreativen Milieus« durchaus bewusst ist. Hier könnte eine ökologische Politik ansetzen, welche die notwendige Kritik am Wirtschaftswachstum als Selbstzweck nicht in einem Austeritätsdenken aufgehen lassen will, das am Ende die Kosten der ökologischen Krise durch Preiserhöhungen den ohnehin Benachteiligten aufbürdet (Schaupp 2020, 2021). Eine Kritik der expansiven Nutzbarmachung kann stattdessen am sehr weit verbreiteten Leiden an der Arbeitsintensivierung ansetzen und dieser eine neue Form von Zeitwohlstand gegenüberstellen (vgl. Schor 2016).

Jenseits der Arbeitszeit ist auch der *Arbeitsinhalt* relevant. Das spiegelt sich in den Interviews insofern wider, als dass es für viele Befragte einen großen Unterschied macht, was sie bauen: Sie sind sie stolz darauf, notwendige gesellschaftliche Infrastrukturen zu errichten, und leiden darunter, Gebäude zu bauen, die diesen Zweck nicht erfüllen. Einer will deshalb sogar den Beruf wechseln:

> »Man sagt immer, es ist ein wichtiger Beruf und das muss alles gebaut werden, Krankenhäuser und so weiter, das stimmt auch. Aber es werden auch viele Sachen gebaut, komplett übertrieben, nur wegen dem Status. [...] Und das ist auch der Grund, warum ich kein Interesse mehr habe, auf dem Bau zu arbeiten. Ich sehe es einfach nicht ein, den nächsten Block, das nächste Bürogebäude und das nächste, was auch immer zu bauen. Weil, ich denke einfach, wir haben schon genug Immobilien und es gibt genug Wohnraum, der einfach zu teuer ist. Ich will nicht nochmal irgendwie einen Block bauen mit unbezahlbaren Wohnungen.« (I 18)

Zusammenführen lässt sich die Notwendigkeit einer Reduktion des Gesamtumfangs des gesellschaftlichen Stoffwechsels und die Notwendigkeit besserer Infrastrukturen etwa im Programm des öffentlichen Luxus (communia 2023): Ein Ausbau öffentlicher Infrastrukturen anstelle von privatem Überkonsum, mit dem Ziel, ökologisch nachhaltigen Wohlstand für alle zu schaffen.

Literatur

Becke, Guido / Warsewa, Günter (2017): Erweiterte Subjektperspektive - neue Ansprüche an Arbeit und Nachhaltigkeit. In: AIS-Studien 10(1): 20-36. DOI: https://doi.org/10.21241/ssoar.64842.

Bell, Karen (2020): Working-Class Environmentalism: An Agenda for a Just and Fair Transition to Sustainability. Cham. DOI: https://doi.org/10.1007/978-3-030-29519-6.

Berner, Boel (2008): Working knowledge as performance: on the practical understanding of machines. In: Work, Employment and Society 22(2): 319-336. DOI: https://doi.org/10.1177/0950017008089107.

Bianchi, Guia (2020): Sustainability competences. A systematic literature review. Brüssel.

Böhle, Fritz (2001): Sinnliche Erfahrung und wissenschaftlich-technische Rationalität – ein neues Konfliktfeld industrieller Arbeit. In: Lutz, Burkart (Hg.): Entwicklungsperspektiven von Arbeit: Ergebnisse aus dem Sonderforschungsbereich 333 der Universität München. Berlin: 113-131. DOI: https://doi.org/10.1515/9783050079356.113.

Bourdieu, Pierre (1976): Entwurf einer Theorie der Praxis: auf der ethnologischen Grundlage der kabylischen Gesellschaft. Frankfurt/M.

– (1987): Die feinen Unterschiede. Kritik der gesellschaftlichen Urteilskraft. Frankfurt/M.

Chaudhary, Ajay Singh (2024): The Exhausted of the Earth: Politics in a Burning World. London.

Ciocirlan, Cristina E. (2017): Environmental Workplace Behaviors: Definition Matters. In: Organization & Environment 30(1): 51-70. DOI: https://doi.org/10.1177/1086026615628036.

communia (Hg.) (2023): Öffentlicher Luxus. Berlin.

DGB-Index Gute Arbeit (2017): DGB-Index Gute Arbeit: Der Report 2017. Berlin.

Dörre, Klaus u.a. (Hg.) (2020): Abschied von Kohle und Auto? Sozial-ökologische Transformationskonflikte um Energie und Mobilität. Frankfurt/M.

Eversberg, Dennis (2020): Who can challenge the imperial mode of living? The terrain of struggles for social-ecological transformation in the German population. In: Innovation: The European Journal of Social Science Research 33(2): 233-256. DOI: https://doi.org/10.1080/13511610.2019.1674129.

– (2021): The Social Specificity of Societal Nature Relations in a Flexible Capitalist Society. In: Environmental Values 30(3): 319-343. DOI: https://doi.org/10.3197/096327120X15916910310581.

Fitzgerald, Jared B. / Schor, Juliet B. / Jorgenson, Andrew K. (2018): Working Hours and Carbon Dioxide Emissions in the United States, 2007–2013. In: Social Forces 96(4): 1851-1874. DOI: https://doi.org/10.1093/sf/soy014.

Fritz, Martin / Koch, Max (2019): Public Support for Sustainable Welfare Compared: Links between Attitudes towards Climate and Welfare Policies. In: Sustainability 11(15): 4146. DOI: https://doi.org/10.3390/su11154146.

Hargreaves, Tom (2011): Practice-ing behaviour change: Applying social practice theory to pro-environmental behaviour change. In: Journal of Consumer Culture 11(1): 79-99. DOI: https://doi.org/10.1177/1469540510390500.

Heine, Hartwig / Mautz, Rüdiger (1989): Industriearbeiter contra Umweltschutz? Frankfurt/M.

Hochschild, Arlie Russell (2017): Fremd in ihrem Land: Eine Reise ins Herz der amerikanischen Rechten. Frankfurt/New York.

Hoffmann, Maja / Paulsen, Roland (2020): Resolving the ›jobs-environment-dilemma‹? The case for critiques of work in sustainability research. In: Environmental Sociology 6(4): 343-354. DOI: https://doi.org/10.1080/23251042.2020.1790718.

Hürtgen, Stefanie (2020): Arbeit, Klasse und eigensinniges Alltagshandeln. Kritisches zur imperialen Lebensweise. In: PROKLA 198 50(1): 171-188. DOI: https://doi.org/10.32387/prokla.v50i198.1832.

– / Voswinkel, Stephan (2016): Ansprüche an Arbeit und Leben – Beschäftigte als soziale Akteure. In: WSI-Mitteilungen: 503-512. DOI: https://doi.org/10.5771/0342-300X-2016-7-503.
ILO (International Labour Organization) (2019): Working on a warmer planet: The impact of heat stress on labour productivity and decent work. Genf.
Jappe, Anselm (2023): Beton. Massenkonstruktionswaffe des Kapitalismus. Wien.
Kaufmann, Jean-Claude (2015): Das verstehende Interview. Theorie und Praxis. Konstanz/München.
Kelley, Christopher (2017): Building Power: How Organized Labor is Shaping Industrial Relations in the Changing Swiss Construction Industry. Zürich.
– (2020): Termindruck auf dem Bau: Eine Gefahr für die Gesundheit, Arbeitssicherheit und Qualität der Arbeit. Bern.
Lüdtke, Alf (2023): Lohn, Pausen, Neckereien: Eigensinn und Politik bei Fabrikarbeitern in Deutschland um 1900. In: Heiland, Heiner / Schaupp, Simon (Hg.): Widerstand im Arbeitsprozess: Eine arbeitssoziologische Einführung. Bielefeld: 27-52. DOI: https://doi.org/10.14361/9783839465240-002.
Newman, Freya / Humphrys, Elizabeth (2020): Construction Workers in a Climate Precarious World. In: Critical Sociology 46(4-5): 557-572. DOI: https://doi.org/10.1177/0896920519880951.
Norton, Paul (2003): A critique of generative class theories of environmentalism and of the labour–environmentalist relationship. In: Environmental Politics 12(4): 96-119. DOI: https://doi.org/10.1080/09644010412331308394.
Oesch, Daniel (2006): Redrawing the Class Map: Stratification and Institutions in Britain, Germany, Sweden and Switzerland. New York. DOI: https://doi.org/10.1057/9780230504592.
Räthzel, Nora / Stevis, Dimitris / Uzzell, David (Hg.) (2021): The Palgrave Handbook of Environmental Labour Studies. Cham. DOI: https://doi.org/10.1007/978-3-030-71909-8_34.
Rubik, Frieder u.a. (2021): Umweltbewusstseinsstudie 2018. Abschlussbericht. Berlin.
Schaupp, Simon (2020): Jenseits der Austeritäts-Ökologie. Einführung in eine Umweltpolitik von unten. In: Sozial.Geschichte Online 28: 43-68.
– (2021): Das Ende des fossilen Klassenkompromisses: Die Gelbwestenbewegung als ökologischer Konflikt des »Hinterlands«. In: PROKLA 204 51(3): 435-453. DOI: https://doi.org/10.32387/prokla.v51i204.1954.
– (2024a): Climate Change and the Labour Process: The Case of Construction Work. In: Basel Working Papers in Sociology 8: 1-22. DOI: https://doi.org/10.31235/osf.io/hpjns.
– (2024b): Environmental orientations at work: Scientific and embodied environmental knowledge. In: Environmental Values. DOI: https://doi.org/10.1177/09632719241263700.
– (2024c): Stoffwechselpolitik. Arbeit, Natur und die Zukunft des Planeten. Berlin.
Schor, Juliet B. (2016): Wahrer Wohlstand: Mit weniger Arbeit besser leben. München. DOI: https://doi.org/10.14512/9783865819963.
Schuldt, Steven J. u.a. (2021): Weather-Related Construction Delays in a Changing Climate: A Systematic State-of-the-Art Review. In: Sustainability 13(5): 2861. DOI: https://doi.org/10.3390/su13052861.
Shove, Elizabeth / Watson, Matt / Spurling, Nicola (2015): Conceptualizing connections: Energy demand, infrastructures and social practices. In: European Journal of Social Theory 18(3): 274-287. DOI: https://doi.org/10.1177/1368431015579964.
Umweltbundesamt (2017): Umweltbewusstsein in Deutschland 2016. Ergebnisse einer repräsentativen Bevölkerungsumfrage. Berlin.
Unia (2022): Arbeitszeit reduzieren – für eine lebenswerte Zukunft! URL: https://unia.ch/, Zugriff: 3.7.2024.
Wendt, Björn / Görgen, Benjamin (2017): Der Zusammenhang von Umweltbewusstsein und Umweltverhalten Eine explorative Studie zu einem Kernproblem der Umweltsoziologie am Beispiel von Wissensarbeiter*innen. In: Wissenschaftliche Schriften der WWU Münster Reihe VII. München.

Wenger, Etienne (1998): Communities of practice: Learning, meaning, and identity. Cambridge. DOI: https://doi.org/10.1017/CBO9780511803932.

White, Richard (1996): »Are you an Environmentalist or Do You Work for a Living?« Work and Nature. In: Cronon, William (Hg.): Uncommon Ground. Rethinking the Human Place in Nature. New York: 171-185.

Anhang 1: Interviews

Nr.	Geschlecht	Migrations status	Beruf	Gewerkschafts mitglied
1	M	CH	Maurer	Ja
2	M	Mig.	Maurer	Ja
3	M	Mig.	Angelernter Bauarbeiter	Ja
4	M	Mig.	Angelernter Bauarbeiter, LWK Fahrer	Ja
5	M	CH	Vorarbeiter	Ja
6	M	CH	Maurer	Ja
7	M	Mig.	Angelernter Bauarbeiter	Ja
8	M	CH	Maurer und Kranführer	Ja
9	M	Mig.	Angelernter Bauarbeiter	Ja
10	M	Mig.	Angelernter Bauarbeiter	Ja
11	M	Mig.	Kranführer	Ja
12	M	Mig.	Vorarbeiter	Nein
13	M	Mig.	Angelernter Bauarbeiter	Nein
14	W	CH	Zimmerin	Nein
15	M	CH	Zimmerer	Nein
16	M	CH	Dachdecker	Nein
17	M	CH	Maurer	Nein
18	M	CH	Maurer	Nein
19	M	CH	Dachdecker	Nein
20	W	CH	Zimmerin	Nein
21	M	CH	Elektriker	Nein
22	M	Mig.	Maurer	Nein

PROKLA 216 | 54. Jahrgang | Nr. 3 | September 2024 | S. 493-504
https://doi.org/10.32387/prokla.v54i216.2130

Klaus Meier*

Welche Zukunft haben die energieintensiven Industrien?

Zusammenfassung: Die Stahl-, Chemie- und Zementindustrie sind die Industriezweige mit dem höchsten Energieverbrauch und den höchsten Treibhausgasemissionen in Deutschland. Sie geben an, in Zukunft klimaneutral produzieren zu wollen. Die Zahlen zeigen, dass in Deutschland nicht genügend grüner Strom und grüner Wasserstoff für eine dekarbonisierte Industrie produziert werden können. Mögliche Wasserstoffimporte sind technisch schwierig umsetzbar und teuer. Kostengünstiger Solar- und Windstrom aus Ländern des Globalen Südens könnte zu Produktionsverlagerungen führen. Im Beitrag wird demgegenüber auf einen *Degrowth*-Ansatz gesetzt, bei dem der ökologisch transformierte industrielle Kern im Land verbleibt.

Schlagwörter: Chemieindustrie, Dekarbonisierung, Produktionsverlagerungen, Stahlindustrie, Zementproduktion

What Future Do the Energy-Intensive Industries Have?

Abstract: The steel, chemical and cement industries are the sectors with the highest energy consumption and greenhouse gas emissions in Germany. They state that they want to produce climate-neutrally in the future. Estimates show that Germany will not produce enough green electricity and green hydrogen for a decarbonised industry. Hydrogen imports are technically difficult and expensive. Cheap solar and wind power from countries in the Global South could also lead to production relocations. In contrast to this scenario, the article focuses on a degrowth approach in which the ecologically transformed industrial core remains within the country.

Keywords: Cement Production, Chemical Industry, Decarbonization, Relocation of Production, Steel Industry

* **Klaus Meier** ist Professor des Maschinenbaus, wohnhaft im Rhein-Main-Raum und Autor zahlreicher Publikationen zum ökologischen Umbau von Industrie und Infrastruktur.

Die Branchen mit den höchsten Treibhausgasemissionen, die Stahl-, Chemie- und Zementindustrie, beanspruchen für sich, in Zukunft klimaneutral produzieren zu können. Dafür werden sehr große Mengen an grünem Strom und grünem Wasserstoff benötigt. Studien zur Dekarbonisierung zeigen, dass diese Mengen nur teilweise im Inland produziert werden können. Doch der Import von Wasserstoff und möglichen Derivaten ist energetisch sehr verlustreich. Vor diesem Hintergrund gilt es, so das Argument in diesem Beitrag, daran angepasste *Degrowth*- und Suffizienzstrategien zu entwickeln.

Dekarbonisierung der Stahlindustrie

Am weitesten vorangeschritten mit ihren ökologischen Umbauplänen ist bisher die Stahlbranche (siehe auch den Beitrag von Stefan Schoppengerd in diesem Heft). Sie ist mit jährlichen Emissionen von 55 Millionen Tonnen CO_2 der größte industrielle Verursacher von Treibhausgasen. Allein ihr Umbau könnte die Industrieemissionen um ein Drittel verringern. Bisher wird Eisenerz in Hochöfen zusammen mit Kohle (Koks) zu Roheisen verarbeitet. Dabei entsteht prozessbedingt aus dem Kohlenstoff das klimaschädliche Kohlendioxid. Eine klimafreundliche Alternative könnte darin bestehen, die Kohle durch Wasserstoff zu ersetzen. Statt CO_2 würde dann bei der Stahlproduktion nur noch unschädlicher Wasserdampf freigesetzt. Man erhält dann sogenannten Eisenschwamm, der in einem Elektroofen zu hochwertigem Stahl weiterverarbeitet werden kann. Technologisch gibt es eigentlich keine Probleme mehr und so ließe sich Klimaneutralität bei der Stahlherstellung gewährleisten. Thyssenkrupp und die Salzgitter AG haben bereits begonnen, einzelne Anlagen ihrer alten CO_2-intensiven Hochofenstrukturen durch klimafreundlichere Einheiten zu ersetzen. Dafür fließen große Mengen staatlicher Gelder.

Doch es bleibt eine große Frage offen: Woher sollen die riesigen Wasserstoffmengen kommen, die für die Umstellung zur klimaneutralen Produktion erforderlich sind? Nach Berechnungen der Stahlindustrie werden für die Erzeugung des heutigen Volumens von 27,7 Millionen Tonnen Primärstahl rund 1,6 Millionen Tonnen Wasserstoff benötigt; das entspricht energetisch 53 Terawattstunden (TWh) (Acatech; DECHEMA 2022: 2f.).

Ökologischer Umbau der Chemieindustrie

Noch schwieriger als bei Stahl ist ein grüner Umbau der Chemieindustrie zu erreichen. Zentral sind dafür die Prozesse der Grundstoffchemie. Ihre Herstellung erfolgt in sogenannten Steamcrackern: riesigen, bis zu acht Stockwerken hohen Stahltürmen, in denen Rohbenzin, das sogenannte Naphta, als Ausgangsstoff bei einer Temperatur von 850 Grad Celsius in chemische Grundbausteine zerlegt wird. Dabei entstehen fünf wichtige Primärchemikalien: Ethylen, Propylen, Benzol, Toluol und Xylol. Auf diesen Stoffen basiert in der Folge nahezu die gesamte industrielle organische Chemie. Die Grundchemikalien werden in den nachfolgenden Schritten vor allem zu Kunststoffen, Textilfasern, Dämmstoffen und in deutlich kleineren Mengen auch zu Aromen, Klebstoffen, Pigmenten oder Pharmazeutika verarbeitet. Die Steamcracker benötigen große Mengen fossilen Erdgases.

Die Grundstoffchemie benutzt zudem große Mengen Wasserstoff als Rohstoff. Allein bei der BASF in Ludwigshafen werden jährlich 250.000 Tonnen dieses Gases benötigt. Es wird über Zwischenstufen vor allem zur Produktion von Düngemitteln benötigt. Der Wasserstoff wird über die sogenannte Dampfreformierung aus Erdgas gewonnen, wobei prozessbedingt große Mengen CO_2 freigesetzt werden.

Zusätzlich hat die Chemieindustrie ein weiteres, äußerst schwerwiegendes Problem: Eine Dekarbonisierung der Branche ist eigentlich gar nicht möglich, denn ihr Hauptbereich, die organische Chemie, baut rohstofflich komplett auf Kohlenstoff auf. Ob Plastik, Textilfasern, Dämmstoffe oder Arzneimittel: Alles besteht aus Kohlenstoffchemie. Am Lebensende der Produkte werden daraus wieder die klimaschädlichen Treibhausgase Kohlendioxid und Methan. Das passiert etwa, wenn Plastik verbrannt wird, irgendwo verrottet oder dem Sonnenlicht ausgesetzt wird (Royer u.a. 2018: 5ff.). Die Plastikindustrie war im Jahr 2015 für 4,5 Prozent der globalen Treibhausgasemissionen verantwortlich (Cabernard u.a. 2022: 1f.).

Der Verband der chemischen Industrie Deutschlands hat mehrere Szenarien für eine CO_2-freie Chemieproduktion erarbeiten lassen (VCI 2019, 2023). Eine Kernfrage sind dabei die Steamcracker und ihr extrem hoher Erdgasverbrauch. Die Studien setzen auf eine Elektrifizierung der Heizprozesse. Anfang 2024 wurde bei der BASF in Ludwigshafen die erste strombetriebene Cracker-Versuchsanlage in Betrieb genommen. Auch für die Herstellung von Wasserstoff gibt es eine nichtfossile Lösung. Das Gas soll mit großen Elektrolyseuren klimaneutral direkt aus Wasser gewonnen werden. Noch schwieriger wird es bei der Rohstoffbasis der Chemiebranche. Wenn man vom fossilen Kohlenstoff wegkommen will, muss man komplett aus der Rohölnutzung aussteigen. Woher sollen dann die Rohstoffe für Kunststoffe, Medikamente oder Farben kommen? Die VCI-Studien schlagen dafür eine Wiederverwertung von Kunststoffmüll durch mechanisches und chemisches Recycling vor. Mechanisches Recycling ist aber nur möglich, wenn der Plastikmüll sortenrein ist (Faraca/*Astrup* 2019: 3ff.). Da die Kunststoffhersteller ihre Produkte aber mit zahllosen Additiven und Farbstoffen mischen dürfen, ist das nicht gegeben. Die Alternative eines chemischen Recyclings ist extrem energieintensiv (Toktarova u.a. 2022: 4f.). Selbst ein weitgehendes Recycling von Kunststoffen würde angesichts des großen Ressourcenbedarfs der Chemiebranche nicht ausreichen. Mithilfe der Fischer-Tropsch-Synthese[1] soll aus Wasserstoff und CO_2 synthetisches grünes Naphta erzeugt werden. Insbesondere die dafür erforderliche CO_2-Gewinnung dürfte aber problematisch werden. So ist die Abscheidung des Gases aus der Luft (*Direct Air Capturing*, DAC) (Ozkan 2022) extrem energie- und kostenintensiv. Die alternative CO_2-Gewinnung aus Punktquellen (z. B. Zementproduktion, Müllverbrennung) setzt auf eine fortgesetzte Freisetzung von Kohlendioxid, die eigentlich unterbunden werden müsste. Auch die angedachte Gewinnung der Kohlenstoffbasis aus Biomasse ist problematisch. In einer der VCI-Studien (2023: 17f.) wird ein Biomassebedarf von 30 Millionen Tonnen jährlich reklamiert. Doch Biomasse ist bereits heute eine knappe Ressource, auf die sich viele Begehrlichkeiten richten. Die Konkurrenz darum wird weiter zunehmen (Biber-Freudenberger 2024: 40ff.).

Ein weiteres großes Problem einer grünen Chemie ist ihr extrem hoher Strombedarf. In der »Roadmap«-Studie nennt der VCI (2019) 628 TWh jährlich. Das liegt um 40 Prozent über der deutschen Stromproduktion von 2023 (450 TWh).[2] Der Strom aus erneuerbaren Quellen lag im selben Jahr bei 252 TWh. Trotz des voranschreitenden Ausbaus der erneuerbaren Energien übersteigen die anvisierten 628 TWh für die Chemieindustrie bei Weitem die potenziell verfügbaren Strommengen. De facto ist dies ein Knock-out-Kriterium für die Studie. Die nachfolgende VCI-Studie »Chemistry 4 Climate«, reduziert den Strombedarf im günstigsten Szenario zwar auf 325 TWh (VCI 2023: 17f.). Aber auch das ist noch sehr viel. Und in dem Szenario sinkt der Strombedarf nur, weil der Biomassebedarf extrem erhöht wird. Technisch ist der Umbau der Chemieindustrie möglich, aber die dafür notwendigen Mengen an Strom und Biomasse sind schlicht zu groß und stehen hierzulande nicht zur Verfügung.

Zementproduktion und CCS

In der Baubranche entstehen die Treibhausgasemissionen vor allem bei der Zementproduktion und in einem deutlich geringeren Umfang beim Brennen baukeramischer Produkte. Im Jahr 2019 lag die Zementproduktion in Deutschland bei 34 Millionen Tonnen. Daraus ergeben sich CO_2-Emissionen von 20 Millionen Tonnen, was in etwa drei Prozent

1 Das Fischer-Tropsch-Verfahren kann prinzipiell zur Herstellung von CO_2-neutralen E-Fuels für die chemische Industrie, die Schifffahrt und den Luftverkehr eingesetzt werden. Ausgangsstoffe sind Kohlenmonoxid CO und Wasserstoff H_2. H_2 kann elektrolytisch aus Wasser gewonnen werden, CO aus Biomasse oder direkt aus der Luft. Der gesamte Prozess ist sehr energieintensiv. Ein Ersatz der heutigen fossilen Kraftstoffe in größerem Umfang ist daher nicht vorstellbar.

2 »Stromerzeugung 2023: 56 % aus erneuerbaren Energieträgern«, https://www.destatis.de/ (7.3. 2024).

des gesamten Treibhausgasausstoßes entspricht (VDZ 2020: 13f.). Auch der Energieverbrauch der Zementbranche ist mit circa 30 TWh jährlich erheblich. Er wird im Wesentlichen durch die thermische Energiezufuhr beim Brennprozess verursacht. Dabei wird ein Gemisch aus Kalk und Ton in großen Drehrohröfen bei hohen Temperaturen von 1.450 Grad Celsius gebrannt. Bisher erfolgt das vornehmlich mit Erdgas, aber auch mit Kohle, Altreifen, Altölen und Kunststoffresten. Das Brennen ließe sich, ähnlich wie in der Chemie- und der Stahlbranche, prinzipiell durch den Einsatz von elektrischem Strom und Wasserstoff ersetzen. Allerdings werden bei der Zementproduktion zwei Drittel der Emissionen prozessbedingt freigesetzt. Die Emissionen werden durch chemische Umwandlungsprozesse beim Brennen aus dem Kalk herausgetrieben. Dies lässt sich durch die Nutzung anderer Brennstoffe nicht verhindern. Vor diesem Hintergrund sehen die großen Zementkonzerne das Auffangen und das anschließende unterirdische Abspeichern des CO_2 als wichtigsten Baustein für ihre Branche. Doch CCS ist mit erheblichen Unsicherheiten und Risiken behaftet (siehe auch den Beitrag von Tobias Haas u.a. in diesem Heft).

Lücke zwischen Bedarf und Erzeugungsmöglichkeiten grüner Energien

Der ökologische Umbau der Stahl-, Chemie- und Zementindustrie erfordert den Einsatz großer Mengen grünen Stroms und grünen Wasserstoffs. Es zeigt sich, dass der Bedarf an grüner Energie für die bestehende Industrie und Infrastruktur in Deutschland die inländischen Erzeugungsmöglichkeiten bei weitem übersteigt. Über die Stahl-, Chemie- und Zementproduktion hinaus besteht ein erheblicher Bedarf an erneuerbaren Energien, Wasserstoff und E-Fuels. Das betrifft vor allem Strom für die Wärmewende und für eine klimaneutrale Mobilität. Mittlerweise schätzt eine Vielzahl von Einzelstudien den zukünftigen Bedarf an nicht-fossilen Energieträgern ab. Allerdings unterscheiden diese sich in vielen Grundannahmen, etwa bei den möglichen Potenzialen von Wind, Sonne und Biomasse. In anderen Studien wird der Bedarf an E-Fuels für den Flug- und Schiffsverkehr nicht berücksichtigt. Deutlich wird jedoch, dass die Studien die heutigen Produktionsmengen und das Wirtschaftswachstum in die Zukunft fortschreiben. So geht beispielsweise die im Auftrag von Agora Energie- und Verkehrswende sowie der Stiftung Klimaneutralität erstellte Studie »Klimaneutrales Deutschland« von einer Zunahme des Güterverkehrs um 35 Prozent bis 2050 aus (Prognos u.a. 2020: 151f.). Dabei wird sehr optimistisch auf technische Effizienzsteigerungen in allen Sektoren gesetzt.

Der Gesamtenergiebedarf der Klimaneutralitätsszenarien wird meist im Bereich von 1.800 bis 2.100 TWh angesetzt. Einen eher niedrigen Bedarf von rund 1.600 TWh liefert die Studie »Langfristszenarien für die Transformation des Energiesystems« (BMWi 2021: 10ff.).

Die in den Studien angegebenen Potenziale der in Deutschland herstellbaren Strommengen liegen im Vergleich dazu deutlich niedriger, in einer Bandbreite zwischen 844 TWh und 1.300 TWh (Prognos u.a. 2020: 136f.; Luderer u.a. 2021: 149f., 160f.). Auch wenn fraglich ist, ob sich 1.300 TWh tatsächlich werden realisieren lassen, würden sie dennoch nicht ausreichen, um den Bedarf zu decken. Dementsprechend gehen alle Studien von hohen Wasserstoffimporten aus.

Flüssigwasserstoff-Importe ohne Infrastrukturlösungen

Angesichts der begrenzten Möglichkeiten zur Wasserstoffproduktion im eigenen Land setzte bereits die Bundesregierung unter Angela Merkel auf H_2-Importe (siehe auch den Beitrag von Jenny Simon u.a. in diesem Heft). Diese Linie wird von der Ampel-Koalition fortgesetzt. Dafür wurden zahlreiche Wasserstoff-Abkommen geschlossen mit der Vision, dass in den südlichen sonnenreichen Ländern große Strommengen mit Solar- und Windkraftanlagen gewonnen werden könnten. In einem zweiten Schritt wäre dann die Erzeugung von grünem Wasserstoff durch Spaltung von Wasser mit Hilfe von Großelektrolyseuren möglich. Um die großen Entfernungen zu überwinden, so die gängigen Vorstellungen, könnte dann der H_2-Transport nach Mitteleuropa per Schiff erfolgen.

In der Praxis dürfte das aber schwierig werden. So hat Wasserstoff eine deutlich geringere Energiedichte als Erdöl. Ein Transport großer Energiemengen kann daher nur erfolgen, wenn der Wasserstoff verflüssigt wird (*Liquefied H_2, LH_2*). Dafür benötigt man aber eine völlig neue Infrastruktur als diejenigen, die bei verflüssigtem Erdgas *zum Einsatz kommen*. Es sind Spezialkühlschiffe notwendig, denn die Temperatur der LH_2-Flüssigkeit muss konstant bei minus 253 Grad Celsius gehalten werden. Und trotz der Isolierung der LH_2-Ladetanks, die den Zutritt von äußerer Wärme begrenzen soll, gelangen stets geringe Wärmemengen in die Tanks und führen zu einer leichten Verdampfung der H_2-Gase. Dieses sogenannte *Boil-off*-Gas sammelt sich an und muss dann aus den Tanks entfernt werden, damit der Tankdruck nicht über die zulässige Grenze steigt. Die so freigesetzten Gasmengen betragen bis zu drei Prozent pro Transporttag. Würde man sie einfach an die Umgebung abgeben, so verlöre ein Schiff mit LH_2, das von Australien nach Hamburg fährt, unterwegs bis zu zwei Drittel seiner Ladung. Auch eine Rückverflüssigung an Bord wäre nicht sinnvoll, denn die Energieverluste für die Verflüssigung liegen zwischen 28 und 46 Prozent (Bossel 2010: 5f.). Ein weiteres Problem besteht darin, dass es heute weltweit erst einen einzigen Tanker gibt, der Flüssigwasserstoff transportieren kann: die Suiso Frontier, die 2021 in Japan gebaut wurde. Das Schiff ist mit einem Volumen von 1.250 Kubikmeter viel zu klein. Wenn man damit die notwendigen LH_2-Transporte für Deutschland und andere Industrieländer durchführen will, bräuchte man viele Hundert dieser Tanker. Da sie in der kurzen Zeit bis 2045 nicht zur Verfügung stehen werden, sind direkte Wasserstoff-Importe per Schiff faktisch nicht möglich.

Wasserstoff in Form von Ammoniak transportieren?

Eine Alternative zum LH_2-Transport wäre die temporäre Bindung des Wasserstoffs an eine chemische Trägerflüssigkeit (*liquid organic hydrogen carriers*, LOHC). Diese Technologie wurde jedoch noch nie in großem Maßstab eingesetzt, und auch dabei treten hohe Energieverluste auf. Eine weitere Option könnte der Transport von Wasserstoff über Pipelines sein. Der Transport von H_2 in Pipelines ist jedoch problematisch. Langfristig kann es zu einer Versprödung der Rohre kommen. Dadurch verschlechtern sich die Materialeigenschaften und im Stahl können Risse entstehen (IEA 2022: 110f.). Eine Studie der DECHEMA (2024: 7f.) weist darauf hin, dass H_2-Pipelinetransporte nur für Entfernungen bis zu 2.500 km und bis zu einer Menge von 600.000 Tonnen pro Jahr wirtschaftlich sind. Damit ist die Entfernung für die meisten bisher in Frage kommenden H_2-Lieferländer zu groß.

Als Alternative zum direkten LH_2-Transport per Schiff wird in der wissenschaftlich-technischen Diskussion zunehmend auf Ammoniak (NH3) als Transportmedium für Wasserstoff gesetzt (Umweltbundesamt 2022; IRENA/AEA 2022). Dazu müsste der Wasserstoff in den energiereichen Erzeugerländern mit aus der Luft abgetrenntem Sauerstoff nach dem Haber-Bosch-Verfahren[3] zu Ammoniak (NH_3) umgewandelt werden. Dieses Gas könnte dann per Tanker nach Deutschland transportiert und hier wieder in Wasserstoff zurücktransformiert werden. Tatsächlich gibt es bereits heute weltweit etwa 170 Seeschiffe, die jährlich zwischen 18 und 20 Millionen Tonnen Ammoniak transportieren (Umweltbundesamt 2022: 5f.). Das ist also keine neue Technologie. Problematisch sind jedoch die erheblichen Energieverluste, die aus einer Kette von Umwandlungen resultieren: Erst die elektrolytische Erzeugung von H_2 aus regenerativem Strom, dann die Abtrennung des Stickstoffs aus der Luft, die chemische Umwandlung in Ammoniak, die Verdichtung des Gases, der Schiffstransport nach Europa und schließlich die Rückumwandlung des Ammoniaks in Wasserstoff. Je nach benötigter H_2-Qualität ist auch eine nachgeschaltete Reinigung erforderlich. Für die Energieverlustrate bei der Rückumwandlung in Wasserstoff wird von einer Bandbreite von 13 bis 34 Prozent ausgegangen (ebd.: 3f.).

Eine andere Studie betont, dass der Transport von Ammoniak über weite Strecken nur dann wirtschaftlich ist, wenn keine anschließende H_2-Rü-

3 Das Haber-Bosch-Verfahren ist ein großindustrielles chemisches Verfahren zur Ammoniaksythese. Es ist nach den deutschen Chemikern Fritz Haber und Carl Bosch benannt, die das Verfahren am Anfang des 20. Jahrhunderts entwickelten.

ckumwandlung erfolgt (Tatsutani u.a. 2023: 4f.). Das so importierte Ammoniak könnte dann direkt in der chemischen Industrie beispielsweise zur Herstellung von Düngemitteln verwendet werden. Eine von der EU-Kommission in Auftrag gegebene Studie kommt zum gleichen Ergebnis und postuliert: Der Großteil des zukünftigen Wasserstoffbedarfs sollte in der Nähe des Verbrauchsortes erzeugt werden (Keramidas u.a. 2022: 56f.). Nur ein kleiner Teil sollte über Pipelines aus Nachbarländern importiert werden. Diese wissenschaftlich fundierte Expertise steht im diametralen Gegensatz zu den Plänen des Bundesministeriums für Wirtschaft und Klimaschutz (BMWK) zum Aufbau von angeblich »Wasserstoff-ready-Terminals« an deutschen Küstenstandorten.

Produktionsverlagerung von energieintensiven Industrien?

Ein weiteres Problem für den Aufbau einer deutschen Wasserstoffwirtschaft zur Unterstützung der energieintensiven Industrien könnte sich paradoxerweise aus den schnell sinkenden Kosten für erneuerbare Energien ergeben. Die Stromgestehungskosten entwickeln sich regional sehr unterschiedlich. Dies betrifft vor allem die Photovoltaik, bei der es große Unterschiede zwischen Ländern in Äquatornähe und im Norden gibt. Ein wichtiger Grund dafür ist die höhere Anzahl an Sonnenstunden. Schätzungen gehen davon aus, dass der Solarstrompreis in sonnenreichen Regionen wie Saudi-Arabien oder der chilenischen Atacama-Wüste schon bald unter die Marke von einem Cent pro Kilowattstunde fallen wird.[4] Selbst das von der Bundesregierung im November 2023 beschlossene Strompreispaket für eine begrenzte Zahl energieintensiver Großunternehmen, das sich auf insgesamt sechs Cent pro Kilowattstunde beläuft, kann da nicht mehr mithalten.[5]

Aufgrund der niedrigen Stromkosten in den Ländern des Südens dürfte auch der Preis für grünen Wasserstoff sinken. Laut einer Studie der Unternehmensberatung Alvarez & Marsal (2024: 3f.) könnten die Vereinigten Arabischen Emirate im Jahr 2030 grünen Wasserstoff zu einem geschätzten Preis von 1,7 US-Dollar pro Kilogramm (USD/kg) produzieren. Für Saudi-Arabien und Indien werden im selben Jahr Kosten von 1,8 USD/kg prognostiziert. Zum Vergleich: Die derzeitigen durchschnittlichen Kosten für die Produktion von grünem Wasserstoff liegen weltweit bei etwa vier bis neun USD/kg (DECHEMA 2024: 6f.). An hiesigen Tankstellen kostet grüner Wasserstoff zwischen 11 und 13,85 Euro pro Kilogramm.[6]

Auch aufgrund dieser Preisdifferenzen könnte es in einzelnen Bereichen der Grundstoffchemie, aber auch in

---

4 »Solarstrom für weniger als ein Cent pro Kilowattstunde und seine Auswirkungen auf Deutschland«, https://www.pv-magazine.de/ (17.7.2023).

5 »Regierung einigt sich auf Strompreispaket für Industrie«, https://www.spiegel.de/ (9.11.2023).

6 »H2 Mobility stellt auf neues Preismodell um«, https://h2.live/ (4.10.2023).

der Stahl- oder Aluminiumherstellung in den nächsten Jahren zu schleichenden Produktionsverlagerungen und damit zu Arbeitsplatzverlusten kommen. Erste Anzeichen für diese Entwicklung sind bereits erkennbar. So hat die BMW Group im Februar 2020 angekündigt, Aluminium von einem Hersteller aus den Vereinigten Arabischen Emiraten zu beziehen.[7]

Das Potsdam-Institut für Klimafolgenforschung hat in einer aktuellen Studie (Verpoort u.a. 2024) die möglichen Kostenvorteile einer Verlagerung der Stahl- und Chemieindustrie in Länder mit niedrigen Ökostromkosten weiter spezifiziert. Ein Ergebnis ist, dass der Import von Wasserstoff per Schiff keine nennenswerten Kosteneinsparungen bringen würde. Dagegen wäre es für die Unternehmen deutlich profitabler, Vorprodukte aus Ländern mit niedrigen Stromkosten zu importieren. Schon bei einer Strompreisdifferenz von 40 Euro pro Megawattstunde würden die Kosten für Stahl um 19 Prozent, für Harnstoff um 33 Prozent und für Ethylen um 38 Prozent sinken. Damit ist die vom BMWK groß angelegte Wasserstoff-Importstrategie infrage gestellt. Alternativ wäre es für Stahl- und Chemiekonzerne aus Profitgründen sogar naheliegend, ihre gesamte Grundstoffproduktion in sonnenreiche Länder mit niedrigen Stromkosten zu verlagern.

Staatliche Subventionen und ökologischer Umbau

Wie sollten linke, ökologische und gewerkschaftliche Kräfte auf mögliche Produktionsverlagerungen reagieren? Kontroverse Diskussionen gab es bereits bei der Senkung des Strompreises für energieintensive Unternehmen auf sechs Cent pro kWh durch die Ampelregierung. Neoliberale Akteure lehnten dies strikt ab. Das Mittel der Subventionierung zur Verhinderung von Standortverlagerungen kann aber in bestimmten Fällen sinnvoll sein, zumindest solang die Kosten begrenzt bleiben. So sollte das Know-how für die Stahlproduktion oder die Herstellung von Photovoltaikanlagen im Land bleiben. Allerdings sollten dann auch Eigentumsrechte an die Gesellschaft übertragen werden, beispielsweise durch eine Vergesellschaftung der Unternehmen oder durch die Übertragung von Veto- und Kontrollrechten an VertreterInnen von Gewerkschaften, Belegschaften und Ökologieverbänden. Unter diesem Gesichtspunkt ist es kritisch zu sehen, wenn Thyssenkrupp erst zwei Milliarden Euro staatliche Subventionen kassiert, um dann 50 Prozent der Anteile an den tschechischen Oligarchen Daniel Kretinsky zu verscherbeln.[8]

Darüber hinaus muss eine linke ökologische Positionierung auch die Ökologie der produzierten Güter be-

7 »BMW lässt Aluminium mit Wüstensonne schmelzen«, https://www.automobilproduktion.de/ (2.2.2021).

8 »Thyssenkrupp trennt sich von Teilen der Stahlsparte«, https://www.tagesschau.de/ (26.4.2024).

rücksichtigen. So haben kapitalistische Konzerne aus Profitgründen über Jahrzehnte ihre Produktionsmengen ohne Rücksicht auf mögliche Folgen immer weiter gesteigert. Das Ergebnis zeigt sich immer deutlicher in der Überschreitung zahlreicher planetarischer Grenzen. Hinzu kommt ein überbordender Energie- und Ressourcenverbrauch, der so auf Dauer nicht fortgesetzt werden kann. Diese Entwicklung sollte nicht mit staatlichen Subventionen fortgeschrieben werden. Das zeigt beispielhaft der Blick auf die chemische Industrie, die große Mengen an Energie für Kunststoffe und Düngemittel verbraucht. Staatliche Gelder für Chemiekonzerne sind de facto nichts anderes als Subventionen für Einwegverpackungen und die Überdüngung der Felder. Mit der Verlagerung von umweltschädlichen Produktionslinien ins Ausland ist aber ökologisch nichts gewonnen. Schließlich leben wir alle auf dem gleichen Planeten. Nötig wäre vielmehr ein ökologischer Umbau der Produktion. Gleichzeitig sollte der überbordende Rohstoff- und Energieverbrauch reduziert werden. Technologisches Know-how und Produktionskerne sollten erhalten bleiben. Eine endlose Subventionierung der Wegwerfproduktion muss jedoch verhindert werden.

Ansätze für einen selektiven industriellen Rückbau

Ein Rückbau nach der Rasenmähermethode ist nicht geeignet, um die beschriebenen Probleme zu lösen. Vielmehr ist eine detaillierte Analyse mit anschließenden selektiven Maßnahmen erforderlich. Diese Vorgehensweise soll im Folgenden beispielhaft skizziert werden.

Betrachtet man die chemische Industrie, so zeigt sich, dass ein Großteil der Energie für die Herstellung von Kunststoffen verbraucht wird, wovon wiederum 70 Prozent in die Bereiche Verpackung, Bau und Automobile fließen. Eine schnelle Senkung des Energieverbrauchs könnte daher durch eine drastische Reduzierung der Verpackungen erreicht werden. So sollten nicht nur für Getränke, sondern auch für Shampoos, Wasch- und Reinigungsmittel Mehrwegbehälter aus Kunststoff vorgeschrieben werden. Deren Formen, Größen und der Zusatz von Additiven und Farbstoffen sollten einer einheitlichen Norm unterliegen. Nur noch wasserlösliche Papieretiketten sollen über den Inhalt informieren. Damit wäre die schöne Welt der Verpackungen verschwunden. Aber ökologisch würde sich eine Tür öffnen. Der Bedarf an neuem Kunststoff und der Energieverbrauch könnten nun durch Wiederverwendung deutlich gesenkt werden. Zudem könnte ein hohes Recyclingpotenzial für Kunststoffe erschlossen werden.

Auch im Stahlsektor gibt es Möglichkeiten, die Produktionsmengen rasch zu reduzieren. Rund 60 Prozent des Stahls gehen allein in die Bau- und Automobilindustrie. Mit einer ernsthaften Verkehrswende hin zum Ausbau des öffentlichen Personennahverkehrs könnten die großen Stahlmengen, die heute in Millionen von Autos verbaut werden, deutlich reduziert werden. Damit würde automatisch auch weniger Kunststoff für Automobile benötigt.

Auch Änderungen der ökologischen Standards im Bausektor könnten sich als sehr wirkungsvoll erweisen. WissenschaftlerInnen und ArchitektInnen plädieren seit langem dafür, einen Großteil der Häuser aus Holz zu bauen. Schon eine Hybridbauweise, bei der nur Fundamente, Treppenhäuser und Aufzugschächte aus Beton und der Rest aus Holz bestehen, würde erhebliche CO_2-Einsparungen bringen. Als Nebeneffekt würden unsere Häuser zu dauerhaften CO_2-Speichern. Eine deutliche Ausweitung der Holzbauweise hätte zudem zur Folge, dass auch deutlich weniger Stahl und mit Bedacht auch weniger Kunststoff im Bausektor verbraucht würden.

Eine deutliche Reduktion der umweltbelastenden Produktionsmengen hätte den Vorteil, dass der verbleibende Energiebedarf weitgehend durch heimischen Wind- und Solarstrom gedeckt werden könnte. Die Wasserstoffimporte und Subventionen könnten so beschränkt werden. Es bliebe das Problem, dass ein Teil der Produktionsarbeitsplätze wegfallen würde. Dies ließe sich durch eine Umverteilung der verbleibenden Arbeit kompensieren. Ob das alles ohne größere Einschnitte in das Eigentum an Produktionsmitteln der großen Konzerne möglich ist? Eher nicht.

Literatur

Acatech (Deutsche Akademie der Technikwissenschaften) & DECHEMA (2022): Fact Sheet Wasserstoff im Stahlsektor. URL: https://www.wasserstoff-kompass.de/, Zugriff: 9.7.2024.

Alvarez & Marsal (2024): Green Hydrogen: India's Opportunity for a larger share in the Global Energy Trade. URL: https://www.alvarezandmarsal.com/, Zugriff: 9.7.2024.

Biber-Freudenberger, Lisa (2023): Biomasse: Eine begrenzte Ressource. In: Spektrum der Wissenschaft 12/2023: 40-45.

BMWi (Bundesministerium für Wirtschaft und Energie) (2021): Langfristszenarien und Strategien für den Ausbau der Erneuerbaren Energiesystems in Deutschland. URL: https://langfristszenarien.de/, Zugriff: 9.7.2024.

Bossel, Ulf (2010): Wasserstoff löst keine Energieprobleme. LIFIS ONLINE. URL: https://www.leibniz-institut.de/, Zugriff: 9.7.2024.

Cabernard, Livia u. a. (2022): Growing environmental footprint of plastics driven by coal combustion. In: Nature Sustainability 5: 139-148. DOI: https://doi.org/10.1038/s41893-021-00807-2.

DECHEMA (Gesellschaft für Chemische Technik und Biotechnologie) (2024): GreeN-H2 Namibia. Green Hydrogen Production in Namibia. Frankfurt/M. URL: https://dechema.de/, Zugriff: 9.7.2024.

Faraca, Giorgia / Astrup, Thomas (2019): Plastic waste from recycling centres: Characterisation and evaluation of plastic recyclability. In: Waste Management 95: 388-398. DOI: https://doi.org/10.1016/j.wasman.2019.06.038.

IEA (International Energy Agency) (2021): Ammonia Technology Roadmap. Towards more sustainable nitrogen fertiliser production. URL: https://iea.blob.core.windows.net/, Zugriff: 9.7.2024.

IRENA (International Renewable Energy Agency) / AEA (Ammonia Energy Association) (2022): Innovation Outlook: Renewable Ammonia. Abu Dhabi/Brooklyn. URL: https://www.irena.org/, Zugriff: 9.7.2024.

Keramidas, Kimon u.a. (2022): Global Energy and Climate Outlook 2022. Energy trade in a decarbonised world. In: Publications Office of the European Union. Luxembourg. DOI: https://doi.org/10.2760/863694.

Luderer u.a.: (2021): Deutschland auf dem Weg zur Klimaneutralität 2045 – Szenarien und Pfade im Modellvergleich (Ariadne-Report). In: Potsdam Institute for Climate Impact Research. DOI: https://doi.org/10.48485/pik.2021.006.

Ozkan, Mihrimah u. a. (2022): Current status and pillars of direct air capture technologies. In: iScience 25(4): 103990. DOI: https://doi.org/10.1016/j.isci.2022.103990.

Prognos / Öko-Institut / Wuppertal-Institut (2020): Klimaneutrales Deutschland. Studie im Auftrag von Agora Energiewende, Agora Verkehrswende und Stiftung Klimaneutralität. URL: https://static.agora-energiewende.de/, Zugriff: 9.7.2024.

Royer, Sarah-Jeanne u. a. (2018): Production of methane and ethylene from plastic in the environment. In: PLoS ONE 13(8): e0200574. DOI: https://doi.org/10.1371/journal.pone.0200574.

Tatsutani, Marika u. a. (2023): Techno-economic Realities of Long-Distance Hydrogen Transport. URL: https://cdn.catf.us/, Zugriff: 9.7.2024.

Toktarova, Alla u.a. (2022): Thermochemical recycling of plastics – Modeling the implications for the electricity system. In: Journal of Cleaner Production 374: 133891. DOI: https://doi.org/10.1016/j.jclepro.2022.133891.

Umweltbundesamt (2022): Kurzeinschätzung von Ammoniak als Energieträger und Transportmedium für Wasserstoff (28. Februar 2022). URL: https://www.umweltbundesamt.de/, Zugriff: 9.7.2024.

VCI (Verband der Chemischen Industrie) (2019): Roadmap Chemie 2050. URL: https://www.vci.de/, Zugriff: 9.7.2024.

– (2023): Chemistry 4 Climate. URL: https://www.vci.de/, Zugriff: 9.7.2024.

VDZ (Verein Deutscher Zementwerke) (2020): Dekarbonisierung von Zement und Beton – Minderungspfade und Handlungsstrategien. Düsseldorf. URL: https://www.vdz-online.de/, Zugriff: 9.7.2024.

Verpoort, Philipp C. u. a. (2024): Impact of global heterogeneity of renewable-energy supply on heavy industrial production and green value chains. In: Nature Energy 9: 491-503. DOI: https://doi.org/10.1038/s41560-024-01492-z.

PROKLA 216 | 54. Jahrgang | Nr. 3 | September 2024 | S. 505-516
https://doi.org/10.32387/prokla.v54i216.2132

Lukas Geisler*

Besetzung, Sabotage, Arbeit

Strategisch-theoretische Überlegungen zu einer »Bauwende von unten«

Zusammenfassung: Die Bauindustrie ist für acht Prozent der globalen CO_2-Emissionen verantwortlich. Im Beitrag wird eine »Bauwende von unten« in Bezug auf aktivistische Strategien und konkrete Aktionen diskutiert, die als Antriebsmomente für eine sozial-ökologische Transformation der Bauindustrie verstanden werden und über einen »grünen« Kapitalismus hinausweisen. Grundlegend dafür sind Erkenntnisse, die aus einer militanten Untersuchung während der zwei Besetzungen der Dondorf-Druckerei 2023 in Frankfurt am Main hervorgegangen sind.

Schlagwörter: Arbeit, Bauindustrie, Besetzung, Grüne Transformation, Sabotage

Squatting, Sabotage, Labour

Strategic-Theoretical Considerations on a Bottom-Up Transformation of the Construction Industry

Abstract: The construction industry is responsible for eight per cent of global CO_2 emissions. The article discusses a bottom-up transformation of the construction industry in relation to activist strategies and concrete actions that are understood as driving forces for a socio-ecological transformation of the construction industry and point beyond »green« capitalism. Fundamental to this are insights that emerged from militant research during the two squats of the Dondorf-Druckerei 2023 in Frankfurt on the Main.

Keywords: Construction Industry, Green Transformation, Labour, Sabotage, Squatting

* **Lukas Geisler** lebt in Frankfurt am Main und arbeitet in der Schnittstelle von Aktivismus und Wissensproduktion zu (Anti-)Rassismus, der Klimakrise und Marxismus.

Während des Kulturcampus Open Air, das von einem breiten Bündnis aus soziokulturellen Initiativen, Kulturschaffenden und der Frankfurter Studierendenschaft auf dem alten, heute vor allem durch Leerstand geprägten Universitätscampus Bockenheim in Frankfurt am Main alljährlich veranstaltet wurde, bewegten sich am 24. Juni 2023 kurz vor 16 Uhr Menschen in bunten Morphsuits durch die Menge. Sie waren ausgestattet mit buntem Klebeband, mit dem sie Pfeile auf den Boden klebten, und steuerten geradewegs auf das Gebäude der alten Dondorf-Druckerei zu, das einem Ersatzneubau des Max-Planck-Instituts für empirische Ästhetik weichen sollte und seit dem Auszug des Instituts für Kunstpädagogik von der Goethe-Universität nur noch für Archivbestände genutzt wurde. Um 16 Uhr wurde eine Pressemitteilung verschickt, in der es hieß: »Die Dondorf-Druckerei ist besetzt«.

Zur gleichen Zeit öffneten sich die Tore des Geländes im Norden des vier Straßenblöcke und circa 16,7 Hektar umfassenden Areals auf dem ehemaligen Campus der Goethe-Universität. Hunderte Menschen strömten in das fünfstöckige, 150 Jahre alte Backsteingebäude, das einst von der jüdischen Unternehmer*innenfamilie Dondorf erbaut worden war. Während im Hof eine Punkband spielte und Getränke auf Spendenbasis ausgegeben wurden, wurden im zweiten Stockwerk Do-it-yourself-Ateliers hergerichtet und Kunstwerke ausgestellt. Die *Druckerei für Alle!*, ein soziokulturelles Zentrum »für alle, die keine fünf Euro für ein Bier bezahlen können« (Düperthal 2023) mit Ateliers für Künstler*innen und vielem mehr entstand.

Das Besondere an dieser Besetzung war: Es handelte sich um eine klimapolitische Besetzung, in der die Fragen nach einer sozialen und ökologischen Stadt zusammengedacht wurden. So hieß es in der Pressemitteilung, dass die ehemalige Dondorf-Druckerei voller »Grauer Energie« sei. Damit ist die Energie gemeint, die einmal verausgabt wurde – vom Transport bis hin zur Herstellung von Baumaterialien –, um ein Gebäude zu bauen. Während die »Graue Energie« bei einer Sanierung weitergenutzt wird, geht sie bei einem Abriss, der zudem zusätzliche Ressourcen verlangt, verloren. Nach Modellrechnungen von Architects for Future (2023) würden allein durch den Abriss »deutlich mehr als 1.200.000 kg CO_2 verursacht« werden. Ebenfalls konstatieren sie, dass an keiner Stelle eines Neubaus so viele Emissionen durch die Installation von Photovoltaik und energetische Bauweise eingespart werden könnten, »wie durch einen Ersatzneubau dieses einen Gebäudes erzeugt würden« (ebd.). Deshalb forderten die Besetzer*innen ein Abrissmoratorium und, »dass die Dondorf-Druckerei zu einem Pilotprojekt für eine Umbauordnung wird«.

Nach 19 Tagen, am 12. Juli 2023, wurde die *Druckerei für Alle!* zum ersten Mal geräumt. Am 9. Dezember folgte eine zweite Besetzung – und ab dem 14. Dezember eine zweite Räumung, die sich fünf Tage bis zum 19. Dezember zog, da sich auf dem Dach des Gebäudes Aktivist*innen verschanzt hatten. Am 10. Januar gab das Max-Planck-Institut für empirische Ästhetik bekannt, dass es von einem Ersatzneubau auf dem Gelände der Dondorf-Druckerei absieht und nach einem anderen Areal für einen Neubau sucht. Zwar steht die Druckerei seit der zweiten Räumung leer, doch alle Fraktionen – von links bis konservativ – im Frankfurter Stadtparlament sind seitdem darüber einig, dass das Gebäude erhalten und saniert werden soll (Schülke 2024). Am 7. Juni wurde gemeinsam von der Stadt Frankfurt und dem Land Hessen bekanntgegeben, dass das Gebäude saniert und der Kunsthalle Schirn, einer »renommierten Kunstinstitution«, bis Frühjahr 2027 für eine Zwischennutzung bereitgestellt werden soll (Stadt Frankfurt 2024). Damit sind zumindest die ökologischen Forderungen des Kollektivs umgesetzt worden.[1]

Anhand der Kämpfe um die Dondorf-Druckerei in Frankfurt am Main lässt sich exemplarisch der Blick auf einen Sektor richten, der die offiziellen Klimaziele der Bundesregierung verfehlt: die Bauindustrie (Bundestag 2023). Die Herstellung, Errichtung, Modernisierung und Nutzung sowie der Betrieb von Gebäuden sind für fast 40 Prozent der deutschen CO_2-Emissionen verantwortlich (Wuppertal Institut 2020: 90). Nach Zahlen des Bundesinstituts für Bau-, Stadt- und Raumforschung (BBSR) gehen dabei rund 75 Prozent auf den Betrieb und die Nutzung und die restlichen 25 Prozent auf den Bau zurück (BBSR 2022: 2). Zudem gehen circa 54 Prozent des Abfallaufkommens in Deutschland auf Bau- und Abbruchabfälle zurück (Statistisches Bundesamt 2021). Bis 2035 müssten jährlich bis zu vier Prozent aller Gebäude energetisch saniert werden, damit die 1,5-Grad-Grenze des Pariser Klimaabkommens von 2015 eingehalten werden kann (Wuppertal Institut 2020: 19). Anders als die »Energie-« und die »Wärmewende« spielt eine »Bauwende« in strategischen Diskussionen der Klimabewegung keine große Rolle.

In diesem Beitrag wird eine »Bauwende von unten« diskutiert in Bezug auf aktivistische Strategien und konkrete Aktionen als Antriebsmomente für eine sozial-ökologische Transformation der Bauindustrie, die über einen »grünen« Kapitalismus hinausweisen. Er ist aus einer militanten Untersuchung (Malo de Molina 2006) hervorgegangen: meinem Engagement im Kollektiv *Druckerei für Alle!*, aus dem heraus ich auch noch heute Politik mache.[2]

---

1 In der Pressemitteilung des Kollektivs *Druckerei für Alle!* hieß es: »Die Schirn ist das Gegenteil unseres Gegenentwurfes, der ›Druckerei für Alle‹; die wäre niedrigschwellig, gemeinschaftlich organisiert und zugänglich für alle gewesen. Wir sehen unsere Forderungen bezüglich einer bürgernahen, niedrigschwelligen Nutzung durch die Anwohner:innen des Stadtteils und der gesamten Stadt als unerfüllt, begrüßen aber trotzdem den Erhalt des Gebäudes. Dieser Erfolg ist zu einem entscheidenden Teil den Besetzungen und dem dadurch angestoßenen Diskurs zu verdanken.«

2 Niemand schreibt alleine – auch wissenschaftliches Schreiben ist keine Robinsona-

Die Notwendigkeit einer sozial-ökologischen »Bauwende«

Eine globale Perspektive auf die Zementindustrie macht den Handlungsbedarf noch deutlicher. Der CO_2-Ausstoß eines Kubikmeter Stahlbetons entspricht der CO_2-Menge, die 4.000 Bäume pro Tag aufnehmen können (Urban 2020). Dabei setzt die Zementindustrie vor allem »auf einen *Deus ex Machina*: CCS (Carbon-Capture-Storage bzw. CO_2-Speicherung) und CCU (Carbon-Capture-Usage bzw. CO_2-Nutzung)« (End Cement Bündnis: o.J.; Herv. i. Orig.).[3] Allerdings kommt sogar eine Studie, die vom Verein Deutscher Zementwerke (2020: 6), einer Lobbyorganisation der Zementindustrie, in Auftrag gegeben wurde, zu dem Schluss, dass bei einem sogenannten »ambitionierten Referenzszenario« bis 2050 ohne diese »Breakthrough-Technologien« nur eine Minderung der CO_2-Emissionen von 36 Prozent gegenüber den Werten von 2019 erreicht werden kann. Die Gesamtemissionen der Zementindustrie machen bis zu acht Prozent der weltweiten CO_2-Emissionen aus (Andrew 2018: 195). Hinzu kommt der Schaden, der durch Extraktivismus angerichtet wird. Allein in den Ländern Vietnam und Kambodscha werden jährlich geschätzte 100 Millionen Tonnen Sand aus Flüssen entnommen. Damit ist Sand das global wichtigste Bergbauprodukt und wird, was den Umsatz anbelangt, nur von fossilen Brennstoffen übertroffen (Schaupp 2024: 293). »Wäre die Zementindustrie ein Land, würde ihr Ausstoß nur von China und den USA übertroffen«, schreibt Schaupp und verweist damit auf die jährlich fast drei Millionen Tonnen CO_2, die durch die Zementproduktion emittiert werden (ebd.: 294). Neben den acht Prozent der globalen Emissionen müssen zudem die Folgen der Bodenversiegelung durch Beton berücksichtigt werden, die »eine der Hauptursachen für den weltweiten Rückgang von Biodiversität« (ebd.) ist.

Dabei durchziehen die Bauindustrie nicht nur ökologische, sondern auch soziale Widersprüche. Zum einen herrscht drastische Not an bezahlbarem Wohnraum in Großstädten, zum anderen sind die ökologischen Kosten für den Neubau von (Sozial-)Wohnungen und anderen Gebäuden hoch. Auch die Bauindustrie selbst hat sich durch Subunternehmen und Outsourcing zu einem transnationalisierten Ausbeutungsregime entwickelt: Der Kostenanteil für externe Lohnarbeiter*innen ist bei Hochbauunternehmen mit mehr als 1.000 Beschäftigten mittlerweile 63,7 Prozent; von den über 900.000 Beschäftigten im Baugewerbe verfügen circa 30 Prozent nicht über die deutsche Staatsangehörigkeit. Bei einem Großteil dieser Beschäftigten handelt es sich um Beschäftigte aus den mittel- und osteuropäischen EU-Staaten (Hüttenhoff 2023).

---

de: Neben den unglaublich inspirierenden Menschen des *Druckerei für Alle!*-Kollektivs möchte ich an dieser Stelle Fritzi Bender, Jule Liebig und besonders Gianna Gumgowski herausheben, ohne die nicht nur die Arbeit an diesem Text nicht möglich gewesen wäre.

3 Zu *Carbon Capture and Storage* (CCS) und *Carbon Capture and Utilization* (CCU) siehe auch den Beitrag von Tobias Haas u.a. in diesem Heft.

Wer für eine klimagerechte Stadt kämpft, darf soziale Fragen nicht unberücksichtigt lassen. Und aufgrund von steigenden Wohnkosten stellt sich – wieder einmal – die soziale Wohnungsfrage. Diese geht auf den Widerspruch zwischen Wohnraum als Ware und als Grundbedürfnis zurück (Holm 2011). Dabei wird der Wohnraumkrise politisch hauptsächlich mit der Strategie »Bauen, bauen, bauen« begegnet, was – dadurch, dass der Neubau von Wohnraum meist mit treibhausgasintensiven Baumaterialien wie Stahl und Beton realisiert wird – ökologische Widersprüche mit sich bringt (Arendt u.a. 2023: 118).

Dies lässt sich am Fall Frankfurt am Main verdeutlichen: Bevölkerungsprognosen erwarten ein Wachstum der Mainmetropole von 759.000 Einwohner*innen im Jahr 2021 auf 830.000 Einwohner*innen im Jahr 2040. Die Nachfrage nach Bauland für die circa 90.000 neuen Wohnungen, die für nötig gehalten werden, übt bereits jetzt erheblichen Druck auf Grün- und Freiflächen aus, sowohl in der Innenstadt als auch an den Stadträndern. Versiegelung und dichter werdende Bebauung sorgen für eine Aufheizung der Luft und im Sommer wird die nächtliche Abkühlung verringert. Dies hat darüber hinaus zur Folge, dass für Frankfurt steigende Durchschnittstemperaturen sowie häufigere Starkregen- und Unwetterereignisse erwartet werden können (Café 2Grad Frankfurt 2021: 45) – neben den enormen ökologischen und sozialen Folgen andernorts (Brand/Wissen 2017; Lessenich 2016).

Rosalie Arendt, Tobias Gralke und Lisa Vollmer (2023: 120ff.) unterscheiden zwei Strategien, um diesen sozial-ökologischen Widersprüchen zu begegnen: die energetische Modernisierung (Effizienz) und die Reduktion des Wohnflächenverbrauchs (Suffizienz). Zur energetischen Modernisierung schreiben sie: »Einsparungen von CO_2-Emissionen im Bereich Wohnen, die seit 1990 gelungen sind, sind weitgehend auf die wärmeren Winter zurückzuführen. Sie sind außerdem nicht ausreichend, um die Klimaziele für 2030 zu erreichen«. Arendt, Gralke und Vollmer sehen ein wichtiges Problem darin, dass für die energetische Sanierung von vermietetem Wohnraum die Vermieter*innen verantwortlich sind, während die Heizkosten von Mieter*innen getragen werden. Dadurch hätten Vermieter*innen wenig Interesse an einer energetischen Sanierung. Gleichzeitig führe Modernisierung oft zu Verdrängung, da die Sanierungskosten mit bis zu acht Prozent auf die Mieter*innen umgelegt werden können. »Faktisch fungiert die politische Ausgestaltung der energetischen Modernisierung damit als Instrument zur Mietsteigerung, das bei bestehenden Verträgen […] dauerhafte Mieterhöhungen erlaubt.« (Arendt u.a. 2023: 120) Durch die bestehenden Regularien gerieten die soziale Frage (bezahlbare Mieten) und die ökologische Frage (Energieeinsparung) in Konkurrenz zueinander (ebd.: 121).

Hinzu kommt, dass Einsparungen durch energetische Sanierungen aufgrund des steigenden Wohnflächenverbrauchs aufgehoben werden. Hier kann also von einem Rebound-Effekt gesprochen werden. Das betrifft die zweite Strategie: die Suffizienz. Dass der Wohnflächenverbrauch pro Kopf steigt, ist zudem nicht einfach nur eine Lebensstilfrage, sondern vor allem auch Ergebnis von konkreten Politiken wie »die Ausweisung von immer neuen Einfamilienhausgebieten im suburbanen und ländlichen Raum und die ›Bauen, bauen, bauen‹-Strategie kommunaler Regierungen in wachsenden Städten« (ebd.: 123).

Zu problematisieren wären die beiden Strategien der Effizienz und Suffizienz unter dem Aspekt der »Grauen Energie«. Dieser macht deutlich, wie viel CO_2 in den verschiedenen Phasen des Bauprozesses – Rohstoffgewinnung, Herstellung, Transport, Bau und Entsorgung von Baustoffen – ausgestoßen wurde. Damit soll eine umfassendere und nachhaltigere Bewertung von Bauprojekten ermöglicht werden (Geisler 2024). Es handelt sich also um die bereits getane Arbeit (Holloway 2010: 48) – verstanden als Stoffwechsel des Menschen mit der ihm außermenschlichen Natur (MEW 23: 57). Darauf reagierend haben die Architects for Future (2021), mit denen das Besetzer*innenkollektiv der Dondorf-Druckerei frühzeitig in Kontakt stand, eine »MusterUMbauordnung« vorgelegt. Um durch eine Kritik an den exemplarisch beschriebenen Kategorien der Effizienz und Suffizienz auf eine Erweiterung zu kommen, müssen das Ziel und der Zweck einer solchen Umbauordnung dargelegt werden. Denn,

> »dass viele ältere Gebäude abgerissen werden sollen, hat oft mehr mit geltenden Bauordnungen zu tun als mit dem tatsächlichen Zustand der Bauten. Die Vorgaben für Instandsetzungen von alten Gebäuden orientieren sich nämlich an den Standards für Neubauten.« (Geisler 2024)

Bauordnungen liegen im Kompetenzbereich der Bundesländer, aber auch auf kommunaler Ebene können Pilotprojekte, die davon abweichen, beschlossen werden. Der Bund gibt allerdings in regelmäßigen Abständen Musterbauordnungen heraus, die die Landesbauordnungen vereinheitlichen sollen (ebd.).

> »Dass Bauen im Bestand oft unwirtschaftlich ist – das gängigste Argument gegen den Erhalt vieler alter Gebäude –, liegt daran, dass Bauordnungen keinen Unterschied zwischen Bauen im Bestand und Neubau machen. Das Beispiel Dondorf-Druckerei zeugt davon.« (Ebd.)

Die Kategorie der Effizienz, die auf die energetische Sanierung von Gebäuden abzielt, müsste also dahingehend erweitert werden, dass erst einmal geprüft wird, welche Vorgaben in Bauordnungen überhaupt notwendig für alte Gebäude sind und welche (durch höhere Kosten) die Modernisierung verhindern, weil diese unwirtschaftlich erscheint. In jedem Fall bedarf eine klimagerechte Stadt der gesetzlichen

Unterscheidung zwischen Altbestand und Neubau in der Bauordnung. Dann erst lässt sich sinnvoll über Sanierungen als Strategie sprechen.

Auch in Bezug auf Suffizienz hilft die Begrifflichkeit der »Grauen Energie« dabei, die Strategie des »Bauen, Bauen, Bauen« zu kritisieren. Während Arendt, Gralke und Vollmer (2023: 124) diese angesichts von steigenden Einwohner*innenzahlen als generell notwendig erachten und lediglich kritisieren, dass sie »die sozialen Probleme auf angespannten Wohnungsmärkten nicht beseitigt«, müsste eine soziale *und* ökologische Kritik an der Suffizienz-Strategie geübt werden. Denn die Autor*innen berücksichtigen hier nicht, welche Perspektiven die alternative Strategie »Bauen im Bestand«, also die Renovierung und Umnutzung von Gebäuden, eröffnet. Gerade dies kann auch auf kommunaler Ebene durch Pilotprojekte, etwa die Umgehung von Landesbauordnungen, oder die Änderung von Bebauungsplänen umgesetzt werden, zum Beispiel durch die Änderung von Gewerbe- zu Mischgebieten, was beispielsweise in verwaisten Innenstädten interessant sein könnte. Auch leerstehende Büroflächen könnten leicht umgenutzt werden, wenn Bebauungspläne geändert werden.[4] Darauf zielten auch die Forderungen bei der Besetzung der Dondorf-Druckerei: So wurde ein Abrissmoratorium für das Gebäude gefordert, um die »Graue Energie« zu bewahren, die im Gebäude steckt, und die Dondorf-Druckerei sollte zu einem Pilotprojekt für eine Umbauordnung werden.

Dass es sich bei der der Dondorf-Druckerei um keinen Einzelfall handelt, zeigt beispielsweise der Abriss-Atlas, der als interaktive Karte Gebäudeabrisse in Deutschland sichtbar macht (Architects for Future u.a.: o.J.). Trotzdem fehlen hier empirische Studien, die die Verallgemeinerung des Wissens ermöglichen, das aus der Besetzung der Dondorf-Druckerei generiert oder, anders gesagt, koproduziert wurde. Im nächsten Punkt sollen auf Grundlage der dargelegten alternativen Regularien der Stadtentwicklung im urbanen Raum aktivistische Strategien, die auf deren Umsetzung abzielen, diskutiert werden.

Für eine Erweiterung des *labour turn* der Klimabewegung im urbanen Raum

> »Es war eine Zeit, in der die Wälder und Böden, die Flüsse und Seen, ausgebeutet wurden für den Reichtum Weniger. […] An einem Ort,

4 Die aktuelle Frankfurter Mitmachkampagne »leben statt Leerstand« betont, dass es »mehr als 1 Millionen Quadratmeter Büroleerstand« in Frankfurt gibt – das ist der bundesweite Spitzenwert. Darüber hinaus seien zwar nur fast 800 leerstehende Wohnungen erfasst, allerdings zählen darunter lediglich »direkt bezugsfertiger Wohnraum, alles darüber hinaus taucht gar nicht erst auf«. Eine generelle Meldepflicht von Leerstand gibt es in Hessen nicht und über die Ausmaße des Luxusleerstands »werden überhaupt keine Zahlen erhoben« (»leben statt Leerstand«, https://lebenstattleerstand.de/).

> wo Wald für Kies für Beton und Beton für Megaprojekte abgebaut wurde, wollten einige Mutige ein Zahnrad der Zerstörung zum Stillstand bringen. Sie brauchten keine noch größeren Straßen, höheren Häuser – bei vielfachem Abriss. [...] Sie brauchten Lebensräume, Essen und Luft.« (Wald statt Asphalt 2024)

In dem online verfügbaren Video, aus dem dieses Zitat stammt, verschaffen sich Aktivist*innen Zugang zum Firmengelände eines Kieswerks bei Langen nahe Frankfurt am Main. Zu sehen ist, wie die Aktivist*innen Förderbänder durchschneiden, möglicherweise Maschinen beschädigen. In der Pressemitteilung heißt es, dass der »ökologischen und sozialen Zerstörung der Bauindustrie schnell und wirksam« begegnet werden müsse, »wo sie passiert«. Die »profitorientierte Produktion« treibe nicht nur die Klimakrise unaufhaltsam weiter an, sie sorge auch »durch Abriss statt Sanierung und Bau von Bonzenwohnungen für Verdrängung und menschenfeindliche, zubetonierte Städte« (ebd.). Am 6. Februar 2024 kam es zu einer Sabotage-Aktion bei der Firma Sehring, die seit 2014 Kies und Sand am Waldsee bei Langen in Südhessen abbaut (Scharf 2024). Nach Angaben der Aktivist*innen ist Sehring ein Hauptzulieferer für den Neubau des Terminals 3 des Frankfurter Flughafens. Für den Kiesabbau in Südhessen seien bisher 30,2 Hektar Wald gerodet worden. Mit der Aktion »Disrupt Sehring« beanspruchten die Aktivist*innen, sich »der anhaltenden Klimazerstörung des Betreibers Sehring aktiv entgegen« zu stellen (Wald statt Asphalt 2024).

Aktionen dieser Art werden teilweise unter dem Aspekt abgetan, dass sich mit ihnen keine Mehrheiten organisieren ließen. So kritisieren Peter Nowak (2024) und Jonas Thiel (2024) Sabotage-Aktionen oder Besetzungen als nicht erfolgversprechend und plädieren für einen eng definierten *labour turn* der Klimabewegung, demzufolge in Kooperation mit Gewerkschaften Beschäftigte organisiert werden sollten. So heißt es bei Thiel (2024): Nur eine »Bewegung, die fest in der arbeitenden Klasse verwurzelt ist, kann weitreichende Forderungen durchsetzen, die nicht nur im Interesse der großen Mehrheit sind, sondern auch die notwendigen Investitionen in den Klimaschutz beinhalten.« Damit aber geraten solche Kämpfe aus dem Blick, »die nicht nur die Welt der Arbeit betreffen, sondern auch die Transformation des urbanen Raums« (Altenried u.a. 2021: 87).

Im Sinne eines breiteren Verständnisses des *labour turn* in der Klimabewegung müssen neben gewerkschaftlicher Organisierung auch urbane soziale Konflikte als Teil von Klassen- und antikapitalistischen Kämpfen verstanden werden. Denn diese sind nicht untergeordnete Nebenschauplätze, sondern sie »sind und waren stets entscheidend für die gesamte Dynamik der Kapitalakkumulation und des Fortbestandes von Klassenmacht« (Harvey 2013: 225). Dafür bräuchte es auch einen breiteren

Begriff von Arbeit und Arbeiter*innen. Die meisten Bewohner*innen der Stadt sind Lohnabhängige, ihre Häuser und Wohnungen sind Produkte bereits getaner Arbeit – und meist im Besitz von anderen, die daraus Profite schlagen. Die Kämpfe um (Wohn-)Raum in der Stadt lassen sich als antikapitalistische Kämpfe fassen – insbesondere dann, wenn man die bereits getane Arbeit, die diese Städte erschaffen hat, berücksichtigt. Es scheint zudem, dass im Fall der Bauindustrie, die vor allem durch Bauordnungen reguliert wird, gewöhnliche gewerkschaftliche Organisierung im Sinne eines *climate turn* in gewisser Weise zu spät kommt – zumindest in der konkreten Umsetzung von Bauvorhaben. Also muss interveniert werden, bevor es zu einem Stoffwechsel mit der Natur, das heißt, zum Abriss- und/oder Baubeginn kommt. Da die Bauindustrie ein Geflecht aus Subunternehmen, Leih- und Zeitarbeit ist, bräuchte es eher staatliche Regulierung, wie in Form einer »MusterUMbauordnung« (Architects for Future 2021), die »Bauen im Bestand« erleichtern würde.

Was bedeutet dies konkret für die Kämpfe für eine klimagerechte Stadt? Simon Schaupp führt in diesem Heft aus, dass Bauarbeiter*innen ein Misstrauen gegenüber dem wissenschaftlichen Diskurs und generell gegenüber Akademiker*innen ausdrücken. Jedoch bedeutet dies nicht, dass es kein Bewusstsein der ökologischen Krise gibt, denn Bauarbeiter*innen erfahren die Klimakrise am eigenen Leib und dadurch mündet das ökologische Bewusstsein in die »Forderung nach Arbeitszeitverkürzung«; einige argumentieren gar, »dass weniger gebaut werden sollte« (Schaupp in diesem Heft). Dies zeigt nicht nur, dass es den Widerspruch zwischen Aktivist*innen und Bauarbeiter*innen in Bezug auf eine »Bauwende« in dieser Form so nicht gibt, sondern auch, wo ein *labour turn* der Klimabewegung für eine »Bauwende« ansetzen müsste: Es geht darum, gezielt Megabauprojekte zu verhindern und bereits bestehende Gebäude zu erhalten, zu sanieren oder umzunutzen, damit die bereits getane Arbeit vor der Vernichtung geschützt wird. Gleichzeitig müsste eine solche *labour-turn*-Strategie sich gemeinsam (oder zumindest in Solidarität) mit den Beschäftigten in der Bauindustrie für eine radikale Arbeitszeitverkürzung (bei vollem Lohnausgleich) stark machen. Urbane Klassen- und antikapitalistische Kämpfe lassen sich also nur mit einem breiteren Verständnis und einer Variation der Strategie des *labour turn* führen.

Die Besetzung der Dondorf-Druckerei kann ein erster Gehversuch sein und könnte potenziell auch mit Bauarbeiter*innen gemeinsam weitergedacht werden. Dazu müssen Wege der Vermittlung zwischen unterschiedlichen ökologischen Bewusstseinsformen gefunden werden. Der Vorteil einer Besetzung gegenüber einer Sabotage-Aktion ist dabei, dass eine klimagerechte Stadt für Nachbar*innen und Bewohner*innen erfahr- und mitgestaltbar wird – damit potenziell ein Ort der Vermittlung zwischen zivilgesellschaftlich-bürgerlichen und Klimagerechtigkeits-Akteur*innen sowie Bauarbeiter*innen geschaffen wird.

Perspektiven für aktivistische Strategien einer »Bauwende von unten«

Was bedeutet dies nun für die strategisch-theoretischen Überlegungen für eine »Bauwende von unten«, die aus der militanten Untersuchung der Besetzung und der Betrachtung der Sabotage-Aktion eines Kieswerks hervorgehen? Neben gewerkschaftlichen Strategien – gemeinsam (oder nicht gemeinsam) mit der Klimagerechtigkeitsbewegung – muss durch urbane Konflikte für eine klimagerechte Stadt, die Teil von Klassen- und antikapitalistischen Kämpfen sind, ein breiteres Verständnis des *labour turn* der Klimabewegung entwickelt werden. Denn wenn der *labour turn* als Strategie verstanden wird, gesellschaftliche Mehrheiten für eine sozial-ökologische Transformation zu gewinnen, dann dürfen *nicht nur* Lohnkämpfe in der Fabrik (Pye 2017: 532) als Ausgangspunkt genommen werden.

Die Erkenntnis, dass der Kapitalismus Urbanisierung benötigt, »um das Mehrprodukt zu absorbieren« (Harvey 2013: 30), muss miteinbezogen werden, wenn es um eine Wiederaneignung der Arbeit und auch bereits getaner Arbeit, der *power-to* (Holloway 2010: 41), geht, denn diese ist ein wesentlicher Faktor »des Fortbestandes von Klassenmacht« (Harvey 2013: 225). Und das heißt für einen *labour turn* der Klimabewegung eben auch, die Wiederaneignung der Stadt durch und mit Lohnabhängigen und die Verhinderung von Abriss für Neubau, also die Vernichtung von getaner Arbeit. Wenn sich Nachbarschaften von Lohnabhängigen organisieren, um gegen Leerstand und Abriss und für eine gemeinwohlorientierte Nutzung und eine Stadt für alle protestieren, Gebäude gar besetzen, dann ist das eine Wiederaneignung der bereits getanen Arbeit (Holloway 2010: 48) und Widerstand gegen die Nutzbarmachung des Menschen und der außermenschlichen Natur (MEW 23: 57). Dazu müssen auch – neben breiten strategischen Diskussionen – Kategorien wie Effizienz und Suffizienz, mit denen sozial-ökologische Widersprüche unter dem Aspekt von getaner Arbeit (»Graue Energie«) angegangen werden können, erweitert oder gar neubestimmt werden. Gleichzeitig sollten Strategien, die, wie Sabotage-Aktionen, nicht direkt auf gesellschaftliche Mehrheiten zielen, nicht generell als kontraproduktiv gebrandmarkt werden, denn auch hier wird die Aneignung der außermenschlichen Natur durch den Menschen mittels Arbeit – zumindest kurzfristig – unterbrochen. Um langfristig mit einer solchen Strategie erfolgreich zu sein und Mehrheiten zu gewinnen, bedarf es – im Interesse von Bauarbeiter*innen – allerdings radikaler Arbeitszeitverkürzungen. Eine »Bauwende von unten« ist also nur durch einen wohltemperierten Dreiklang aus Sabotage-Aktionen (Unterbrechung der Zerstörung), Besetzungen (Verhinderung von Abriss und Schaffung von Gegenentwürfen zum Bestehenden) und Arbeitszeitverkürzung in der Baubranche möglich. Das ist nicht nur im Interesse von Bauarbeiter*innen, sondern aller Lohnabhängigen – hier und anderenorts.

Literatur

Altenried, Moritz / Animento, Stefania / Bojadžijev, Manuela (2021): Plattform-Urbanismus: Arbeit, Migration und die Transformation des urbanen Raums. In: sub\urban. Zeitschrift für kritische Stadtforschung 9(1/2): 73-91. DOI: https://doi.org/10.36900/suburban.v9i1/2.605.

Andrew, Robbie M. (2018): Global CO_2 emissions from cement production. In: Earth System Science Data 10(1): 195-217. DOI: https://doi.org/10.5194/essd-10-195-2018.

Architects for Future (2021): MusterUMbauordnung (02.7.2021). URL: https://www.architects4future.de/, Zugriff: 26.2.2024.

Architects for Future u.a. (Hg.) (o.J.): Abriss-Atlas. URL: https://abriss-atlas.de/, Zugriff: 21.05.2024.

Architects for Future Frankfurt/Main (2023): Offener Brief an Präsident der MPG (31.07.2023). URL: https://www.architects4future.de/, Zugriff: 26.02.2024.

Arendt, Rosalie / Gralke, Tobias / Vollmer, Lisa (2023): Bezahlbar und klimagerecht wohnen? Antworten sozial-ökologischer Bewegungsakteur:innen auf institutionalisierte Zielkonflikte in der Wohnraumversorgung. In: PROKLA 210 53(1): 117-135. DOI: https://doi.org/10.32387/prokla.v53i210.2034.

Brand, Ulrich / Wissen, Markus (2017): Imperiale Lebensweise. Zur Ausbeutung von Mensch und Natur im globalen Kapitalismus. München. DOI: https://doi.org/10.14512/9783960061908.

BBSR (Bundesinstitut für Bau-, Stadt- und Raumforschung im Bundesamt für Bauwesen und Raumordnung (BBR)) (Hg.) (2022): Umweltfußabdruck von Gebäuden in Deutschland. Kurzstudie zu sektorübergreifenden Wirkungen des Handlungsfelds, Errichtung und Nutzung von Hochbauten auf Klima. Bonn.

Bundestag (2023): Klimaziele im Bereich Gebäude und Verkehr werden verfehlt (12.12.2023). URL: https://www.bundestag.de/, Zugriff: 21.5.2024.

Café 2Grad Frankfurt (2021): Frankfurts Stadtentwicklung – nachhaltig für alle? In: Betz, Johanne u.a. (Hg.): Frankfurt eine Stadt für Alle? Konfliktfelder, Orte und soziale Kämpfe. Bielefeld: 45-52. DOI: https://doi.org/10.1515/9783839454770-004.

Düperthal, Gitta (2023): »Für alle, die keine fünf Euro für ein Bier zahlen können« (3.7.2023). URL: https://www.jungewelt.de/, Zugriff: 21.5.2024.

End Cement Bündnis (o.J.): Klimakiller Zement URL: https://www.cemend.earth/klima/, Zugriff: 20.5.2024.

Geisler, Lukas (2024): Häuserkampf ist Klimaschutz (12.1.2024). URL: https://www.nd-aktuell.de/, Zugriff: 26.2.2024.

Hagen, Ulrike (2024): Neues Heizungsgesetz: Welche Heizung darf ab 2024 noch eingebaut werden? (18.4.2024). URL: https://www.fr.de/, Zugriff: 26.2.2024.

Harvey, David (2013): Rebellische Städte. Frankfurt/M.

Holloway, John (2010): Die Welt verändern, ohne die Macht zu übernehmen. Münster.

Hüttenhoff, Frederic (2023): Harte Arbeit. Bauarbeiter aus Mittel- und Osteuropa und das Werkvertragssystem in Deutschland. In: Institut für nachhaltige Regionalentwicklung in Europa / Europäischer Verein für Wanderarbeiterfragen (Hg.). Berlin/Frankfurt/M: 8-30.

Lessenich, Stephan (2016): Neben uns die Sintflut. Die Externalisierungsgesellschaft und ihr Preis. Berlin.

Malo de Molina, Marta (2006): Common Notions, Part 2: Institutional Analysis, Participatory Action-Research, Militant Research. URL: https://transversal.at/, Zugriff: 20.5.2024.

MEW – Marx, Karl / Engels, Friedrich: Marx-Engels-Werke. Berlin 1956ff.

Nowak, Peter (2024): Perspektiven der Klimabewegung: Kein Zurück zur Feuertonne (05.01.2024). URL: https://www.nd-aktuell.de/, Zugriff: 28.6.2024.

Pye, Oliver (2017): Für einen *labour turn* in der Umweltbewegung: Umkämpfte Naturverhältnisse und Strategien sozial-ökologischer Transformation. In: PROKLA 189 47(4): 517-534. DOI: https://doi.org/10.32387/prokla.v47i189.54.

Scharf, Eric (2024): »Linksextremer Anschlag«: Unbekannte randalieren in Kiesgrube am Langener Waldsee. URL: https://www.fr.de/, Zugriff: 28.6.2024.

Schaupp, Simon (2024): Stoffwechselpolitik. Arbeit, Natur und die Zukunft des Planeten. Berlin.

Schülke, Jasmin (2024): »Ich befürchte das Ende des Kulturcampus«. URL: https://www.journal-frankfurt.de/, Zugriff: 23.3.2024.

Stadt Frankfurt (2024): Schirn Kunsthalle Frankfurt zieht während der Sanierung ihres Stammhauses am Römerberg in die Dondorf-Druckerei (7.6.2024). URL: https://www.frankfurt.de/, Zugriff: 26.6.2024.

Statistisches Bundesamt (2021): Abfallbilanz. URL: https://www.destatis.de/, Zugriff: 11.4.2024.

Thiel, Jonas (2024): Tesla organisieren statt anzünden (13.3.2024). URL: https://www.jacobin.de/, Zugriff: 28.6.2024.

Urban, Karl (2020): Klimasünder Beton. Ein Baustoff sucht Nachfolger (20.12.2020). URL: https://www.deutschlandfunk.de/, Zugriff: 20.5.2024.

Verein Deutscher Zementwerke (2020): Dekarbonisierung von Zement und Beton – Minderungspfade und Handlungsstrategien. URL: https://www.vdz-online.de/, Zugriff: 20.5.2024.

Wald statt Asphalt (2024): Disrupt Sehring: Aktivist:innen sabotieren umstrittene Kiesfirma am Langener Bannwald (6.2.2024). URL: https://wald-statt-asphalt.net/, Zugriff: 26.2.2024.

Wuppertal Institut (2020): CO_2-neutral bis 2035: Eckpunkte eines deutschen Beitrags zur Einhaltung der 1,5-°C-Grenze. Bericht. Wuppertal. URL: https://wupperinst.org/, Zugriff: 26.6.2024.

PROKLA 216 | 54. Jahrgang | Nr. 3 | September 2024 | S. 519-539
https://doi.org/10.32387/prokla.v54i216.2133

Nora Horn • Christoph Scherrer*

Die politische Ökonomie der Inflation von Vermögens- und Verbraucherpreisen

Zusammenfassung: Verbraucher- und Vermögenspreisinflation werden wirtschaftspolitisch sehr unterschiedlich behandelt. Während steigende Aktienkurse zumeist begrüßt werden, werden steigende Preise für Konsumartikel mit einschneidenden geld- und fiskalpolitischen Maßnahmen beantwortet. Wir erklären diese unterschiedliche Behandlung mit einer klassenanalytischen Perspektive, die jedoch durch den Vergleich USA und Deutschland für kulturpolitische Erklärungen sensibel ist. Wir behandeln die Triebkräfte von Inflation, den Einfluss der Finanzialisierung auf Vermögenspreisinflation, die Differenzierung sozialer Klassen entlang des Vermögensbesitzes und die jeweiligen Verteilungseffekte beider Typen von Inflation.

Schlagwörter: Deutschland, Immobilien, Inflation, Klassen, USA, Wertpapiere

The Political Economy of Asset and Consumer Price Inflation

Abstract: Consumer and asset price inflation are treated very differently in terms of economic policy. While rising stock prices are usually welcomed, rising prices for consumer goods are responded to with drastic monetary and fiscal policy measures. We explain this different treatment with a class-analytical perspective, which is, however, sensitive to cultural policy explanations due to the comparison between the USA and Germany. We discuss the drivers of inflation, the influence of financialization on asset price inflation, the differentiation of social classes along asset ownership and the respective distributional effects of both types of inflation.

Keywords: Classes, Germany, Inflation, Real Estate, Securities, USA

* **Nora Horn** studiert den Masterstudiengang Global Political Economy and Development an der Universität Kassel. | **Christoph Scherrer** lehrte Internationale Politische Ökonomie an der Universität Kassel.

Verbraucherpreisinflation und Vermögenspreisinflation (siehe Abb. 1) werden medial und wirtschaftspolitisch sehr unterschiedlich behandelt. Während steigende Aktienkurse zumeist begrüßt und höhere Preise für Immobilien häufig nicht einmal für Kaufinteressent*innen problematisiert werden, erhalten steigende Preise für Konsumartikel ein breites skandalierendes Medienecho und werden mit einschneidenden geld- und fiskalpolitischen Maßnahmen beantwortet. Diese unterschiedlichen Reaktionen auf beide Preissteigerungstypen zeigten sich im letzten Jahrzehnt deutlich. In den Medien überwog die positive Berichterstattung über die bis Ende 2021 anhaltende Vermögenspreisinflation. Die steigenden Aktienkurse und Immobilienpreise schreckten nicht ab, sondern lockten mehr Käufer*innen an. Abgesehen von einigen Bedenken, dass die Preissteigerungen bei Vermögensgegenständen zu einer platzenden Preisblase führen könnten (Dombret 2015), blieben geld- und fiskalpolitische Gegenmaßnahmen aus. Ganz anders fielen die Reaktionen auf den Anstieg der Verbraucherpreise ab 2021 aus (siehe Abb. 2). Die Medien berichteten ausgiebig und einige bekannte Volkswirte, wie Lawrence Summers (2021) in den USA und Jens Weidmann (2021) in Deutschland, warnten vor einer sich verselbstständigen Lohn-Preis-Spirale. Mit einem interessanterweise zeitlichen Abstand zu diesen Warnrufen reagierten die Zentralbanken dieser Länder mit rasch aufeinanderfolgenden Zinserhöhungen.

Wie lässt sich diese unterschiedliche Behandlung von Verbraucher- und Vermögenspreissteigerungen erklären? Unsere Antwort auf diese Frage basiert auf einer klassenanalytischen Perspektive, die die unterschiedlichen Verteilungseffekte von Vermögens- und Verbraucherpreisinflation je nach Klasse hervorhebt. Wenig überraschend ist die Präferenz von Kapitaleignern für Vermögenswertsteigerungen. Doch auch Lohnabhängige besitzen Vermögen, insbesondere in Form von Wohneigentum und in manchen Ländern auch im größeren Umfang Aktien durch kapitalgedeckte Rentenansprüche. Deshalb ist Klasse für uns eine mehrdimensionale Kategorie. Anschließend an Lisa Adkins, Melinda Cooper und Martijn Konings (2021) gehen wir davon aus, dass die Klassenzugehörigkeit sich im finanzialisierten Vermögenskapitalismus des 21. Jahrhunderts nicht mehr nur am Kriterium der abhängigen Beschäftigung, sondern als Folge der »Demokratisierung« des Zugangs zu Vermögenswerten auch am Kriterium des Besitzes von Vermögenswerten fest macht (ausführlicher von uns unten im Abschnitt »Eine Klassenperspektive auf die Inflation« diskutiert). Unsere These ist, dass der Besitz von Vermögenswerten die Klasseninteressen von Lohnabhängigen verändern, und damit auch ihre Haltung zu Inflation und von den Faktoren, die für inflationäre Tendenzen verantwortlich gemacht werden.

Während eine höhere Verbraucherpreisinflation erhebliche Teile der Bevölkerung betrifft, unabhängig davon, ob sie Vermögenswerte besitzen oder nicht, kommt die Vermögenspreisinflation denjenigen zugute, die bereits Vermögenswerte besitzen und/oder Zugang zu billigen Finanzierungsmöglichkeiten haben, die es ihnen ermöglichen, Vermögenswerte auf Kredit zu kaufen. Daher gehen wir davon aus, dass diejenigen, die im Verhältnis zu ihrem Haushaltseinkommen signifikantes Vermögen besitzen, im Allgemeinen Staatsausgaben, Staatsverschuldung und eine diese expandierende Fiskalpolitik akkommodierende Geldpolitik unterstützen werden, wenn sie die Hauptnutznießer sind und die Inflation hauptsächlich auf Vermögenswerte beschränkt ist. Wenn eine oder beide Bedingungen nicht erfüllt sind, ist zumindest von diesen »Vermögenden« Widerstand zu erwarten.

Dies macht die Analyse der Klasseninteressen zu einem unverzichtbaren Bestandteil der Erklärung der Einstellungen gegenüber den beiden Typen von Inflation. Allerdings ist »Klasse an sich« nicht gleich »Klasse für sich« (MEW 4: 181). Ideologische, kulturelle und individuelle Unterschiede beeinflussen die Klassenlage. Daher schließen wir andere Faktoren wie tief verwurzelte Systeme der Bedeutungsgebung hinsichtlich inflationärer Tendenzen nicht aus. In unserem Beitrag wird daher die Plausibilität der Hypothese von den klassenspezifischen Einstellungen zu den Inflationstypen am Beispiel der USA und Deutschland untersucht. Angesichts der in der Nachkriegszeit weit verbreiteten Angst vor Inflation und der jüngsten politischen Mobilisierung gegen die Niedrigzinspolitik der Europäischen Zentralbank könnte der deutsche Fall der Hypothese widersprechen und eine kulturpolitische Erklärung unterstützen, die die tief verwurzelte Sorge vor Inflation unabhängig von ihrem tatsächlichen Auftreten betont.

Wir beginnen den Beitrag mit einem kurzen Abriss des Diskurses um Inflation und ihre Triebkräfte und fahren mit Überlegungen zum Zusammenhang von Finanzialisierung und Vermögenspreisinflation fort. Nachdem wir die Unterschiede im Vermögenseigentum zwischen Deutschland und den Vereinigten Staaten knapp beschrieben haben, erläutern wir die Differenzierung sozialer Klassen entlang der Linie des Vermögensbesitzes und diskutieren entsprechend die jeweiligen Verteilungseffekte von Inflation, wobei wir zwischen Verbraucherpreis- und Vermögenspreisinflation unterscheiden. Es folgt eine, durch die Datenlage bedingt, sehr knappe Analyse der gesellschaftlichen Einstellungen zur Verbraucherpreisinflation. Der empirische Teil endet mit einer Darstellung der Haltung von Unternehmen und Zentralbanken zur Inflation. Den Abschluss bilden Überlegungen zu den Unterschieden zwischen Deutschland und den Vereinigten Staaten in ihrer Einstellung zu den verschiedenen Formen der Inflation und der Bedeutung der mehrdimensionalen Klassenanalyse für das Verständnis von Finanz-, Geld- und Zentralbankpolitik.

Abbildung 1: Entwicklung der Vermögens- und Verbraucherpreise, USA und EU, 2009–2019

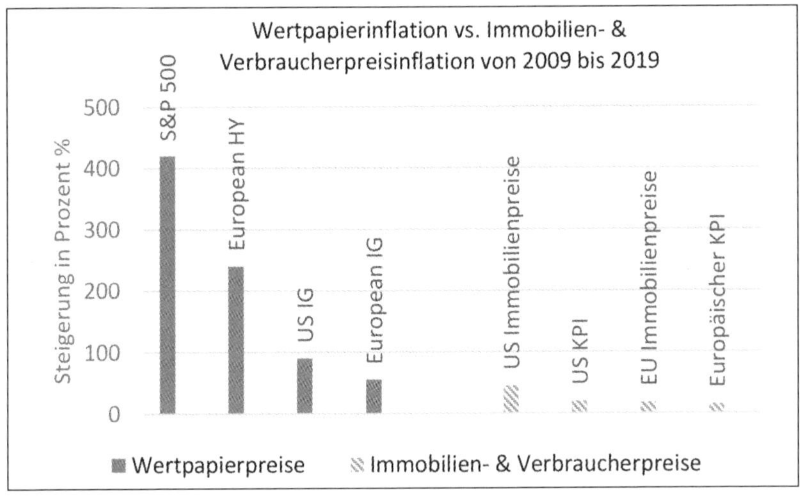

Quelle: https://www.investing.com/ (16.4.2019, aktualisiert am 9.7.2023).

Abbildung 2: Entwicklung der Vermögens- und Verbraucherpreise, Deutschland, 2016–2021

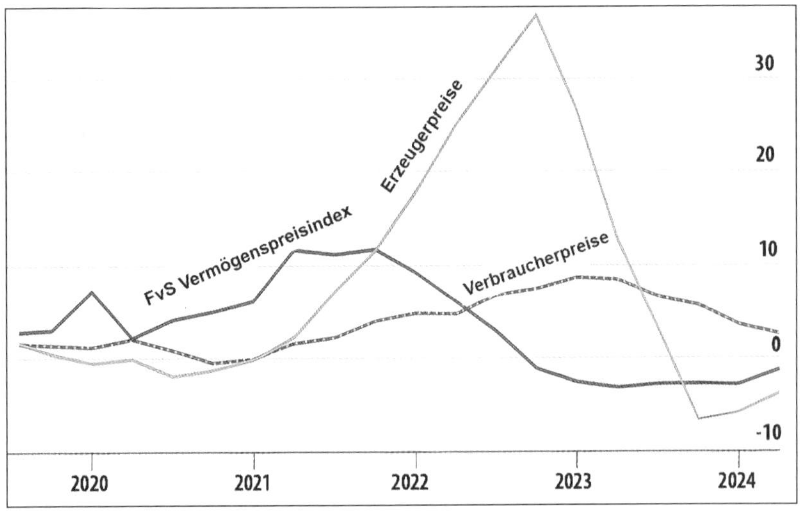

Quelle: Flossbach von Storch Research Institute.

Der Diskurs um Inflation und ihre Triebkräfte

Was die Inflation antreibt, ist umstritten (Minsky 2008: 2; Boissay u.a. 2022: 3f.). Herkömmliche neoklassische und (neo-)monetaristische Inflationstheorien, die auf die Quantitätstheorie des Geldes zurückgehen (vgl. z.B. Friedman 1976; zur Kritik siehe Heine/Herr 2023: 9. Kapitel), erklären Inflation zum Ergebnis einer überschüssigen Gesamtnachfrage und einer lockeren Geld- und zentralbankfinanzierten Fiskalpolitik (Taylor/Barbosa-Filho, 2021). Zur Bekämpfung der Inflation wird dementsprechend eine Straffung der Geldpolitik mit einer Erhöhung der Zinsen gefordert. Die sogenannte Phillips-Kurve, weiterentwickelt durch Paul Samuelson und Robert Solow, ist ein heute im ökonomischen Mainstream weit verbreitetes und akzeptiertes Modell, das Inflation als Folge einer zu geringen Arbeitslosigkeit fasst und deshalb zur Inflationsbekämpfung Maßnahmen zur Erhöhung der Arbeitslosenquote nahelegt. Eine gewisse Arbeitslosigkeit wird als Notwendigkeit für Preisstabilität vorausgesetzt, die sogenannte NAIRU (*Non-Accelerating Inflation Rate of Unemployment*).

Auch die jüngste Phase einer Verbraucherpreisinflation wird aus dieser Sicht mit der angespannten Arbeitsmarktlage erklärt (Domash/Summers 2022). Obwohl der ehemalige Vorsitzende der US-amerikanischen Zentralbank (Fed), Ben Bernanke, in einem Working Paper mit Olivier Blanchard einräumt, dass der drastische Anstieg der Rohstoffpreise und sektorale Angebotsengpässe vornehmlich den Inflationsschub ausgelöst hätten, halten die beiden auf der Basis ihres neukeynesianischen[1] makroökonomischen Modells der Lohn-Preis Bestimmung daran fest, »dass die Auswirkungen überhitzter Arbeitsmärkte auf das nominale Lohnwachstum und die Inflation nachhaltiger sind als die Auswirkungen von Schocks auf den Produktmärkten« (Bernanke/Blanchard 2023: 1; Übersetzung Ch.S.). Mit anderen Worten: Die übersteigerten Forderungen der Lohnabhängigen treiben die Konsumenteninflation an, wenn sie eine Strategie der Reallohnsicherung betreiben.

Der Ökonom Servaas Storm (2024) widerlegte empirisch einige Annahmen im Bernanke-Blanchard-Modell: Erstens führte die angespannte Lage am Arbeitsmarkt (gemessen an der Quote freier Stellen) nicht zu einem stärkeren Anstieg der Nominallöhne gegenüber Vorperioden. Zweitens trifft die Modellannahme nicht zu, dass die Reallohnentwicklung mit dem Produktivi-

1 Vom lange vorherrschenden Neokeynesianismus, der neoklassisch-keynesianischen Synthese, unterscheidet sich der Neukeynesianismus insbesondere durch die Annahme eines unvollkommenen Wettbewerbs, der die Anpassung von Preisen und Löhnen an veränderte wirtschaftliche Bedingungen verzögert. Er ist derzeit die Hauptströmung der makroökonomischen Theorie.

tätswachstum einhergeht. Seit langem seien die Reallöhne in den USA deutlich hinter dem Produktivitätswachstum zurückgeblieben. Eine umfangreiche Studie des Internationalen Währungsfonds belegt ebenfalls, dass die expansive Finanz- und Geldpolitik in der Erholungsphase nach dem Corona-Schock, der die Lieferketten erschütterte, nur wenig inflationär wirkte (Chau u.a. 2024: 27).

Statt auf die Lohnabhängigen als Inflationstreiber verweist die Ökonomin Isabella Weber auf die Unternehmen. Unter dem Schlagwort *sellers' inflation* (Weber/Wasner 2023) problematisierte sie, dass viele Unternehmen im Laufe der Coronapandemie die gestiegenen Kosten weit überproportional an die Konsument*innen weitergaben. Wir sind ebenfalls der Ansicht, dass die Verbraucherpreisinflation in erster Linie durch Angebotsengpässe und/oder monopolistische Marktstrukturen bedingt ist. Wenn die Nachfrage das Angebot übersteigt, ist es für die Verkäufer von Waren und Dienstleistungen ein Leichtes, die Preise zu erhöhen. Marktbeherrschende Unternehmen können die Preise auch dann erhöhen, wenn die Nachfrage nicht größer als das Angebot ist (Boissay u.a. 2022: 3). Die Nachfrage kann das Angebot übersteigen, wenn die Löhne bei Vollbeschäftigung schneller steigen als die Produktivität und/oder die Kaufkraft durch höhere Verschuldung schneller wächst als das Angebot.

Durch ihre Zinspolitik, ihre Refinanzierungsbedingungen und ihre Kreditvergabepraktiken können die Zentralbanken die Verfügbarkeit von Krediten, und damit die Inflation, indirekt beeinflussen. Wenn die Geldbasis schneller wächst als die Produktion, muss sich dies nicht unbedingt in einer Verbraucherpreisinflation niederschlagen. Das zusätzliche Geld kann in Vermögenswerte fließen, die nicht Teil des Warenkorbs der Verbraucher*innen sind, oder in Luxusgüter, die im Warenkorb der Verbraucher*innen unterrepräsentiert sind (Schnabl 2015: 255).

Darüber hinaus kann auch die Wechselkurspolitik der Zentralbanken die Höhe der Inflation beeinflussen. Bei starker Importabhängigkeit folgen Preiserhöhungen auf eine Währungsabwertung. Inflationäre Tendenzen können auch gedämpft werden durch staatliches Einwirken auf gewerkschaftliche Lohnpolitik, fiskalische Zurückhaltung, rigorose Durchsetzung des Kartellrechts und verstärkte Konkurrenz mittels Öffnung der Grenzen für Waren und Wanderarbeiter*innen. Mit anderen Worten: Bei jeder Analyse der Entwicklung der Verbraucherpreise müssen viele Faktoren berücksichtigt werden.

Die Inflation von Vermögenswerten wird durch einige dieser Faktoren angetrieben, aber nicht durch alle. Vermögenswerte unterscheiden sich von Konsumgütern dadurch, dass sie weniger reproduzierbar sind, entweder durch ihre natürlichen Eigenschaften (wie bei Häusern) oder durch die Entscheidung der entsprechenden Akteure, sie künstlich knapp zu halten. Finanzielle Vermögenswerte wie Aktien, Anleihen und Derivatkontrakte lassen sich nicht nur leicht reproduzieren und vermehren, sondern auch knapphalten. Ihre Attraktivität hängt von den zu erwartenden Erträgen und/oder der Erwartung ab, dass sie an Wert gewinnen, weil viele andere Personen diese von ihren Emittenten begrenzten Vermögenswerte ebenfalls kaufen werden. Angesichts des jüngsten Booms der Kryptowährungen kann alles zu einem Vermögenswert werden, solang eine ausreichende Zahl von Menschen daran glaubt, dass es als Vermögensspeicher oder Spekulationsobjekt dienen könnte.

Auch hier beeinflussen institutionelle Faktoren den Preis dieser Vermögenswerte. Bei den Eigenheimen wirken sich politische Maßnahmen wie Flächennutzungspläne (die die Anzahl der Einheiten begrenzen, die in einem bestimmten Gebiet gebaut werden können), Bauvorschriften und Infrastrukturinvestitionen auf das Angebot aus. Auf der Nachfrageseite wirken sich unter anderem die Einwanderungs- und Geburtenpolitik, steuerliche Anreize sowie die Bedingungen für den Zugang zu Krediten auf die Nachfrage nach Wohneigentum aus.

Daneben beeinflusst auch die Geldpolitik die Preise für Vermögenswerte. Eine lockere Geldpolitik, die die produktive Wirtschaft ankurbeln soll, kann Investitionen in Immobilien und Finanzprodukte beschleunigen. Dies war im Anschluss an das Platzen der Dotcom-Blase im Jahre 2000 und die Finanzkrise ab 2007 der Fall (Jayadev u.a. 2018). Vermögenspreise und Verbraucherpreise sind nicht völlig unabhängig voneinander. Steigende Vermögenspreise können die Verbrauchernachfrage durch einen Vermögenseffekt anregen (Bluestone 1999). Eine Inflation der Verbraucherpreise kann Anreize für die Flucht in Immobilien und andere Vermögenswerte schaffen, von denen angenommen wird, dass sie im Laufe der Zeit an Wert gewinnen. Umgekehrt kann eine höhere Nachfrage nach Vermögenswerten wie Immobilien das Wohnen verteuern und damit die Lebenshaltungskosten steigern.

Zusammenhang von Finanzialisierung und Vermögenspreisinflation

Den Erwerb von Vermögensgegenständen erfolgt aus Ersparnissen oder Krediten. Folglich bedarf es für eine Vermögenspreisinflation der Mobilisierung von Ersparnissen und des erleichterten Zugangs zu Krediten. Verschiedene Aspekte der Finanzialisierung in kapitalistischen Ökonomien ermöglichen eine solche Mobilisierung über die der kapitalistischen Wirtschaftsweise immanenten Mehrwertgenerierung hinaus. Unter Finanzialisierung versteht man die stark ausgeweitete Rolle von Finanzmotiven, Finanzmärkten, Finanzakteuren und Finanzinstitutionen für das Funktionieren der nationalen und internationalen Volkswirtschaften (Epstein 2005).

Den ersten Beitrag der Finanzialisierung zur Vermögenspreisinflation bildet die kapitalgedeckte Alterssicherung. Das von Pensionsfonds verwaltete Kapital ist in den letzten Jahrzehnten stark gestiegen. Betrug das Vermögen der US-amerikanischen Pensionsfonds im Jahre 2002 60 Prozent des Bruttosozialproduktes (BSP), so stieg es bis 2019 auf über 150 Prozent des BSP an.[2] Die für spätere Pensionsauszahlungen eingezahlten Beiträge der Lohnabhängigen müssen angelegt werden. Gerade in Niedrigzinsperioden steigt der Druck auf das Management (bzw. die jeweiligen Aufsichtsbehörden), gegenüber festverzinslichen langfristigen Anleihen den Anteil an Aktien und Alternativen Anlagen (Hedgefonds, Private Equity, Immobilien etc.) zu erhöhen (van der Zwan 2020). Seit 1978 sind in den USA individuelle Rentenspar- und Investitionspläne, genannt 401(k)-Pläne, steuerbefreit. Zum Jahresende 2020 war das Vermögen der 401(k)-Pläne auf 6,8 Billionen Dollar angewachsen, was etwa einem Fünftel des gesamten Altersvorsorgevermögens entspricht, davon waren 68,5 Prozent in Aktien investiert (Holden u.a. 2022: 3, 31).

Sogenannte Indexfonds, die einen bestimmten Index (zum Beispiel den Dow-Jones) in ihrem Portfolio nachbilden (in Deutschland seit 1998 möglich), haben durch geringere Gebühren und geringeres Risiko durch Portfoliostreuung die Hürden für den Einstieg von Privatpersonen in den Aktienmarkt gesenkt. Mittlerweile ist das Volumen der Indexfonds größer als das der traditionell aktiv gemanagten Investmentfonds.[3] Die weltweite Liberalisierung des Kapitalverkehrs trägt zudem dazu bei, dass an zentralen Börsenplätzen über das jeweilige heimische Finanzvolumen hinaus ausländisches Kapital angelegt wird. Dieses zusätzliche Kapital führt zu Preiserhöhungen von den knapp gehaltenen Wertpapieren.

Für die Entwicklung der Aktienkurse ist zudem die Hinwendung zum *Shareholder-Value*-Konzept von besonderer Bedeutung. Dieses besagt, dass die jeweilige Unternehmensleitung vornehmlich den Börsenwert des Unternehmens zugunsten der Aktionäre steigern soll. Das Konzept wird institutionell abgesichert durch zum einen die Kopplung der Managementvergütung an die Entwicklung des Aktienkurses mittels der Vergabe von Aktienoptionen und zum anderen durch die gesetzliche Ermöglichung von Aktienrückkäufen. Durch Aktienrückkäufe wird der Bestand an Aktien verknappt und somit der Aktienkurs stabilisiert beziehungsweise in die Höhe getrieben. Die Aktienbörse dient vornehmlich als ein Markt für Unternehmenskontrolle (Sablowski 2003). Selbst Großunternehmen sind nicht davor geschützt, dass

2 » Pension Fund Assets to GDP for United States«, https://fred.stlouisfed.org/ (2020, aktualisiert am 7.5.2024).

3 »Index Funds Have Officially Won«, https://www.morningstar.com/ (14.2.2024).

Finanzakteure genügend Kapitalmittel aufbringen, um an der Börse gegen den Willen des Managements das Unternehmen zu übernehmen. Dies ist ein weiterer Grund für das Management, den Aktienkurs ihres jeweiligen Unternehmens möglichst hochzuhalten.

Das Vermögen breiterer Kreise der Bevölkerung ist jedoch in Immobilien gebunden. Die Finanzialisierung beeinflusst die Preisentwicklung dieses Vermögenstyps durch die Verbriefung der Hypothekenkredite. Während solche Kredite traditionell in Banken gehalten wurden, bis sie zurückgezahlt waren, werden sie jetzt als Bündel an Investoren in aller Welt verkauft. Der Grad der Finanzialisierung variiert von Land zu Land (Becker u.a. 2016; Kaltenbrunner/Painceira 2018).

Die Verbriefung der für den Hauskauf aufgenommenen Hypotheken trägt nicht nur dazu bei, dass mehr Mittel zur Finanzierung des Erwerbs von Immobilien bereitstehen, sondern hat nicht zuletzt aufgrund des gestiegenen Zuflusses an Mittel in diesem Sektor die Zinsen auf Hypotheken gesenkt (Herwartz/Xu 2018).

Ausmaß der Finanzialisierung in den USA und Deutschland

In Deutschland ist die Stellung des Finanzkapitals etwas weniger ausgeprägt als in den USA. Dies lässt sich durch das Vorhandensein eines bedeutenden öffentlichen und genossenschaftlichen Bankensektors, die vergleichsweise höhere Anzahl von Familienunternehmen (Lehrer/Celo 2016), das umlagefinanzierte öffentliche Rentensystem, die umfassende öffentliche Krankenversicherung und die gebührenfreie Hochschulbildung erklären (Beck u.a. 2005). Auch die Verbreitung des Vermögensbesitzes unterscheidet sich. 55 Prozent der erwachsenen Amerikaner*innen besitzen Aktien (2020), wobei die meisten von ihnen diese über ihre Rentenkonten halten; nur 15 Prozent besitzen Aktien direkt. In Deutschland besitzen nur 9,9 Prozent der Haushalte Aktien (2020; Suhr 2020). Dies liegt vor allem daran, dass die steuerbefreiten Altersvorsorgekonten keine Investitionen in Aktien, sondern nur in Fonds zulassen. Dementsprechend ist der Besitz von Investmentfondsanteilen mehr verbreitet: 28 Prozent (2021).[4] Ein weiterer Grund ist, dass zwei Drittel der Generation mit dem höchsten Nettovermögen in Deutschland, die Personen zwischen 51 und 64 Jahren umfasst, Aktien für zu riskant halten.[5] Nach wie

4 »Welche der folgenden Geldanlagen besitzen Sie zur Zeit?«, https://de.statista.com/ (2.1.2024).

5 »Warum die Deutschen Angst vor Aktien haben«, https://www.handelsblatt.com/ (29.1.2019).

vor vertrauen die Deutschen einen großen Teil ihrer Ersparnisse den niedrig verzinsten Sparkonten an (Suhr 2020).

Der Aktienbesitz wird zudem durch institutionelle Faktoren eingeschränkt. Anders als in den USA wird das deutsche umlagefinanzierte Rentensystem nicht durch steuerbefreite 401(k)-Rentenspar- und Investitionspläne ergänzt, die Investitionen in Aktien ermöglichen. Diese 401(k)-Pläne haben die Gruppe der Aktienbesitzenden in den Vereinigten Staaten stark erweitert. Ein winziges deutsches Pendant ist die sogenannte Riester-Rente. Ihre Regeln schließen direkte Investitionen in Aktien aus, sie erlaubt nur Beiträge zu Investmentfonds (16 Prozent der gesamten Riester-Mittel im Jahr 2018).[6]

In den USA liegt die Wohneigentumsquote bei 65,4 Prozent (2021);[7] in Deutschland bei 46,5 Prozent (2018; Statistisches Bundesamt 2021: 262). Auch das deutsche umlagefinanzierte Rentensystem vermindert den Immobilienbesitz. Statt während der Erwerbstätigkeit eine Hypothek abzuzahlen, um im Alter keine Miete zahlen zu müssen, ist der Beitrag der Erwerbstätigen zum staatlichen Rentensystem in Deutschland mit 9,3 Prozent[8] des Bruttolohns höher als in den Vereinigten Staaten mit 6,2 Prozent im Jahr 2022.[9] Ein weiterer Faktor, der den Erwerb von Wohneigentum einschränkt, sind die relativ hohen Transaktionskosten für den Erwerb von Wohneigentum (4,5 Prozent in Deutschland gegenüber 1,9 Prozent in den USA für den Erwerb von Immobilien an den Gesamtkosten; Schwartz 2009: 271) und die vorsichtigeren Kreditvergabestandards, die bei deutschen Banken üblich sind.

Eine Klassenperspektive auf die Inflation: Verteilungseffekte der Verbraucher- und Vermögenspreisinflation

In ihrer Arbeit über die Vermögensökonomie unterscheiden Adkins u.a. (2021) soziale Klassen entlang der Linie des Vermögensbesitzes. Sie argumentieren, »dass beschäftigungs- und lohnbasierte Klassentaxonomien nicht mehr ausreichen, um einen Schichtungsprozess zu verstehen, in dem Kapitalgewinne, Kapitaleinkommen und intergenerationale Transfers im Vordergrund ste-

6 »Beiträge zur Riester-Rente in Deutschland im Jahr 2020 nach Anbietertypen (in Millionen Euro)«, https://de.statista.com/ (2.1.2024).

7 Vierteljährliche Wohnungsleerstände und Wohneigentum, zweites Quartal 2021, U.S. Census Bureau.

8 »Neue Werte der Rentenversicherung ab 2022«, https://www.deutsche-rentenversicherung.de/ (8.12.2021).

9 »Summary: Actuarial Status of the Social Security Trust Funds«, https://www.ssa.gov/ (Mai 2024).

hen« (ebd. u.a. 2021: 548; Übersetzung Ch.S.). Bei der Bestimmung der Lebenschancen scheint der Besitz von Vermögenswerten wichtiger zu sein als die Beschäftigung. Über die Dichotomie von Eigentum und Nichteigentum hinaus unterscheiden sie bei den Hausbesitzenden zwischen denen, die in Immobilien investieren, denen, die das Haus vollständig besitzen, und denen, die eine Hypothek aufgenommen haben, um ein Haus zu besitzen. Die Gruppe jener, die kein Wohneigentum besitzen, wird unterteilt in die Gruppen der Menschen, die zur Miete wohnen oder gar obdachlos sind. Diese klassenanalytische Perspektive auf die »Klasse an sich« ist ein guter Ausgangspunkt für theoretische Überlegungen zu den jeweiligen Klasseninteressen. Vorsicht ist jedoch geboten bei Behauptungen über die tatsächlichen Einstellungen der Mitglieder dieser Klassen. Ob sich eine solche »Klasse an sich« in eine »Klasse für sich« verwandelt, bleibt eine offene Frage, die empirisch noch zu belegen wäre. Sprich, die folgenden deduktiven Überlegungen zu den Interessen dieser Klassen hinsichtlich der unterschiedlichen Inflationstypen müssen durch eine Analyse der Positionen ergänzt werden, die von organisierten Interessengruppen und in stichprobenartigen Umfragen vertreten werden.

Während eine galoppierende Inflation in allen Wirtschaftsparadigmen als schädlich für das Wirtschaftswachstum angesehen wird, betrachtet die keynesianische Schule eine moderate Verbraucherpreisinflation als wachstumsfördernd (Herr 2009). Ein Argument ist hier, dass Deflationen den nominalen Schuldenbetrag real ansteigen lässt und somit die Schuldenlast erhöht. Zugleich steigen die realen Zinssätze, sodass Investitionen weniger rentierlich werden. Eine leichte Inflation ist ein Schutz gegen deflationäre Schocks. Die EZB, die Fed und die Bank of England haben deshalb Inflationsziele von zwei Prozent und kein Ziel der Preisniveaustabilität. Dennoch kann selbst eine moderate Inflation für das wirtschaftliche Wohlergehen einiger Teile der Bevölkerung schädlich sein. Dies hängt davon ab, inwieweit sich Einkommen und Vermögen der Haushalte an die Inflation anpassen. Diejenigen, die von unveränderlichen Nominallöhnen, Renten, Transferzahlungen oder Anleihezinsen leben, werden einen Kaufkraftverlust hinnehmen müssen. Unternehmen, die höhere Inputkosten nicht an die Verbraucher weitergeben können, werden ebenfalls real verlieren (Jayadev u.a. 2018).

Die Auswirkungen der Verbraucherpreisinflation auf die Besitzenden von Vermögenswerten hängen von der Art des Vermögens ab. Bei Sparkonten mit niedrigen Zinssätzen mindert die Inflation den Wert dieser Vermögenswerte. Eine übliche Reaktion ist die Umschichtung in weniger liquide Vermögenswerte wie Gold, Aktien und Immobilien. Wenn eine solche Umschichtung in großem Umfang erfolgt, führt sie zu einer Inflation der Vermögenspreise.

Für die Haushalte, die eine Hypothek bedienen, birgt die Verbraucherinflation das Risiko von Zinserhöhungen. Das Ausmaß dieses Risikos hängt von den Bedingungen der Hypothek ab. Haushalte, die eine langfristige Hypothek mit festem Zinssatz aufgenommen haben, sind für die Dauer der Zinsbindung vor nominalen Zinserhöhungen geschützt. Passt sich ihr Einkommen der Inflation an oder übersteigt es sogar die Inflation, können sie sogar von der Konsuminflation profitieren, da sich ihre nominalen Schulden real verringern. Im Gegensatz zu Deutschland sind in den Vereinigten Staaten jedoch anpassbare Zinssätze üblich, auch wenn ihr Anteil an den Hypotheken stark schwankt (Kish 2022: 8). Für Haushalte, deren Hypothekenzinsen flexibel sind, werden sich ihre Zinszahlungen schnell erhöhen. Es ist anzunehmen, dass diese Hauseigentümer*innen am ehesten Verbraucherinflation fürchten.

Bei steigenden Vermögenspreisen sind die »investierenden« Haushalte besser in der Lage, von den Preissteigerungen zu profitieren, da sie die Papiergewinne durch den Verkauf ihrer Vermögenswerte leichter realisieren können. Sie sind allerdings eine Minderheit unter den Immobilienbesitzer*innen. In Deutschland beschränkt sich der Besitz nennenswerter nicht selbst genutzter Immobilien auf das neunte und zehnte Dezil des Nettovermögensbesitzes (Statistisches Bundesamt 2021: 251, 249). Die wesentlich zahlreicheren Eigenheimbesitzenden sind weniger geneigt, das Haus, in dem sie leben, zu verkaufen. Selbst wenn sie verkaufen wollen, werden sie nur dann einen Gewinn verbuchen, wenn sie nicht vorhaben, ein anderes Haus zu kaufen, das natürlich auch teurer geworden wäre. Da Häuser und Wohnungen instandgehalten werden müssen, kann der Gewinn auf dem Papier aufgrund steigender Instandhaltungskosten, die der allgemeinen Inflation entsprechen oder darüber liegen, geschmälert werden. Wenn die Grundsteuer auf der Grundlage des periodisch ermittelten Marktwerts berechnet wird, wie es in den Vereinigten Staaten üblich ist (Bell/Kirschner 2009: 112), wird die Immobilieninflation die aktuelle Kaufkraft schmälern.

Dennoch gibt es einen klaren Vorteil der Immobilieninflation für Hausbesitzende, nämlich den leichteren Zugang zu einer zweiten Hypothek, da die Sicherheit für die Hypothek – ihr Haus – an Wert gewinnt. Sie können es für Konsumzwecke oder für den Kauf eines zweiten Hauses als Investition oder für ihre Kinder verwenden. Auf diese Weise wird die Übertragung von Vermögen zwischen den Generationen erleichtert. Gleichzeitig wird der Zugang der Nachkommen von Familien, die kein Wohneigentum besitzen, zu Immobilien eingeschränkt. Das Ergebnis ist eine zunehmende Ungleichheit des Vermögens. Für Hypothekenschuldner*innen bringt die Immobilieninflation einen weiteren Vorteil mit sich. Wenn sie ihre Hypothek nicht mehr bedienen können, werden sie von der Angst befreit, ihr Haus zu verlieren und gleichzeitig mit Schulden belastet zu sein, weil sie die ausstehende Summe mit dem Erlös aus dem Verkauf ihres Hauses zurückzahlen können.

Auf der Grundlage der Erhebung über die Finanzlage und den Konsum der privaten Haushalte (*Household Finance and Consumption Survey*, HFCS) im Euroraum aus dem Jahr 2010 kam eine Studie über die Verteilungseffekte der Inflation der Vermögenspreise zu dem Schluss, dass »die Kapitalgewinne aus dem Anstieg der Anleihe- und Aktienkurse sich auf relativ wenige Haushalte konzentrieren, während der Medianhaushalt stark vom Anstieg der Immobilienpreise profitiert« (Adam/Tzamourani 2016; Übersetzung Ch.S.).

Zusammenfassend zeigt sich, dass die Vermögensinflation für alle Haushalte, die bereits Vermögen besitzen, und ihre Nachkommen von Vorteil ist, mit Ausnahme derer, die bei einem nominal fixierten Einkommen mit einer höheren Vermögenssteuer konfrontiert sind.

Auch die Banken bevorzugen die Inflation von Vermögenswerten. Sie profitieren davon in mehrfacher Hinsicht: höheres Kreditvolumen, verstärkte Handelsaktivitäten, mehr Sicherheiten für kreditfinanzierte Spekulationen. All dies führt dazu, dass ihre Führungskräfte mehr Boni verdienen, während die Verluste von den Anteilseigner*innen ihrer Institute oder den Steuerzahler*innen getragen werden (Schnabl 2015: 257) oder von der Zentralbank aufgefangen werden.

Ein durch Vermögensblasen angetriebenes Wirtschaftswachstum erhöht auch die Steuereinnahmen. Entsprechend besteht ein geringer Anreiz für Regierungen, Blasen einzudämmen (Schnabl 2015: 258). Auch die Lohnabhängigen und ihre Organisationen werden sich einer Vermögensinflation nicht widersetzen, solang sie zu mehr Beschäftigung führt. Das Platzen einer Vermögensblase führt jedoch zu einer restriktiven Fiskalpolitik mit negativen Auswirkungen insbesondere auf die Löhne im öffentlichen Dienst (ebd.: 264). Beim Platzen großer Vermögenspreisblasen, wie zum Beispiel in den 1930er-Jahren oder der Weltfinanzkrise ab 2007, kann es sogar zu Finanzmarktkrisen und in der Folge zu Einbrüchen der Realwirtschaft, Arbeitslosigkeit und Verelendung kommen (Minsky 2011).

Diese Schlussfolgerung lässt auf eine recht breite Koalition gegen die Verbraucherinflation und eine nicht ganz so breite Koalition zur Tolerierung der Vermögensinflation in den USA und Deutschland schließen.

Gesellschaftliche Einstellungen zur Verbraucherpreisinflation

Mehrere Faktoren beeinflussen die Einstellung der Menschen zur Inflation. Ihre objektive Klassenzugehörigkeit, sei es nach der marxschen oder der oben erläuterten vermögensbezogenen Definition von Klasse (also »Klasse an sich«), ist vielleicht nur einer von vielen Faktoren. Eine wichtige Determinante scheint die eigene Erfahrung zu sein. Da ältere Menschen bereits Phasen höherer Inflation erlebt haben, ist die Wahrscheinlichkeit größer, dass sie Inflationsängste haben (Ehrmann/Tzamourani 2012). In den meisten Ländern weicht interessanterweise die Wahrnehmung der Inflation deutlich von der offiziell registrierten Inflation ab. In einer internationalen Umfrage schätzten die Befragten die Inflationsrate bis zu dreimal höher ein als die von den statistischen Ämtern gemeldete. Ausnahmen bilden die Hochschulabsolvent*innen und die Personen in Führungspositionen (Europäische Kommission 2009). Je nach Warenkorb, der wiederum klassenabhängig ist, können Menschen mit verschieden Lebensrealitäten allerdings auch sehr unterschiedlich von Inflation betroffen sein.

Verzerrte Erinnerungen an die Auswirkungen einer hohen Inflation (Haffert u.a. 2021) und die Unfähigkeit, die Inflationsrate richtig einzuschätzen, deuten auf diskursive Einflüsse auf die Einstellung der Menschen zur Inflation hin. Die Art und Weise, wie die Medien Inflation darstellen, scheint eine wichtige Rolle zu spielen (Barnes/Hicks 2018). Ein Elitenkonsens über die Inflation kann zu weit verbreiteten Deutungsmustern über Inflation in den Medien beitragen. Während in den USA eine größere Vielfalt an Ansichten zur Inflation besteht, vertreten in Deutschland die Parteien im Parlament mehr oder weniger eine antiinflationäre Haltung, die mit der Bundesbank übereinstimmt (Howarth/Rommerskirchen 2013). Die Unterstützung für eine niedrige Inflation geht quer durch das politische Spektrum (ebd.: 10). Die »Stabilitätskultur« hat sich tief in der deutschen politischen Kultur verankert. Das sogenannte »Wirtschaftswunder« der 1950er- und 1960er-Jahre in Westdeutschland, das auf die wirtschaftlichen Nöte und Leiden während der Hyperinflationen 1921–1923 und der aufgestauten Inflation 1936–1948 folgte, wurde weithin auf die damalige ordoliberale Politik zurückgeführt, deren Kernelement die niedrige Inflation war (Kolinsky 1991). Diese Kontinuität im Diskurs der Stabilitätskultur wurde im Zuge der europäischen Schuldenkrise ab 2009 wieder präsent (Howarth/Rommerskirchen 2013).

Über die Einstellung zur Inflation liegen nur wenige Daten vor, die nach dem sozioökonomischen Status einer Person unterscheiden. Für unsere Argumentation auf der Basis des Immobilienbesitzes im Sinne von Adkins u.a. (2021) fehlen Daten gänzlich, was leider die Aussagekraft unserer Argumentation einschränkt.

In einer früheren Studie wurde bei US-Bürger*innen über fast vier Jahrzehnte hinweg nur ein geringer Zusammenhang zwischen Inflationsaversion und Einkommens- oder Bildungsniveau festgestellt (Fischer/Huizinga 1982;

bestätigt von Aklin u.a. 2022). Auf der Grundlage von Umfragedaten des Eurobarometers aus den Jahren 2002 bis 2009 stellten Michael Berlemann und Sören Enkelmann (2013: 5) fest, dass Personen mit hohem Einkommen und Bildungsniveau weniger Angst vor Inflation haben als Personen mit niedrigem Einkommen.

Die lange Periode niedriger Inflation in beiden Ländern (siehe Abb. 2) scheint sich auf die Angst der Bevölkerung vor Inflation ausgewirkt zu haben. In Deutschland blieb die Inflation in 23 der letzten 30 Jahre unter der Zwei-Prozent-Marke (Statistisches Bundesamt 2021: 5). Dementsprechend wurde in Umfragen zwischen 2017 und 2021 die Bedeutung der Inflationsbekämpfung im Vergleich zu anderen politischen Zielen an vierter Stelle genannt (ALLBUS 2018; Europäische Kommission 2021: 27). In den USA war die Inflation bis 2021 nur für eine unbedeutende Zahl der Befragten das wichtigste Problem.[10] Im März 2022 änderte sich dies jedoch drastisch. Im Zusammenhang mit der Covid-19-Pandemie und den ersten spürbaren Auswirkungen des russischen Angriffskrieges gegen die Ukraine rangierten hohe Lebenshaltungskosten/Inflation an erster Stelle innerhalb der Kategorie der wirtschaftlichen Probleme (17 Prozent der Befragten). Etwa ein Fünftel der Amerikaner*innen betrachtete die steigenden Preise als das größte Problem der Nation (Saad 2022). Noch ausgeprägter waren die Inflationssorgen der Befragten in einer deutschen Umfrage. Von Januar 2022 bis März 2022 stieg der Anteil der erwachsenen Befragten, die sehr besorgt sind, von 44 Prozent auf 53 Prozent. Im März sahen sich über 20 Prozent der Befragten mit einem monatlichen Haushaltsnettoeinkommen von weniger als 2.500 Euro durch die Inflation in ihrer Existenz bedroht.[11]

Diese Daten lassen darauf schließen, dass Personen mit niedrigeren Einkommen stärker von der Verbraucherpreisinflation betroffen sind und sich entsprechend über Inflationstendenzen besorgt zeigen, vor allem in Deutschland.

Unternehmen und Zentralbanken: Vermögenspreisinflation kein Grund zur Besorgnis

Wir stellen einen deutlichen Kontrast zwischen der Haltung der Unternehmen zur Konsum- und zur Vermögensinflation fest. Der jüngste Anstieg der Verbraucherpreisinflation löste seitens der Unternehmen einen Sturm von Warnungen aus (Krugman 2022; Kröner 2022).

10 »Most Important Problem«, https://news.gallup.com/.
11 Postbank/YouGov zitiert in »Postbank-Umfrage: Die Inflation kommt in der Mittelschicht an« https://www.business-on.de/ (6.4.2022).

Es gibt rationale Gründe, die aus Sicht mancher Unternehmen für eine antiinflationäre Politik sprechen. Unternehmen, die höhere Inputpreise nicht weitergeben können, werden einen Gewinnrückgang erleiden, der noch verstärkt wird, wenn die Lohnabhängigen ihre Reallöhne verteidigen können. Geldbesitzer*innen oder Inhaber*innen von Anleihen mit längerer Laufzeit werden ebenfalls Verluste erleiden (vgl. Tooze 2022). Diese Argumente erklären jedoch nicht das breite Spektrum der Unterstützung für eine solche Politik. Paul Krugman (2022; Übersetzung Ch.S.) argumentiert, dass die »monetären ›Dauerfalken‹ (*permahawks*) politisch motiviert sind – durch die Angst, dass ein flexibler Einsatz der Druckerpresse zu viel Raum für eine übergriffige Regierung schafft«.

Im Gegensatz zu früheren Schüben der Verbraucherpreisinflation (Lubik/Schorfheide 2004; Arestis/Chortareas 2006) erkannte die Leitung der Fed und der EZB nur sehr zögerlich inflationäre Tendenzen und die Notwendigkeit ihrer Eindämmung an (Dabrowski 2022). Sie waren sich über die Ursachen der inflationären Tendenzen nicht ganz sicher. Einige argumentierten, dass der Inflationsdruck auf Angebotsengpässe zurückzuführen, und daher ein vorübergehendes Phänomen sei. Als die Fed jedoch mit lauten Warnungen über die Möglichkeit einer verfestigten Inflation konfrontiert wurde, reagierte sie mit deutlichen Erhöhungen des Leitzinses (Smialek 2022). Die EZB reagierte vorsichtiger, weil sie um die wirtschaftliche Gesundheit einiger Mitgliedsländer der Eurozone fürchtete. Sie wollte eine Wiederholung der Eurokrise vermeiden (Schnabel 2022) und hielt im Unterschied zu den 1970er-Jahren die Gefahr einer Preis-Lohn-Spirale für gering (Heine/Herr 2023).

Die Kritik an der Inflation von Vermögenswerten war viel gedämpfter, wenn überhaupt vorhanden. Berühmt ist ein Diktum des langjährigen Fed-Vorsitzenden Alan Greenspan (1987-2006), dass es besser sei, nach dem Platzen von Blasen »aufzuräumen«, als Vermögenspreisblasen zu verhindern (Greenspan 1999). Ein ehemaliger Forschungsdirektor der Fed of New York, Stephen G. Cecchetti, hatte sich bereits im Jahr 2000 zusammen mit einem Mitglied der Bank of England, Sushil Wadhwani, für eine Anpassung der politischen Instrumente einer Zentralbank an die Vermögenspreise ausgesprochen (Cecchetti u.a. 2000: xix). Ben Bernanke verteidigte in einem viel zitierten Artikel die Politik, nicht auf Vermögenspreise zu reagieren (Bernanke/Gertler 2001: 256). Fünf Jahre später, im Jahr 2006, übernahm Bernanke den Vorsitz der Fed, wo er einige Jahre später nach dem Platzen der Immobilienpreisblase in den USA »aufräumen« musste.

Mit Ausnahme einiger *Contrarians* (Leerverkäufer, die auf fallende Preise setzten, und einiger Ökonom*innen, unter den Letzteren vor allem Karl Case und Robert Shiller (2003)) waren also weder Finanzakteure noch Unternehmenseliten und Zentralbankleitungen vor der großen Finanzkrise 2007/2008 über die steigenden Immobilienpreise und Börsenwertsteigerungen alarmiert (Remmel 2011: 205-206; Brunnermeier/Schnabel 2016: 496).

Nach dieser Krise wurden die Zentralbanken auf das Auftreten von Vermögenspreisblasen aufmerksam. Es entwickelte sich ein Konsens, dass die Zentralbanken Vermögenspreisblasen im Rahmen einer makroprudenziellen Politik mit Instrumenten wie Margen, Reserven und Kreditlimits begegnen müssen (Blinder u.a. 2017). In ihrem Bemühen, die Finanzmärkte zu stabilisieren und deflationäre Tendenzen zu vermeiden, versorgten die Fed und die EZB die Märkte jedoch massiv mit Liquidität. Es war kein Geheimnis, dass ein Großteil dieser Liquidität in verschiedene Anlageklassen geflossen ist. Während zwischen 2009 und 2019 der S&P 500, der Aktienindex, der die Wertentwicklung von 500 großen börsennotierten US-Unternehmen abbildet, um fast 400 Prozent und die US-Immobilienpreise um etwa 40 Prozent stiegen, stieg der Verbraucherpreisindex nur um 19 Prozent.[12]

Fazit: Die Haltung zur Inflation ist eine Klassenfrage

Es gibt keine großen Unterschiede in der Einstellung zu den beiden Varianten der Inflation in Deutschland und den USA, sie sind eher graduell. Die Vermögenspreisinflation wird kaum negativ wahrgenommen – am wenigsten von den Vermögenden. Was die Verbraucherinflation betrifft, sind die deutsche Öffentlichkeit und die wirtschaftspolitischen Kreise weniger tolerant, obwohl die negativen Erfahrungen mit der Inflation in den USA Ende der 1970er-Jahre ausgeprägter waren, das heißt in einer Zeit, die von der Generation, die die Politik und die öffentliche Meinung weiterhin beeinflusst, persönlich erlebt wurde. Der spezifische deutsche Nachkriegsdiskurs über die Wirtschaftskrise in der Zwischenkriegszeit mag einen langen Schatten werfen. Die Inflationsgegnerschaft scheint jedoch durch eine höhere Sparquote sowie eine höhere Neigung zum Sparen in verzinslichen Finanzprodukten, die real eher durch Inflation verlieren, verstärkt zu werden.

In ähnlicher Weise unterstützen die deutsche Bevölkerung, die Wirtschaft und die politischen Entscheidungsträger*innen weniger eine Politik, die der Vermögensinflation förderlich ist. Sowohl Eigenheim- als auch Aktienbesitz sind in den USA deutlich mehr verbreitet. Institutionelle Faktoren begrenzen die Vermögensinflation in Deutschland, vor allem das umlagefi-

12 Die Unterschiede zwischen den Preisbewegungen von Vermögenswerten und der »Realwirtschaft» lassen sich gut veranschaulichen durch: »Where Is Inflation Hiding? Look In Asset Prices«, https://www.investing.com/ (16.4.2019).

nanzierte staatliche Rentensystem. Einerseits führt es zu deutlich geringeren Finanzströmen von Haushalten zu Pensionsfonds, die in Finanzprodukte investieren, andererseits senkt es die Neigung, Immobilien zu besitzen. Die Einstellung zur Inflation ist in den USA entspannter, da die Vermögensinflation für die meisten Haushalte, die bereits Vermögen besitzen, und ihre Nachkommen von Vorteil ist, wenngleich es innerhalb der US-Gesellschaft große Klassenunterschiede gibt.

Die politische Kultur ist nach wie vor ein wichtiger Faktor zur Erklärung der Unterschiede zwischen den beiden Ländern in Bezug auf die Inflationseinstellung. Er ist jedoch schwer zu messen und scheint auch durch institutionelle Faktoren verstärkt zu werden, die zu beträchtlichen Unterschieden im Vermögenseigentum führen. Diese Unterschiede müssen berücksichtigt werden, um Positionen in Bezug auf Inflationsbekämpfung zu erklären.

Auf der Grundlage der Unterscheidung zwischen Vermögens- und Verbraucherpreisinflation haben wir die Bedeutung der unterschiedlichen Verteilungseffekte von Vermögens- und Verbraucherpreisinflation in Abhängigkeit von der jeweiligen Klassenposition hervorgehoben. Dies macht die Erweiterung der Analyse von Klasseninteressen um das Kriterium des (Nicht-)Besitzes von Vermögenswerten zu einem unverzichtbaren Bestandteil der Erklärung divergierender (Anti-)Inflationspolitiken. Für das mehrdimensionale Verständnis von Klasse, wie es in diesem Papier vorgestellt wird, ist es jedoch nicht weniger wichtig, dass »Klasse an sich« nicht gleich »Klasse für sich« ist. Ideologische, kulturelle und individuelle Unterschiede beeinflussen die Interessenartikulationen, die sich aus der jeweiligen Klassenposition ergeben.

Nichtsdestoweniger unterstreicht die fortbestehende und schließlich zunehmende Ungleichheit die wesentliche Rolle der Zentralbanken und ihrer einseitigen Parteinahme innerhalb des Klassenkonflikts, der mit den unterschiedlichen Einstellungen und Reaktionen der politischen Entscheidungsträger und der Öffentlichkeit auf die Verbraucher- und Vermögensinflation zusammenhängt. Die Rolle der Zentralbank- beziehungsweise Geldpolitik ist wesentlich, weil sie im finanzialisierten Kapitalismus durch den Strom der Investitionen die Vermögenspreisinflation antreibt, wodurch bestehende Ungleichheiten verstärkt werden. Unsere Analyse zeigt, dass die Klassenzugehörigkeit für das Verständnis des Zentralbankwesens und der politischen Ökonomie im Allgemeinen von wesentlicher Bedeutung ist. Die Rückkopplung der Geld- und Fiskalpolitik mit dem gesellschaftlichen Kontext beziehungsweise der spezifischen politischen Ökonomie und Klassenstruktur macht einen »doppelten« Blick auf Klasse notwendig. Lohnabhängige Beschäftigung als Kriterium reicht nicht mehr aus. Im finanzialisierten Vermögenskapitalismus ist der Besitz von Vermögenswerten ausschlaggebend für Wirkung von Ideologie und den Diskurs um Inflation. Klasse ist eine Frage von beidem: Eigentum an Vermögenswerten und an Produktionsmitteln.

Literatur

Adam, Klaus / Tzamourani, Panagiota (2016): Distributional consequences of asset price inflation in the Euro. In: European Economic Review 89: 172-192. DOI: https://doi.org/10.1016/j.euroecorev.2016.07.005.

Adkins, Lisa / Cooper, Melinda / Konings, Martijn (2021): Class in the 21st century: Asset inflation and the new logic of inequality. In: Environment and Planning A: Economy and Space 53(3): 548-572. DOI: https://doi.org/10.1177/0308518X19873673.

Aklin, Michaël / Arias, Eric / Gray, Julia (2022): Inflation concerns and mass preferences over exchange-rate policy. In: Economics & Politics 34(1): 5-40. DOI: https://doi.org/10.1111/ecpo.12176.

ALLBUS (2018): Variabler Bericht. In: GESIS Studien, Nr. 5270 (v2.0.0).

Arestis, Philip / Chortareas, Georgios (2006): Monetary policy in the euro area. In: Journal of Post Keynesian Economics 28(3): 371-394. DOI: https://doi.org/10.2753/PKE0160-3477280301.

Barnes, Lucy / Hicks, Timothy (2018): Making Austerity Popular. In: American Journal of Political Science 62(2): 340-354.DOI: https://doi.org/10.1111/ajps.12346

Beck, Stefan / Klobes, Frank / Scherrer, Christoph (Hg.) (2005) Globalisierung überleben? Perspektiven für das deutsche Wirtschaftsmodell. Berlin.

Becker, Joachim / Ćetković, Predrag / Weissenbacher, Rudy (2016): Financialization, Dependent Export Industrialization, and Deindustrialization in Eastern Europe. In: Cozzi, Giovanni / Newman, Susan / Toporowski, Jan (Hg.): Finance and Industrial Policy. Oxford: 41-64. DOI: https://doi.org/10.1093/acprof:oso/9780198744504.003.0004.

Bell, Michael E. / Kirschner, Charlotte (2009): A Reconnaissance of Alternative Measures of Effective Property Tax Rates. In: Public Budgeting & Finance 29(2): 111-136. DOI: https://doi.org/10.1111/j.1540-5850.2009.00931.x.

Berlemann, Michael / Enkelmann, Sören (2013): Die »German Angst« – Inflationsaversion in Ost- und Westdeutschland.In: ifo Dresden berichtet 20(2): 3-9.

Bernanke, Ben / Blanchard, Olivier (2023): What Caused the U.S. Pandemic-Era Inflation? NBER Working Paper 31417. National Bureau of Economic Research. Cambridge. DOI: https://doi.org/10.3386/w31417.

Bernanke, Ben / Gertler, Mark (2001): Should Central Banks Respond to Movements in Asset Prices? In: The American Economic Review 91(2): 253-257. DOI: https://doi.org/10.1257/aer.91.2.253.

Blinder, Alan u.a. (2017): Necessity as the mother of invention: monetary policy after the crisis. In: Economic Policy 32(92): 707-755. DOI: https://doi.org/10.1093/epolic/eix013.

Bluestone, Barry (1999): Wall Street contra Main Street. In: Lang, Sabine / Mayer, Margit / Scherrer, Christoph (Hg.) Jobwunder USA. Münster: 22-43.

Boissay, Frederic u.a. (2022) Are major advanced economies on the margin of a wage-price spiral? In: BIS Bulletin 53(4. Mai). URL: https://www.bis.org/, Zugriff: 7.7.2024.

Brunnermeier, Markus K. / Schnabel, Isabel (2016): Bubbles and Central Banks: Historical Perspectives. In: Bordo, Michael D. u.a. (Hg.) Central Banks at a Crossroads: What Can We Learn from History? Cambridge: 493–562.

Case, Karl .E. / Shiller, Robert J. (2003): Is There a Bubble in the Housing Market? In: Brookings Papers on Economic Activity 2/2003: 299-342. DOI: https://doi.org/10.1353/eca.2004.0004.

Cecchetti, Stephen G. u.a. (2000): Asset Prices and Central Bank Policy. Geneva Reports on the World Economy, Bd. 2. CEPR.

Chau, Vu u.a. (2024): Global Value Chains and Inflation Dynamics. IMF Working Papers: 62/2024. DOI: https://doi.org/10.5089/9798400268847.001.

Dabrowski, Marek (2022) Central banks have been too slow in response to higher inflation. In: Bruegel (6.7.2022). URL: https://www.bruegel.org/, Zugriff: 7.7.2024.

Domash, Alex / Summers, Lawrence H. (2022): How tight are U.S. labor markets? NBER Working Paper 29739. National Bureau of Economic Research. Cambridge. DOI: https://doi.org/10.3386/w29739.

Dombret, Andreas (2015): Der deutsche Immobilienmarkt – ein Grund zur Sorge? Rede bei Haus & Grund Deutschland, 28.1.2015. Berlin.

Ehrmann, Michael / Tzamourani, Panagiota (2012): Memories of high inflation. In: European Journal of Political Economy 28(2): 174-191. DOI: https://doi.org/10.1016/j.ejpoleco.2011.11.005.

Epstein, Gerald A. (Hg.) (2005): Financialization and the world economy. Cheltenham, U.K.

Europäische Kommission (2009): Eurobarometer 2009, Bd. 72, Nr. 1, ZA Nr. 4975.

– (2021): Standard Eurobarometer 94. Winter 2020-2021 - Die öffentliche Meinung in der Europäischen Union. DOI: https://doi.org/10.2775/841401.

Fischer, Stanley / Huizinga, John (1982): Inflation, Unemployment, and Public Opinion Polls. In: Journal of Money, Credit and Banking 14(1): 1-19. DOI: https://doi.org/10.2307/1991488.

Friedman, Milton (1976): Die optimale Geldmenge und andere Essays. München.

Greenspan, Alan (1999): Aussage des Vorsitzenden Alan Greenspan vor dem Ausschuss für Banken und Finanzdienstleistungen, US-Repräsentantenhaus (22.7.1999).

Haffert, Lukas u.a. (2021): Misremembering Weimar: Hyperinflation, the Great Depression, and German collective economic memory. In: Economics and Politics 33(3): 664-686. DOI: https://doi.org/10.1111/ecpo.12182.

Heine, Michael / Herr, Hansjörg (2023): Inflation. Lehren für heute aus Krisen von gestern. Marburg.

Herr, Hansjörg (2009): The labour market in a Keynesian economic regime: theoretical debate and empirical findings. In: Cambridge Journal of Economics 33(5): 949-965. DOI: https://doi.org/10.1093/cje/ben044.

Herwartz, Helmut / Xu, Fang (2020): Low Mortgage Rates and Securitization: A Distinct Perspective on the US Housing Boom. In: The Scandinavian Journal of Economics 122(1): 164-190. DOI: https://doi.org/10.1111/sjoe.12320.

Holden, Sarah / Bass, Steven / Copeland, Craig (2022): 401(k) Plan Asset Allocation, Account Balances, and Loan Activity in 2020. ICI Research Perspective. DOI: https://doi.org/10.2139/ssrn.4152938.

Howarth, David / Rommerskirchen, Charlotte (2013): A Panacea for all Times? The German Stability Culture as Strategic Political Resource. In: West European Politics 36(4): 750-770. DOI: https://doi.org/10.1080/01402382.2013.783355.

Jayadev, Arjun u.a. (2018): The Political Economy of Financialization in the United States, Europe and India. In: Development and Change 49(2): 353-374. DOI: https://doi.org/10.1111/dech.12382.

Kaltenbrunner, Annina / Painceira, Juan Pablo (2018): Subordinated Financial Integration and Financialisation in Emerging Capitalist Economies: The Brazilian Experience. In: New Political Economy 23(3): 290-313. DOI: https://doi.org/10.1080/13563467.2017.1349089.

Kish, R. J. (2022): The Dominance of the U.S. 30-Year Fixed Rate Residential Mortgage. Journal of Real Estate Practice and Education 24(1): 1-16. DOI: https://doi.org/10.1080/15214842.2020.1757357.

Kolinsky, Eva (1991): Socio-Economic Change and Political Culture in West Germany. In: Gaffney, John / Kolinsky, Eva (Hg.): Political culture in France and Germany. A contemporary perspective. Oxfordshire/New York.

Krugman, Paul (2022): The Coming Rage of the Money Hawks. In: New York Times (27.5.2022). URL: https://www.nytimes.com/, Zugriff: 7.7.2024.

Lehrer, Mark / Celo, Sokol (2016): German family capitalism in the 21st century: patient capital between bifurcation and symbiosis. In: Socio-Economic Review 14(4): 729-750. DOI: https://doi.org/10.1093/ser/mww023.

Lubik, Thomas A. / Schorfheide, Frank (2004): Testing for Indeterminacy: An Application to U.S. Monetary Policy. In: American Economic Review 94(1): 190-217. DOI: https://doi.org/10.1257/000282804322970760.

MEW – Marx, Karl / Engels, Friedrich: Marx-Engels-Werke. Berlin 1956ff.

Minsky, Hyman P. (2008): John Maynard Keynes. New York/London.

– (2011): Instabilität und Kapitalismus. Zürich.

Remmel, Nils (2011): Zwischen Selbstregulierung, Staat und Markt Eine systemische Perspektive auf Governance Strukturen des Finanzsektors im Lichte der Finanzkrise 2007-2009. In: Die Internationale Politische Ökonomie der Weltfinanzkrise. Wiesbaden: 199-226. DOI: https://doi.org/10.1007/978-3-531-92083-2_11.

Saad, Lydia (2022): Inflation Dominates Americans' Economic Concerns in March. In: GALLUP (29.3.2022). URL: https://news.gallup.com/, Zugriff: 7.7.2024.

Sablowski, Thomas (2003): Bilanz(en) des Wertpapierkapitalismus. In: PROKLA 131 33(2): 210-234. DOI: https://doi.org/10.32387/prokla.v33i131.666.

Schnabel, Isabel (2022): United in diversity – Challenges for monetary policy in a currency union, 14.6.2022. URL: https://www.ecb.europa.eu/, Zugriff: 7.7.2024.

Schnabl, Gunther (2015): Die gefährliche Missachtung der Vermögenspreisinflation: Zur Wirkungslosigkeit von Inflationszielen als geldpolitische Regelmechanismen. In: Leviathan 43(2): 246-269. DOI: https://doi.org/10.5771/0340-0425-2015-2-246.

Schwartz, Herman M. (2009): Housing, Global Finance, and American Hegemony: Building Conservative Politics One Brick at a Time. In: Schwartz, Herman M. / Seabrooke, Leonard (Hg.): The politics of housing booms and busts. Basingstoke/New York: 28-51. DOI: https://doi.org/10.1057/9780230280441_2.

Smialek, Jeanna (2022): The Fed Raises Interest Rates by 0.75 Percentage Points to Tackle Inflation. In: New York Time (15.6.2022). URL: https://www.nytimes.com/, Zugriff: 7.7.2024.

Statistisches Bundesamt (2021): Datenreport 2021. Ein Sozialbericht für die Bundesrepublik Deutschland. Bonn.

Storm, Servaas (2024): Tilting at Windmills: Bernanke and Blanchard's Obsession with the Wage-Price Spiral. In: Institute for New Economic Thinking (7.7.2024). DOI: https://doi.org/10.36687/inetwp220.

Summer, Lawrence H. (2021): The Biden stimulus is admirably ambitious. But it brings some big risks, too. In: Washington Post (4.2.2021). URL: https://www.washingtonpost.com/, Zugriff: 7.7.2024.

Taylor, Lance / Barbosa-Filho, Nelson H. (2021): Inflation? It's Import Prices and the Labor Share! In: International Journal of Political Economy 50(2): 116-142. DOI: https://doi.org/10.1080/08911916.2021.1920242.

Tooze, Adam (2022): Why inflation and the cost-of-living crisis won't take us back to the 1970s. URL: https://www.newstatesman.com/, Zugriff: 7.7.2024.

van der Zwan, Natascha (2020): Modelos de financiarización de las pensiones en cuatro estados de bienestar europeos. In: Revista Internacional de Sociología 78(4): e175. DOI: https://doi.org/10.3989/ris.2020.78.4.m20.007.

Weber, Isabella M. / Wasner, Evan (2023): Sellers' inflation, profits and conflict: why can large firms hike prices in an emergency? In: Review of Keynesian Economics 11(2): 183-213. DOI: https://doi.org/10.4337/roke.2023.02.05.

Weidmann, Jens (2021): Geldpolitik und die Rolle der Notenbanken – ein Ausblick. Rede vor dem Freundeskreis der Ludwig-Erhard-Stiftung (7.7.2024). URL: https://www.bundesbank.de/, Zugriff: 7.7.2024.

Themen früherer Hefte

PROKLA 215: Demokratische Planwirtschaft in Zeiten von Digitalisierung und Klimakrise. Berfelde • Blumenfeld: Von der Vergesellschaftung zur Planung und wieder zurück. Über alte und neue Debatten um Wirtschaftsplanung und Vergesellschaftung | Sorg: Postkapitalistische Reproduktion. Reproduktiver Realismus in der Planungsdebatte | Sutterlütti: Das notwendige Ende der (Lohn-)Arbeit. Warum in einer effizienten, feministischen, ökologischen und demokratischen Planwirtschaft Arbeit freiwillig sein muss | Grünberg: Ökonomie der Knappheit. Eine Produktionsweise auf der Suche nach allokativer Effizienz | Heyer • Zeug: Ökobilanz und kybernetische Wirtschaftsplanung. Demokratisch geplante Wirtschaft zur Befriedigung gesellschaftlicher Bedürfnisse in planetaren Grenzen | Decker: Planung und Transformation | O'Donnokoé: Von der Wägbarkeitsillusion zur unwägbaren Deliberation. Eine Kritik an solutionistischen Tendenzen in der demokratischen Planungsdebatte | Koch: Geplante Freiheit | Boris • Eser: Der rätselhafte Aufstieg des »Messias« Milei. Argentinien als Experimentierlabor des libertären Autoritarismus? **PROKLA 214: Feministische Ökonomiekritik.** Herb • Uhlmann: Zum Widerspruch zwischen Akkumulation und der Reproduktion von Leben. Social Reproduction Theory als umfassende Analyse kapitalistischer Gesellschaften? | Haubner: Soziale Reproduktion jenseits des Produktivitätsfunktionalismus. Prämissen einer raumsensiblen Reproduktionsforschung für die Gegenwart | Engelhardt: Turbulenzen in der Flugindustrie. Arbeitskämpfe gegen den metabolischen Riss der sozialen Reproduktion | Doutch: Globale (Re-) Produktionsnetzwerke aus feministischer Labour-Geography-Perspektive. Leben und Alltagskämpfe von kambodschanischen Bekleidungsarbeiter*innen | Graf: Die soziale Reproduktion im Süden. Ein Blick über Lohnarbeit hinaus und auf Konflikte um öffentliche Güter und Ressourcen im Globalen Süden | Hürtgen: Die Peripherie als Avantgarde. Arbeit, »Drittweltisierung« und transnationale Solidarität bei Maria Mies | Derndorfer • Premrov • Schultheiß • Six • Witzani-Haim: Vielfältige Feministische Ökonomie. Erfolge und Rückschläge ihrer Verankerung in Österreich **PROKLA 213: Wieviel 1973 steckt in 2023? 50 Jahre Brüche und Kontinuitäten.** Scherrer: Herausforderungen für den US-Dollar und das Währungsregime | Banse: Die strukturelle Unterfinanzierung der Peripherie. Zum Verhältnis zweier Schuldenkrisen | Frey • Gnisa: Zukunft in der Vergangenheit. Von der industriellen Alternativbewegung der 1970er zur strategischen Mitbestimmung? | D. Schmidt: Nukleare Zerstörungsarsenale und Versuche der Rüstungskontrolle seit den 1970er-Jahren | Graf • Landherr: Die permanente Konterrevolution. Der lange Schatten des Militärputsches von 1973 in Chile | Heß • Marcenaro: Erfahrungen der deutschen Nicaragua-Solidaritätsbewegung | Huke: Politisches Engagement, das Sorge(n) trägt | Hildebrandt: Kann DIE LINKE als politische Kraft überleben? | Sander: Zum Potenzial eines grünen Kapitalismus | R. Schmidt: Enttäuschte Erwartungen. Der ökonomische Transformationsprozess und die schwierige Balance im Ost-West-Diskurs **PROKLA 212: Perspektiven auf Ostdeutschland.** Busch: Langfristige Folgen der Eigentumstransformation in Ostdeutschland | Stutz: Wenn nach der Revolution der Staat ohne dich gemacht wird. Zum widerständigen Erbe der Frauenbewegungen in der DDR und Ostdeutschland | Borchardt: Die Re-Familialisierung und Kommunalisierung der öffentlichen Kinderbetreuung in Sachsen in den 1990er-Jahren | Menning: 20 Jahre Kampf um die Angleichung der Arbeitszeit im Osten. Der Weg vom »gewerkschaftlichen Trauma« bis zum Einstieg in die 35-Stunden-Woche | Artus • Fischer • Gellenthien • Holland • Whittall: Ostdeutsche Mitbestimmung revisited. Betriebsräte 30 Jahre nach der »Wende« | Pflücke • Jacobsen: Keine Zukunft ohne Kohle? Industrialistische Orientierungen gefährden einen geschlechtergerechten Strukturwandel in der Lausitz | Maier • Schmidt: Geschlechterverhältnisse und Erwerbstätigkeit u.a.

Diese Buchhandlungen haben die PROKLA vorrätig

Berlin: Buchladen zur Schwankenden Weltkugel • Kastanienallee 85 | Der kleine Buchladen • Weydingerstr. 14-16 | Marga Schoeller • Knesebeckstr. 33 | OH*21 • Oranienstr. 21 | Pro qm • Almstadtstr. 48-50 | Schwarze Risse • Gneisenaustr. 2 | vorwärts • Stresemannstr. 28 | **Bielefeld**: Eulenspiegel Buchladen • Hagenbruchstr. 9 | **Bochum**: Janssen Universitätsbuchhandlung • Brüderstr. 3 | Schaten • Rombacher Hütte 10 | **Bonn**: Buchladen 46 • Kaiserstr. 46 | **Braunschweig**: Guten Morgen Buchladen • Bültenweg 87 | **Bremen**: Buchladen in der Neustadt • Lahnstr. 65 B | Buchladen im Ostertor • Fehrfeld 60 | **Darmstadt**: Georg-Büchner-Buchladen • Lautenschlägerstr. 18 | **Dortmund**: Buchladen Litfass • Münsterstr. 107 | Taranta Babu • Humboldtstr. 44 | **Dresden**: Im Kunsthof • Bucher Str. 31 | **Düsseldorf**: Buchhandlung BiBaBuze • Aachener Str. 1 | **Essen**: Heinrich-Heine-Buchhandlung • Viehofer Platz 8 | **Flensburg**: Carl v. Ossietzky Buchhandlung • Große Str. 34 | **Frankfurt/M**: Karl-Marx-Buchhandlung • Jordanstr. 11 | Land in Sicht • Rotteckstr. 13 | Theo Hector • Gräfstr. 77 | Ypsilon-Buchladen • Bergerstr. 18 | **Freiburg**: Jos Fritz • Wilhelmstr. 15 | **Gießen**: Ricker'sche Universitätsbuchhandlung • Ludwigsplatz 12-13 | **Göttingen**: Buchladen Rote Straße • Nikolaikirchhof 7 | **Hamburg**: Buchhandlung im Schanzenviertel • Schulterblatt 55 | Buchladen in der Osterstraße • Osterstr. 171 | Heinrich-Heine-Buchhandlung • Grindelallee 26 | **Hannover**: Buchladen Annabee • Stephanusstr. 12-14 | **Kassel**: ABC-Buchladen • Goethestr. 77 | **Köln**: Der andere Buchladen GmbH • Weyertal 32 | Der andere Buchladen GmbH • Wahlenstr. 1 | Der andere Buchladen GmbH • Ubierring 42 | **Konstanz**: Zur Schwarzen Geiß • Am Obermarkt 14 | **Krefeld**: Der andere Buchladen • Donysiusstr. 7 | **Leipzig**: Infoladen Conne Island • Koburger Str. 3 | **Marburg**: Buchhandlung Roter Stern • Am Grün 28 | **Mönchengladbach**: Prolibri-Buchladen • Schillerstr. 22-24 | **München**: Arabella Versandbuchhandlung • Wimmerstr. 5 | **Münster**: Rosta-Buchladen • Aegidiistr. 12 | **Oldenburg**: Carl-von-Ossietzky Buchhandlung • Uhlhornsweg 99 | **Osnabrück**: Buchhandlung Dieter zur Heide • Osterberger Reihe 2-8 | **Potsdam**: Buchladen Sputnik • Charlottenstr. 28 | **Ratingen**: Buchcafé Peter & Paula • Grütstr. 3-7 | **Tübingen**: Rosalux • Lange Gasse 27 | **Saarbrücken**: Der Buchladen • Försterstr. 14 | **Siegen**: Bücherkiste • Bismarckstr. 3 | **Wiesbaden**: Buchh. Otto Harrassowitz • Taunusstr. 5 | **Würzburg**: Buchladen Neuer Weg • Sanderstr. 33-35 | **ÖSTERREICH: Graz**: dradiwaberl • Zinzendorfgasse 25 | **Wien**: FRICK International • Schulerstraße 1-3 | Littrade Literaturservice • Währinger Straße 3/7